친환경 무상급식을 넘어 엄마들이 꿈꾸는
모두가 행복한 밥상

친환경 무상급식을 넘어 엄마들이 꿈꾸는
모두가 행복한 밥상

초판1쇄 발행일 • 2013년 11월 20일

지은이 • ㈔희망먹거리네트워크, 친환경무상급식풀뿌리국민연대
펴낸이 • 이재호
펴낸곳 • 리북
등   록 • 1995년 12월 21일 제13-663호
주   소 • 서울시 마포구 독막로3길 33 서연빌딩 2층(서교동)
전   화 • 02-322-6435
팩   스 • 02-322-6752
홈페이지 • www.leebook.com

정   가 • 15,000원

ISBN 978-89-97496-17-4

친환경 무상급식을 넘어 엄마들이 꿈꾸는

모두가 행복한 밥상

(사)희망먹거리네트워크, 친환경무상급식풀뿌리국민연대 지음

리북

이 책의 모든 내용은 지난 10년간 친환경 무상급식을 헌신적으로 이끌어 모든 분들께 배운 것들이다. 특히 친환경 무상급식 운동에 앞장서 온 학부모, 먹거리 대안운동, 농민운동, 교육운동, 시민사회운동, 풀뿌리 민주주의 실천가들의 경험과 아이디어를 빌린 것이다. 모든 분들께 감사드린다.

■ 책을 펴내며

 많은 문제들로 아파하고 힘겨운 세상이다. 그래도 우리 사회의 뿌듯한 자랑이 있다면, 우리가 아이들의 건강하고 행복한 밥상을 위해 학교급식에서 작은 성공을 만들었다는 사실이다. 바로 친환경 무상급식이다.
 안전하고 건강한 먹거리, 모두가 평등하고 행복한 밥상에 대한 소망은 가장 기본적 요구지만, 그것이 정말로 실현되는 데는 수많은 난관이 있다. 하지만 우리는 도전했고, 아직 갈 길이 멀지만 아이들 학교 밥상에서 그 소박하지만 원대한 꿈을 조금은 이룬 것이다. 친환경 무상급식이 제도화되기까지 함께 한 국민들의 노력은 우리 사회가 진일보하고 있음을 보여주는 상징이다.
 이 책은 지난 10년간 우리가 만들어 온 친환경 무상급식 이야기를 다룬 책이다. 어떻게 도전해 왔는가, 무엇을 성취했는가에 대한 기록이다. 하지만 이 책에서 우리는 단순한 회고를 넘어 더 많은 이야기를 담고자 했다. 친환경 무상급식운동의 남겨진 과제들을 점검하고, 친환경 무상급식운동의 성과를 바탕으로 우리 사회의 먹거리 시스템 전반에 대한 변화의 꿈을 나누고 싶었다.

그 꿈을 더 많은 이들과 함께 토론하고 싶은 마음에, 가능한 한 아이들에게 건강하고 행복한 밥상을 차려주고 싶은 '엄마의 눈'으로 꼼꼼하게 살피는 방향으로 접근하였다. 학교급식운동이라는 경험을 담은 운동사가 되거나 정책제안서가 되지 않게 노력하였다. 학교급식과 먹거리 정책이 워낙 구조적인 문제들이라 여러 한계가 있었지만, 친환경 무상급식운동의 소중한 경험을 나누고, 먹거리 불안과 위기의 시대를 사는 엄마들의 고민을 함께 풀어가고자 힘썼다. 안전하고 건강한 먹거리를 먹이고 싶은 엄마들의 교양서가 되기를 희망한 것이다.

이 책의 구성은 다섯 개의 장으로 짜였고 크게 세 부분의 흐름을 가진다. 먼저, 학교급식 제대로 알기이다. 학교급식의 현실과 과제를 다루는 내용들로, 친환경 무상급식의 완전한 실현을 위해 엄마들이 꼭 알았으면 하는 친환경 무상급식 이야기다. 둘째, 학교급식이 어떻게 변화되었는지, 남겨진 과제는 무엇인지를 정리하는 내용이다. 딱딱한 역사가 되지 않기 위해 학교급식운동을 오랫동안 함께 한 분들과 좌담회를 나누어 구체적이고 생생한 이야기도 더하였다. 마지막으로 학교급식을 바꾸어온 그 열정으로 우리 사회의 먹거리 시스템 대전환을 만드는 데 필요한 이야기들을 소개하였다. 먹거리 주권, 먹거리 민주주의, 먹거리 기본권 이야기들이 그것이다.

우리 먹거리의 미래를 함께 고민하자는 책이지만 이런 저런 생각들을 소개하는 데 그친 것은 아니다. 이 책에는 그동안 우리 학교급식운동이 오랫동안 숙고해 온 핵심 메시지들이 담겨 있다.

첫째, 친환경 무상급식은 어떠한 경우에도 흔들림 없이 확대 발전되어야 한다. 이제 갓 정착되어 가는 친환경 무상급식을 흔들려는 일부 정치권 그리고 '보이지 않은 손'으로 친환경 무상급식이라는 교육복지 공적 영역을 흔드는 시장과 자본의 역습을 막아야 한다.

둘째, 친환경 무상급식이 학교뿐만 아니라 병원, 복지시설, 군대, 교도소 등을 포함하는 공공급식 영역으로 확대되어야 한다. 이를 위해 통합급식지원시스템 등의 제도적 장치들이 발전적으로 마련되어야 한다.

셋째, 친환경 무상급식 실현의 경험을 토대로 우리 사회의 먹거리 시스템 전반에 대한 일대 전환이 필요하다. 로컬푸드 시스템, 공공조달의 과감한 혁신 등이 체계적으로 도입되어야 한다.

마지막으로, '모두가 행복한 밥상'을 위하여 먹거리 기본권이 안정적으로 보장되는 사회로 가야 한다. 우리의 먹거리가 탐욕의 글로벌 시장에 의존하는 것이 아니라 상생의 먹거리공동체 시스템에서 권리로써 보장되어야 한다. 먹거리 주권이 지켜지고 먹거리 인권과 복지가 실현되는, 먹거리에 대해서만큼은 당당하고 따뜻한 사회를 만들어야 한다.

이러한 과제들은 우리가 꿈꾸는 먹거리의 희망이자 비전이다.

그리고 아이들 밥상에 친환경 무상급식이 지속가능하게 하기 위한 필수적인 전제조건이기도 하다. 안전하고 건강한 먹거리, 평등하고 정의로운 먹거리 시스템을 향한 우리들의, 엄마들의 소망들이다.

학교급식운동이 시작된 지 10년, 친환경 무상급식을 위해 달려온 오랜 세월이었다. 아이들에게 건강하고 행복한 밥상을 차려주기 위해, 눈칫밥이 아니라 모두가 평등한 밥을 주기 위해 달려온 시간이었다. 학교급식법 개정을 이루고 친환경 급식지원 조례를 만들어 아이들 밥상을 친환경 먹거리로 차리고, 전국의 초중고의 72.6%가 무상급식을 시행하고 있다. 대단한 성과다.

이 변화의 시작과 중심에는 늘 전 국민의 참여가 있었다. 전국에서 300만 명이 학교급식법 개정을 위해 서명하고 거리에서 행진하기를 마다하지 않았다. 학교급식 조례를 제정하기 위해 주민 발의에 나선 수백만의 시민들의 땀과 정성이 있었다. 풀뿌리 민주주의의 대장정이었다. 보편적 복지의 첫발을 내딛게 한 위대한 시작이었다.

되돌아보면, 아이들에게 건강한 밥을 먹이는 문제가 그토록 힘든 것이었는지, 마음먹기에 따라 얼마든지 쉽고 할 수 있었던 일이 아니었는지, 회한에 잠기곤 한다. 그리고 이만큼이라도 만들어 온 우리 모두에게 감사드리고 싶다. 그 소회를 아직도 가슴에서 울리고 있는 한 아이의 시 한 편으로 대신하고자 한다. 2011년 서울시 교육청이 마련한 '친환경 무상급식 한마당'에 전시된

초등학교 4학년 아이의 〈친환경 무상급식아, 고마워〉라는 시다.

가난하다고 놀리는
아이들 때문에
할머니도 울고
나도 울었는데,
무상급식아! 고마워
우리집 도와줘서.

친환경 채소야, 반가워
아침밥 안 먹고
급식만 기다리는
내 마음 아니?

급식판 열릴 때 마다
채소들의 싱싱한 소리가
들리는 것 같아.

시원하고 달콤한 수박 맛
상큼한 방울토마토 알
'아! 맛있어, 행복해'

북한 아이들아, 미안해,
신선한 친환경 채소들과
고기들을 우리만 먹어서
함께 먹었으면 좋겠어.

영양만점 친환경 급식
먹을 때 마다
내 몸이 좋아하는 것 같아!

'골고루 잘 먹을게'
'쑥쑥 자랄게'
모두 모두 감사해.

함께 한 모든 분들께 감사드린다. 이 아이에게 우리가 준 것은 작은 밥상 하나였는데, 아이는 우리에게 온 세상보다 더 큰 감사를 가르치고 있다. 행복한 일이다.

모든 학교에서 차별 없는 밥상이 차려지고 더 나아가 온 국민들의 행복한 먹거리가 지속가능하게 유지될 수 있는 그 날을 꿈꾸며 다짐한다. 감사하는 마음으로 다시 시작하자.

이 책을 만드는 데 애쓴 모든 사람들에게도 고마움을 전한다. 이 책이 우리 사회의 '행복한 밥상'을 만들어가는 데 의미 있는 토론 자료가 되었으면 참 좋겠다. 특히 우리 모두의 밥상을 만드는 엄마들에게 많은 생각거리를 줄 수 있기를 소망한다.

친환경 무상급식운동 10년을 맞이하는 초겨울

배 옥 병 (사)희망먹거리네트워크 상임대표

■ 차례

■ 책을 펴내며

I. '엄마의 눈'으로 보는 학교급식
　1. 학교급식 제대로 알기 19
　　　한눈에 보는 학교급식 20
　　　학교급식, 어떻게 바뀌어 왔나 23
　　　학교급식은 어떻게 운영되고 있나 26
　　　무상급식은 어떻게 이루어지고 있나 32

　2. 친환경 급식과 아이들 건강 36
　　　아이들 건강에 빨간불이 켜졌다 37
　　　학교급식은 안전한가 40
　　　왜 친환경 식재료인가 44

　3. 아이들 밥을 두고 벌이는 논쟁 47
　　　친환경 무상급식, 오해와 진실 48
　　　다시 일고 있는 학교급식 논란의 의도 52
　　　친환경 무상급식, 흔들려선 안 된다 57

　4. 학교급식, 엄마의 눈으로 보자 59
　　　엄마가 답이다 59
　　　아이들 밥에 더 많은 것을 담자 62
　　　엄마들이 꿈꾸는 아이들 밥상 67

Ⅱ. 엄마들의 밥상혁명, 10년의 이야기

1. 학교급식운동 10년 ·············· 75
친환경 무상급식을 위해 달려온 10년 ·········· 76

2. 학교급식법 개정과 학교급식지원조례 제정 ·············· 85
학교급식법 개정운동에 나서다 ·········· 85
학교급식조례 제정운동의 시작 ·········· 86
대법원, WTO 편에 서다 ·········· 91
서울시 학교급식조례 제정운동 ·········· 94
또다시 학교급식법 개정운동이 시작되다 ·········· 96
대형 식중독사고로 학교급식법 개정운동 급물살을 타다 ·········· 98
학교급식법 개정운동의 성과와 과제 ·········· 101

3. 2010년 지방선거와 무상급식운동 ·············· 105
지방선거를 앞두고 무상급식 논쟁이 일다 ·········· 105
친환경 무상급식 공약화를 위한 정책캠페인 ·········· 118
친환경 무상급식에 대한 왜곡과 대응 ·········· 123
친환경 무상급식운동에 대한 탄압 ·········· 125

4. 무상급식과 정치권의 저항 ·············· 129
서울시, 친환경 무상급식 조례 공포 거부 ·········· 129
서울시 무상급식 주민투표 ·········· 132
부자아이 가난한 아이 편 가르는 나쁜투표 거부운동 ·········· 135

5. 친환경 무상급식과 학교급식지원센터 정착 ·············· 139
급식지원센터의 도입 ·········· 139
급식지원센터의 발전 방향 ·········· 142

6. 학교급식운동의 성과 ·············· 146
학교급식운동의 성과와 의의 ·········· 146
남아있는 과제들 ·········· 148

Ⅲ. 학교급식운동 10년의 회고와 전망(좌담회) 153

Ⅳ. 학교급식과 지속가능한 먹거리 시스템
  1. 문제는 먹거리 시스템이다 185
    먹거리 시스템을 고민하자 186
    글로벌 먹거리 시스템의 위기 190

  2. 불안하고 위험하다 192
    방사능 공포 192
    유전자조작식품 위험성 195
    식품첨가물 위험성 201
    공장식 축산과 항생제 위험성 201

  3. 식량의 위기다 203
    우리의 먹거리는 충분한가 203
    우리 농업이 붕괴되고 있다 205
    식량자급률 제고가 최우선적 목표다 209
    왜 식량자급률이 중요할까 211

  4. 대안적 먹거리 시스템이란 214
    먹거리 시스템 전환, 어디서 시작할까 215
    대안적 먹거리 시스템은 무엇인가 217
    유기 농산물 시스템이란 221
    유기 농산물과 친환경 농산물 222
    공정무역이란 224
    슬로푸드 운동 225

  5. 로컬푸드 시스템과 친환경 농업 227
    로컬푸드의 사회경제적 효과 227
    우리의 로컬푸드 현황 229
    로컬푸드 정착을 위한 우선과제 231
    외국의 로컬푸드 시스템 233

V. 먹거리 민주주의와 먹거리 기본권

1. 먹거리는 민주주의다 239
먹거리와 민주주의 240
먹거리 운동이 필요하다 242

2. 먹거리 주권을 지키자 247
먹거리 주권이란 248
식량안보와 먹거리 주권 어떻게 다른가 250
먹거리 주권론은 무엇을 바꿀 수 있는가 252

3. 먹거리 통합지원시스템을 만들자 254
먹거리 통합지원시스템으로 공공급식을 255
공공조달의 힘을 빌리자 256
먹거리 공공조달은 혁신의 지렛대 258
통합적 먹거리 계획도 필요하다 260
외국의 먹거리 정책은 어떠한가 264
가장 적극적인 공공조달 - 기초농산물 국가수매제 265
외국의 먹거리 공공조달 사례 268

4. 먹거리 권리가 최대한 보장되는 사회 270
먹거리 인권 271
먹거리 정의 274
먹거리 복지 276
먹거리는 기본권 차원의 문제다 277

〈참고자료〉 283

I
'엄마의 눈'으로 보는 학교급식

2011년 친환경 무상급식 한마당 출품작(장한나)

1. 학교급식 제대로 알기

매일 670만 그릇, 1년이면 12억 그릇.

우리 아이들이 학교에서 먹고 있는 밥상의 통계다. 우리 아이들은 초등학교, 중학교, 고등학교에 이르기까지 총 12년 동안 약 2,200끼 이상을 학교급식으로 매일 한 끼 이상씩을 먹고 있다. 아이들은 가장 중요한 성장기의 밥상 1/3을 학교급식에서 먹는 셈이다.

학교급식은 멀리 가지 않고 3~4년 전과 비교하더라도 그 질 면에서 훨씬 나아졌다. 부분적으로나마 친환경 농산물이 사용되고 우리 농산물 위주의 식재료가 사용되고 있다. 학부모의 부담도 무상급식 시행으로 한결 가벼워졌다. 학교급식에 대한 여러 만족도 조사에서도 이는 확인된다.

하지만 학교급식에 대한 학부모들의 걱정은 여전하다. 안전하고 건강한 학교급식에 대해 아직 안심할 수 없는 상황이기 때문이다. 특히 유전자조작식품(GMO), 방사능 오염, 유해 식품첨가물 등으로 먹거리 불안감이 그 어느 때보다 높아지고 있다. 거기에 더해 무상급식을 두고 여전히 정치권을 중심으로 갈등이 끊이지 않고 있다. 친환경 무상급식에 대한 학부모들의 기대가 온전히 실현되는 데 넘어야 될 산이 아직 많은 것이다.

학교급식은 우리의 뜨거운 관심사이자 걱정거리다. 걱정과 관심이 커진 만큼 제대로 알아야 할 것도 많아졌다. 이제 학교급식의 현실과 시스템에 대한 이해는 안전하고 건강한 급식을 먹이고 싶은 엄마들의 교양 차원이 되었다. 알면 알수록 걱정이 더해지더라도, 제대로 알고 마음을 모아 함께 의논해야 할 문제가 된 것이다.

한눈에 보는 학교급식

학교급식을 제대로 알기 위해서는 조금 딱딱하더라도 학교급식과 관련된 통계와 관련법들에 익숙해질 필요가 있다. 여러 통계 수치들이 학교급식 전반을 이해하는 데 도움이 되고, 법의 규정 하나하나에 따라 학교급식 정책이 달라지기 때문이다.

학교급식은 '성장발육기 아동들에게 심신발달에 필요한 영양공급과 합리적인 식생활에 관한 지식 및 올바른 식생활 습관을 형성하기 위해 학교에서 일정한 지도목표를 설정하여 계획적으로 실시하는 집단급식'으로 정의할 수 있다. 즉 아이들의 건강과 심신의 발달, 식생활 능력 함양이라는 교육적 목표를 달성하기 위해 교육의 한 내용으로 실시하는 것이다.

이는 우리의 학교급식 정책의 근간이 되는 '학교급식법'에 의해 뒷받침된다. 즉 학교급식은 "급식을 통한 학생의 건전한 심신의 발달을 도모하고, 나아가 국민식생활 개선에 기여(학교급식법 제1조)"하기 위한 목적으로 "국가와 지방자치단체는 영양교육을 통한 식습관의 개선과 학교급식의 원활한 수행을 위하여 필요한 시책을 강구하여야(학교급식법 제3조)" 하는 '밥 때'가 되니 '한 끼'를 제공한다는 의미를 뛰어넘는 교육 차원의 국가 정책이다.

2013년 현재, 전국에서 학교급식이 이루어지고 있는 학교는 초중고 및 특수학교를 포함하여 11,520개로 모든 학교에서 급식이 100% 시행되고 있다. 급식운영 형태는 직영급식 비율이 97.6%이고, 위탁급식을 실시하는 학교는 2.4%인 274개교 정도이다. 위탁급식 비율은 2005년 15.4%를 기점으로 급속히 줄어들었다.

학교급식을 먹는 학생은 하루 평균 671만 명으로 전체 학생의 99.5%가 먹고 있다. 전체 학생 수가 해마다 감소하기 때문에 자연스레 학교급식 학생 수도 줄고 있다. 최근 몇 년 만 살펴봐도 2009년 734만 명, 2010년 718만 명, 2011년 697만 명으로 줄었다. 하지만 전체 학교급식 대상자를 계산할 때는 학생뿐만 아니라 50만 명에 이르는 전국의 교사와 교직원들도 더해야 한다. 전체 초·중·고등학교의 학교급식 학생 수와 지역별 통계 등은 책의 마지막에 있는 통계 자료 〈시도별 학교급식 현황〉을 보면 자세히 알 수 있다.

학교급식과 관련된 예산은 얼마나 되나?

예산규모는 매년 소폭으로 증가하고 있는데, 2012년 기준으로 학교급식 관련 예산은 5조 3,025억 원이다. 이 중에서 시도 교육청이 부담하는 것이 43.7%(2조 3,189억 원)로 제일 많다. 그 다음이 학부모가 내는 급식비가 36.8%(1조 9,511억 원)로 두 번째로 많다. 지방자치단체의 지원금이 8,869억 원으로 16.7%이고, 기타 학교 발전기금 등이 2.8%를 차지한다.

학부모의 급식비 부담은 2005년 전체 급식경비의 77%에 이르던 것이 현재는 36.8%로 줄어들었다. 지난 10년간 학교급식법 개정과 학교급식지원조례 제정운동의 성과로 정부와 지방자치단체의 지원이 늘었기 때문이다. 특히 무상급식이 확대되기 시작한 2011년부터 가파르게 줄었다.

이 돈들은 어떻게 쓰일까?

전체 학교급식비 지출항목에서 58%는 식품비로 3조 700억 가량이다. 인건비(27%), 연료비, 시설 유지비 등의 운영비가 34.6%이고, 시설설비비가 7%를 차지한다. 식재료비 비중이 위탁급식 위주로 운영되던 몇 년 전과 비교해서 높아지고 있다. 급식의 질이 높아지고 있다는 증거이기도 하다.

학교급식에 종사하는 영양(교)사, 조리사, 조리원 등이 전국적으로 7만 명 정도 일하고 있다. 한 학교당 평균 6명 정도이고, 이 중 정규직은 10.2%에 불과하고 비정규직이 90%를 차지한다. 우리 아이들의 건강을 책임지는 학교급식에 종사하는 사람들이 불안정하게 일하고 있다.

학교급식, 어떻게 바뀌어 왔나

학교급식이 시작되기 전 '학교에서 먹는 점심'은 도시락이었다. 꽁보리밥이나 주먹밥을 꽁꽁 싼 50~60년대의 도시락 보자기에서 시작하여, 60년대의 무밥과 시래기밥, 70년대의 숟가락이 덜렁거리던 양은도시락, 80년대의 보온도시락은 그 시절 학창시절을 보냈던 사람들의 아련한 추억이다. 도시락을 싸올 형편이 못돼 식수대에서 물로 배를 채우거나, 반찬이 변변치 않아 도시락 뚜껑으로 가리고 허겁지겁 먹던 기억은 도시락 세대의 아픈 기억이기도 하다. 그나마 대부분 어려운 살림살이라 도시락 형편이 다들 비슷했다는 것이 위안이라면 위안이었다.

학교급식의 역사는 도시락을 보완하거나 대체하는 과정이었다. 우리의 학교급식은 가난한 시절의 아픈 이야기로 시작된다. 해외에서의 원조가 급식의 첫걸음을 만들었다. 해방을 맞은 1945년부터 우리나라는 해외에서 원조를 받는데 한국전쟁이 끝나는 1953년까지는 긴급구호 원조, 1953년 이후부터는 경제개발 원조를 받는다. 당시에 유니세프(UNICEF) 등 세계 구호단체가 지원하는 양곡 등으로 아이들을 위한 구호급식이 시작된다. 구호급식은 전지분유, 옥수수가루, 밀가루, 탈지분유 등을 죽이나 빵으로 만들어 초등학교 전 학년을 대상으로 무상으로 배급했다. 한국전쟁으로 피폐해진 최빈국 중의 하나였지만 구호식량 원조 덕에 학교급식이 시작되어 1972년까지 20여 년간 지속된다.

이후 정부의 예산과 학부모의 일부 비용을 내어 빵과 우유가 학교에서 제공되었다. 도시락에 빵과 우유가 곁들여진 것이다. 하지만 별도의 돈을 내는 우유급식은 가난한 집 아이와 그렇지 않은 집 아이를 나누기도 했다. 그러다 1977년 8천명이 급식 빵 식중독사고가 나자 전면 폐지하게 된다. 이후 1980년대까지 도시락 외에는 달리 제공되는 급식이 없었다.

도시락이 학교에서 서서히 사라지기 시작한 것은 1981년부터다. 그 해 1월 29일 "학생 심신의 건전한 발달을 도모하고 국민 식생활 개선에 기여함"을 목적으로 하는 학교급식법이 제정된다. 이를 계기로 엄마들의 고충이었던 도시락이 학교급식으로 대체되기 시작한다. 1990년부터는 쌀 소비를 위해 농림부가 질이 낮은 '정부미'를 절반의 가격으로 학교급식에 공급하면서 다시 활성화되는 계기를 맞는다.

1992년 대통령선거에서 초등학교 급식 전면실시 공약이 등장하였다. 학부모들의 호응으로 1998년 교육부가 초등학교와 고등학교에 학교급식 전면 실시 방침을 발표하고, 1999년 2학기부터 모든 초등학교와 고등학교에 먼저 실시된다. 그 후 2003년에 들어서 중학교를 포함하게 되어 초중고 모든 학교에 전면급식이 실시된다.

하지만 학교급식이 실시되는 과정에서 양적인 확대에 매달리다 보니 급식의 질과 안전성에 대한 고민은 늘 뒷전이었다. 대표적인 것이 위탁급식의 도입이다. 위탁급식 제도는 1996년 학교급식법 개정안(당시 김문수 의원 대표발의)이 국회를 통과하면서 도입되었다. 학교급식 전면실시에 이르자 급식설비에 필요한 재정 부족이 큰 고민이었고, 당시 식품관련 업계의 내수시장 확보라는 전략과 맞물려 위탁급식이 급속히 확산된다. 급식시설을 민간업자가 설치하고 식단, 조리, 배식 등 모든 과정을 도맡아 하는 방식이다. 위탁급식 도입으로 학교급식이 급격히 확대되었지만 급식의 질과 위생에 많은 문제도 덩달아 생겼다. 위탁급식은 매년 대형 식중독사고를 일으킬 정도로 위생관리가 철저하지 못했고, 식재료도 대부분 값싼 수입산에 의존하고 있었다.

1999년부터 확대되기 시작한 학교급식은 2002년 말을 기점으로 거의 모든 학교에서 실시된다. 하지만 위탁급식의 문제점 말고도 직영급식에서도 예산 부족, 식재료 공급 유착 비리 등의 여러 문제가 있었다. 학생 100명 당 조리원이 한 명 정도는 있어야 하나 예산이 충분치 않아 그렇지 못했다. 그래서 학부모들이 자원 봉사의 이름으로 조리 과정에 동원되기도 했다. 한 예로 1997년 서울의 한 초등학교의 경우 하루 6명 정도씩 학교급식실로 조리를 하러 가야만 했다. 조리원으로 일할 경우 반드시 건강진단을 받아야 하는 등의 법적 자격조건이 있어야 하나 그런 절차도 없이 연간 1천 7백여 명이 돌아가면서 조리 일을 한 것이다.

2002년이 되면서 우리나라 학교급식은 새로운 전기를 맞는다. 연이어 발생하는 학교급식에서의 식중독사고와 저질 급식을 바꾸려는 학부모들의 자발적인 학교급식 개선운동이 시작된 것이다. 2002년 학교급식 개선운동 조직인 학교급식전국네트워크가 만들어지고 학교급식법 개정운동, 학교급식조례 제정운동이 전개된다.

이러한 학교급식운동으로 2006년 6월 학교급식법이 개정되면서 학교급식은 아직도 학교급식법을 정면으로 위반하면서 위탁급식을 운영하고 있는 일부 학교(2.4%)를 제외하곤 직영급식 체제로 모두 바뀐다. 정부와 지방자치단체의 급식비 지원의 근거도 마련되고, 국내산 우리 농산물 식재료 사용에 대한 지원도 가능해진다. 이후 학교급식운동이 본격화되면서 2010년 이후 무상급식이 지역별로 실시되고 현재는 전국적으로 초중고의 72.6%에서 무상급식이 실시되고 있다. 그리고 이제 친환경 무상급식이 자리를 잡아가고 있다. 학교급식운동과 무상급식 도입 이야기는 다음 장에서 자세히 소개하기로 한다.

학교급식은 어떻게 운영되고 있나

이제, 학교급식이 이루어지는 전체적인 구조와 과정을 살펴보자. 학교급식의 제도적 틀을 이해하는 것은 학교급식에 대한 정책들을 이야기할 때 많은 도움이 된다.

학교급식에서 가장 중요한 법은 학교급식법이다. 이 법과 시행령에 학교급식의 주요한 사항들 즉 급식대상, 시설기준 및 식재료 구매, 식단, 조리, 배식 등의 관리운영에 관한 사항이 규정되어 있다. 이 법은 여러 차례 개정되어 왔는데, 학교급식에 대한 변화를 만들기 위해서는 결국 이 법의 개정으로 귀결될 수밖에 없다.

학교급식과 관련된 기관으로는 중앙정부, 지역 교육청, 지방자치단체라는 세 국가기관이 역할을 한다. 먼저 중앙정부는 급식비의 일부를 지원한다. 저소득층 자녀와 농어촌 지역의 학생들의 급식비 지원이 그것이다. 우리의 교육자치 기관인 시도 교육청은 학교급식의 모든 업무를 주관한다. 해당 지역의 학교급식에 대한 계획 및 운영은 매년 시도 교육감이 수립하여 시행하고 있다. 광역 및 기초자치단체는 지방의회에서 제정되는 자치법규인 조례를 통해 지역의 학교급식에 대한 여러 지원을 한다.

따라서 현재 학교급식과 관련하여 쟁점이 되는 무상급식 실시 규모나 친환경 식재료 사용 정도, 식재료 구매방식 등이 지역마다 조금씩 다르다. 각 자치단체의 장이나 시도 교육감의 정책방향과 재정 상황에 차이가 있기 때문이다.

전국의 16개 광역시도를 포함하여 228개 시군구 중에서 218곳(전체의 95.6%)에서 '직영급식', '우리 농산물 또는 친환경 농산물 사용', '무상급식 원칙'을 담은 조례가 제정되었다. 이 중 우리 농산물 또는 친환경 식재료를 지원 대상으로 지정한 기초단체는 58곳이다.

현재 직영급식이 100%에 이른다

직영급식은 학교에 급식 시설과 조리원 등을 직접 갖추고 학교가 직접 급식 관련 모든 활동을 하는 급식 형태다. 2006년 학교급식법 개정으로 금지되기 전까지는 위탁급식이 많았다. 학교급식에 위탁급식이 안 되는 결정적 이유는 이윤을 목적으로 할 수밖에 없는 위탁업체들의 근본적 한계 때문이다. 급식비 중 식재료비 비중이 낮고, 이윤 확보를 위해 싸고 질 낮은 수입산 농산물을 많이 쓰는 문제점이 필연적으로 나오기 때문이다. 위생관리가 허술하여 식중독 사고가 직영급식보다 3배 이상 높게 나타나기도 했다.

식재료 구매 방식은 크게 세 갈래다

학교급식 식재료 구매는 학교별로 학교운영위원회의 심의를 거쳐 학교장이 구매 방법과 원산지 및 품질등급 등을 정하여 진행하고 있다(학교급식법 시행령 제2조). 학교가 공급업체와 직접 계약하여 개별적으로 구매하거나 지역의 여러 학교가 함께 참여하는 공동구매를 통해 필요한 식재료를 공급받고 있다.

실질적인 구매 방식은 각 지역에 설치된 급식지원센터를 통한 구매, 정부 및 민간의 전자조달시스템(G2B, EAT)을 이용한 구매, 식재료 민간공급업체와 계약(경쟁입찰·수의계약)을 통한 구매 등 세 가지로 나누어진다. 즉 학교의 식재료 구매는 공동 구매든 개별구매든 이 세 가지 방식의 공급경로를 통해 이루어지고 있다.

각각의 구매 방식의 비율을 살펴보면, 2012년 7월 기준으로 전자조달계약이 86.1%를 차지하고 수의계약은 13.9%이다. 전자입찰을 통한 구매처로는 나라장터(조달청) 53.8%, aT(한국농수산식품유통공사) 27.2%, 기타 5.1% 순이다. 그리고 2010년 이후 설치된 각 지방자치단체의 급식지원센터를 통한 공동구매 방식이 서서히 증가하고 있다.

민간공급업체와의 계약을 통한 구매는 학교가 업체를 선정하여 사전 발주하면 업체가 납품하는 일반적인 형태다. 이 방식에는 수의계약이 많이 사용되는 데 선정과 계약 과정의 투명성이 문제가 되곤 한다.

전자조달 방식은 학교급식을 둘러싼 입찰 및 업자들과의 유착 비리를 막고 업체들에게 공정한 기회를 제공한다는 취지로 2010년부터 활성화되었다. 큰 틀은 민간업체에서 공급받는 것과 크게 다르지 않으나 입찰 과정을 사이버거래소가 관리한다는 점이 다르다. 사이버거래소가 미리 심사를 하여 참여 업체를 선정한 후에 학교가 입찰 요구사항을 제시하면 사이버거래소가 최저가 입찰자를 선정하는 것이다. 하지만 전자조달시스템을 통한 식재료 구매 방식에도 여러 문제가 있다. 식재료의 생산자, 공급자, 가격, 품질에 대한 정보가 부족하고, 일부 업체는 전자입찰의 익명성을 이용해 다수의 업체를 설립하거나 위장업체를 내세우는 등의 부정 입찰이 발생하기도 한다. 사전 업체 선정도 품질과 안전성이 기준이 되기보다는 예상 가격에 맞는 업체들을 선정하고 있다. 특히 최저가격 경쟁입찰로 인한 품질 저하와 안전성 문제는 현재 학교급식 식재료 공급에서 가장 심각한 문제이다.

급식지원센터를 통한 구매는 급식지원센터가 공동구매·계약재배 등으로 공급 물량을 확보하고 각 학교에 식재료를 공급하는 방식이다. 별도의 유통센터를 두거나, 배송업체를 통하기도 한다. 현재 학교급식에 사용되는 친환경 농산물은 이 급식지원센터를 통해 대부분이 공급되고 있다. 친환경 농산물 공급의 거점인 셈이다. 현재 여러 지방자치단체에서는 조례를 제정하여 지역산 또는 친환경 식재료 구매를 지원하고 있다. 친환경 농산물 사용 시 늘어나는 비용을 보전하기 위해 그 차액에 대해 지원하는 방식이다. 하지만 지원액이 미흡하여 더 많은 보완이 필요하다.

학교급식의 식재료 공급에 있어서 안전하고 건강한 먹거리를 최우선 원칙으로 하고 농업과 환경, 지역을 살리는 방향에서 함께 가야 한다. 로컬푸드 시스템 활용, 계약재배·책임소비 등을 통한 직거래 시스템 등이 더욱 활성화될 필요가 있다.

학부모의 학교급식 참여

학교급식에 학부모가 참여할 수 있는 여러 기회가 있다. 먼저 '학교운영위원회'다. 학교운영위원회는 1996년에 도입된 학교자치기구로 교사·학부모·지역사회 인사 등으로 구성되어 급식을 포함한 학교의 여러 운영사항을 자문하는 심의·자문기구이다. 학교운영위원회에서는 학교급식법 시행령에 근거해 다음의 8가지 급식 관련 주요 사항을 심의한다. 최종 결정권은 없지만, 학교장의 급식 계획에 실질적인 영향력을 미칠 수 있다.

- 급식운영방식, 급식대상, 급식횟수, 급식시간 및 구체적 영양기준 등에 관한 사항
- 학교급식 운영계획 및 예결산에 관한 사항
- 식재료의 구체적인 품질기준 및 완제품 사용 승인에 관한 사항
- 식재료 등의 조달방법 및 업체선정 기준에 관한 사항
- 보호자가 부담하는 경비 및 급식비의 결정에 관한 사항
- 급식비 지원대상자 선정 등에 관한 사항
- 급식활동에 관한 보호자의 참여와 지원에 관한 사항
- 그 밖에 학교의 장이 학교급식운영에 관하여 중요하다고 인정한 사항

학교급식의 개선과 안전성을 높이기 위해서는 학교운영위원회의 민주적 운영과 학부모의 적극적인 참여가 매우 중요하다. 학교급식과 관련하여 실질적인 주요 사항이 여기서 결정되기 때문이다. 학부모 위원으로 참여하지 않더라도 회의 참관, 의견 전달, 회의 내용 열람 등 간접적으로 참여할 수 있다.

학교운영위원회와 더불어 중요한 기능을 하는 것은 '학교급식소위원회'다. 이 소위원회가 하는 일은 급식운영방식 결정을 위한 조사활동 및 사전 검토, 식재료 구매계약을 위한 업체 대상 현장 방문 조사와 의견 제시, 식재료 검수·조리 과정 참관 및 의견 제시, 급식비 책정·급식비 집행내역·식단 검토 등 학교급식 모니터링 및 개선에 관한 사항, 기타 학교운영위원회에서 위임한 급식 관련 사항 등이다. 학교급식 현장에서 조사, 평가, 모니터 등의 실질적인 활동을 한다.

학교급식소위원회는 학교운영위원회 학부모 위원과 교원 위원, 각 학년 대표인 학부모와 교사, 각 학년 학생 대표로 구성한다.

학교운영위원회와 급식소위원회에 학부모의 적극적인 참여가 있다면 학교급식 현장에서 바꿀 수 있는 것들이 많다. 학부모들에게는 이러한 제도와 관련하여 정보 등이 여전히 부족한 실정이고, 또 형식적인 참여에 머물고 있어 아쉬움이 많다. 이러한 문제를 보완하기 위해 각 지역의 급식지원센터에서는 다양한 형태의 학부모 대상 학교급식과 식생활에 대한 교육이 이루어지고 있다.

서울시 광역친환경급식통합지원센터의 경우 '식생활교육 학부모강사' 양성과정을 개설해 2기에 걸쳐 약 100여명의 식생활교육 학부모 강사를 배출해 내고 있다. 이들은 각 학교의 급식모니터, 급식소위원회들과 소통하면서 교육하는 일을 한다. 그리고 지역별 학부모 커뮤니티를 조직하여 학교와 지역먹거리 교육프로그램에 주도적으로 참여하고 있다. 서울시는 또한 학부모 '급식안전지킴이단' 1,000여 명을 구성하여 농장에서 학교까지 전 과정을 모니터하고 있다.

또 하나 주목할 학교급식 관련 학부모 참여 행사가 있다. 많은 학교에서는 '친환경 급식 공개의 날'을 운영하고 있다. 학교급식이 이루어지는 현장을 참관하고 시식회 등을 통해 학부모들의 관심과 참여를 유도하는 행사다. 학부모가 학교급식의 현실을 직접 느끼며 의견을 전달할 수 있는 좋은 소통의 창구인 셈이다.

무상급식은 어떻게 이루어지고 있나

학교급식의 가장 큰 변화는 2010년부터 본격화된 무상급식이다. 이 무상급식 예산을 두고 여전히 논란이 있는데, 시도 교육청과 자치단체 간의 갈등, 자치단체 의회와 자치단체장 간의 갈등, 자치단체와 중앙정부 간의 갈등이 나타나고 있다. 그 핵심은 무상급식 관련 예산을 편성할 것인가 안 할 것인가, 누가 얼마를 낼 것인가에 있다.

이 논란은 무상급식 예산이 어디서 나오는지를 알면 쉽게 이해가 된다. 학교급식법 제9조에는 "국가 또는 지방자치단체는 보호자가 부담할 경비의 전부 또는 일부를 지원할 수 있다"고 규정되어 있다. 이는 국가와 지방정부의 학교급식에 대한 책임에 대한 규정으로 급식비 지원의 법적 근거이기도 하다. 물론 이 내용은 학부모를 중심으로 한 학교급식운동 진영에서 오랫동안 요구한 것이 2006년 급식법 개정을 통해 뒤늦게 반영된 것이다. 문제는 무상급식과 관련된 중앙정부의 지원이 명확히 명시되어 있지 않다는 점이다.

급식비 예산을 살펴보기 전에 교육 예산의 구조를 살펴보는 것도 도움이 된다. 현재 2013년 교육부의 예산 규모는 50조원에 이른다. 이 중에서 중앙정부의 예산에서 지방교육청에 보내는 지방교육재정교부금이 41조 원 정도다. 여기에 지방자치단체의 전입금 등 교육 관련 예산을 더하여 각 시도 교육청에서 교육 관련 살림살이를 하고 있다.

일례로 서울시 교육청의 예산을 간략히 보면 한결 이해가 쉽다. 2013년 기준 7조 368억 원 가량이 총예산이다. 이 중에 4조 5,700억 원 정도가 중앙정부에서 와서, 전체 예산의 76% 정도가 교사 급여 등 인건비와 경상비로 쓰이고 나머지는 여러 사업비로 쓰인다. 이 사업비 항목의 일부가 무상급식 예산인 것이다. 2013년 서울시 교육청의 무상급식 예산은 2,700억 원으로 전체 서울시 교육청 예산의 1.94% 정도다. 따라서 무상급식 때문에 시설 개보수를 못하고 교육예산이 절대적으로 부족하다는 주장은 사실 억지에 가깝다.

다시 급식비 예산으로 돌아가 보자. 2005년부터 학교급식비 지원 사업은 지방으로 이양되어 시도 교육청에서 급식비 지원을 맡고 있다. 이외에도 각 지방자치단체에서는 조례를 통해 급식비 일부를 부담하고 있고, 친환경 농산물 자원 조례가 있는 경우 추가비용을 지원하는 곳들이 많다.

물론 중앙정부 예산에 무상급식에 활용되는 지원 예산이 전혀 없는 것은 아니다. 교육부의 예산에는 교육비 지원 항목이 있다. 저소득층 자녀와 농어촌 학생들을 지원 대상으로 한다. 지원내용은 저소득층 및 농어촌 고등학생의 학비, 급식지원비, 방과후 수강권, 교육정보화 관련 예산 등이다. 이 중에서 급식지원비 규모는 2012년 기준 7,447억 원으로 전체 학생의 26.4%가 지원을 받고 있다. 무상급식과 관련하여 중앙정부가 실질적으로 책임을 지고 있는 몫은 1/4에 불과한 실정이다.

따라서 나머지 75%는 지방자치단체와 시도 교육청에 의존하고 있는 탓에 무상급식이 지방자치단체의 재정과 정책의지에 의존하고 있다. 2013년 현재 서울의 무상급식비 재원은 교육청 50%, 광역시 30%, 자치구 20%로 분담하고 있다. 강원도는 교육청 63%, 도 18.5%, 기초단체 18.5%, 인천은 교육청 30%, 광역시 40%, 기초단체 30%, 제주도는 교육청 50%, 특별자치구 50% 등 지역마다 차이가 있다.

지방재정이 빠듯한 상황이고 중앙정부의 지원이 너무 적어 무상급식 재원 마련에 많은 어려움이 있다. 안정적인 무상급식의 확대를 위해서는 중앙정부의 예산 지원이 늘어야 하는 것이다. 이러한 현실적 필요성에서 뿐만 아니라 학교급식은 교육이고, "의무교육은 무상(헌법 제31조 3항)"이기에 무상급식은 국가의 책임인 것이다.

또한 현재 전국에서 무상급식을 실시하는 학교가 72.6%에 이르는 것을 감안하면 무상급식은 각 지방의 선택이 아니라 국가 차원의 정책으로 이미 보편화되었다. 따라서 지방정부의 책임만이 아니라 중앙정부의 책임도 당연히 요구된다. 많은 전문가들과 시도 단체장들은 국가의 의무교육 정책의 실질적 실현을 위해서 그리고 열악한 지방재정을 고려할 때 무상급식 예산의 50% 이상을 중앙정부가 지원해야 한다고 요구하고 있다. 현재 이 내용을 포함한 학교급식법 전면개정안이 국회에 상정되어 있으나 아직 통과되지 못하고 있다.

2. 친환경 급식과 아이들 건강

학교급식은 성장기 아이들의 건강에 절대적이다. 학교밥상에 아이들의 미래가 달려 있다고 할 수 있다. 예부터 '밥이 보약'이라는 말이 있듯이 먹는 것과 건강은 직접적이고 밀접한 관계에 있다. 안전하고 건강한 먹거리에 대한 요구는 본능적인 요구이자 권리이다. 여기에 더해 의료인들은 한결같이 현대의 많은 질병이 잘못된 식생활 때문에 생긴다고 한다. 특히 식품을 통해 몸으로 들어오는 유해물질의 종류와 수가 하루가 다르게 많아지고 있는 현실에서 안전하고 건강한 먹거리에 대한 요구는 절박한 수준에 이르렀다.

날로 심각해지는 먹거리 불안의 시대에 학교급식의 안전성과 건강은 너무도 중요하다. 친환경 무상급식은 아이들 건강한 미래를 위해 우리 사회가 마련한 최소한의 대안이다. 하지만 학교급식에서의 친환경 식재료는 아직 급식지원센터를 중심으로 한정적으로만 사용되고 있다. 친환경 식재료와 아이들 건강을 중심으로 친환경 급식 확대의 절박함을 이야기해 보자.

아이들 건강에 빨간불이 켜졌다

아이들의 건강에 먹거리가 미치는 영향은 어른들에 비해 훨씬 크다. 전문가들은 그 이유를 다음과 같이 설명한다.

어린이와 청소년기는 생리적 육체적 활동이 왕성한 시기다. 물이든 음식이든 체내에 들어오면 대사과정을 거쳐 흡수되는 속도가 매우 빠르다. 단위 체중을 기준으로 할 때 어린이가 호흡하는 공기량은 성인의 약 3배 정도 많고, 마시는 물의 양도 7배 정도 많다고 본다. 예를 들어 한 끼 식사를 하면 어린이는 4시간 만에 소화가 되지만 어른은 6시간 정도 걸린다. 즉 건강과 관련하여 어른들이 정신적 스트레스에 더 영향을 받는 반면, 성장과 발달의 빠른 변화를 겪으며 미성숙한 몸을 가진 아이들은 음식에 더 많이 영향을 받는다. 나이가 어릴수록 그 영향력은 더 크다.

또한 어린이 및 청소년기는 성인에 비해 몸의 방어 기능이 약하다. 우리 몸에 안 좋은 물질이 들어오게 되면 인체는 방어 기능이 작동하게 된다. 특히 유해물질이 몸에 들어오면 인체가 가지고 있는 각종 해독 호르몬과 효소, 기타 면역반응과 유전자 복구 기능 등이 작동하게 된다. 그런데 어린이와 청소년의 경우 이러한 기능들이 덜 성숙되어 있고, 또한 기능이 약하기 때문에 외부로부터 들어온 유해물질에 대한 퇴치 능력이 약하다.

뿐만 아니라 아이들의 질병과 먹거리와의 관계에 대해서도 많은 걱정스런 연구 결과들이 있다. 아동·청소년의 6대 질병은 아토피(25~30%), ADHD(과잉행동장애 10%), 비만(30%), 척추측만증(10%), 우울증(고교생의 22%), 게임중독(15%)이다. 이 중 아토피, ADHD, 비만, 우울증 등은 환경호르몬, 유해 화학물질, 화학 식품첨가물, 영양 불균형, 미네랄 부족 등이 원인이다. 그 외에 폭력성과 과격한 행동, 여러 정서장애의 원인을 가공식품과 인스턴트 음식의 과잉섭취에서 원인을 찾는 식원성증후군 논의도 설득력을 더해가고 있다.

아이들의 체격과 영양 상태는 좋아지고 있지만 더불어 비만도 늘고 있다. 교육부가 발표한 2012년 학교건강검사 표본조사 결과를 보면, 학생들의 키는 초등학교 6학년 남학생의 경우 150.6cm로 10년 전인 148.6cm보다 2cm, 20년 전인 92년보다 5.3cm 커졌다. 몸무게는 중학생 3학년 남학생의 경우 61.6kg로 20년 전보다 8.4kg가 늘어났다. 체격은 커졌지만 아이들의 건강상태가 좋아지고 있다고 볼 수 없고, 체력은 오히려 약해지고 있다.

비만학생 비율은 14.7%에 달한다. 이를 5년 전과 비교하면 3.5%나 늘었다.

청소년의 식품소비 행태도 걱정스럽긴 마찬가지다. 주 1회 패스트푸드 섭취율은 초등학교 56.9%, 중학교 63.5% 고등학교 67.7%에 달하고 있다. 하루 채소 섭취율은 초등학교 31.3% 중학교 26.9% 고등학교 24.6%로 나타났다. 아이들의 권장 운동량 실천율이 10년 동안 큰 변화가 없는 상태에서 이러한 비만의 증가는 이 같은 잘못된 식생활의 요인 때문이라 할 수 있다.

결론적으로 우리 아이들의 건강 상태는 심각한 위험 상황이다. 패스트푸드, 가공식품, 편식, 불규칙한 식사 때문에 영양 불균형 상태에 처해 있다. 그리고 식품첨가물, 수입산 원재료, 농약, 중

친환경 급식과 '아토피 없는 학교 만들기' - 서울 가양초등학교

2008년 3월부터 가양초등학교(교장 박인화, 영양교사 성정림)는 친환경 급식과 아토피 예방교육을 연계하는 '아토피 없는 학교 만들기 프로그램'을 운영했다. 이를 위해 "첫째, 친환경 급식을 실시하여 올바른 식생활을 실천하고, 둘째, 아토피 피부염을 예방 관리할 수 있도록 친환경 먹거리 교육 프로그램을 운영하며, 셋째, 아토피 피부염 학생을 대상으로 '건강사랑반'을 운영" 하는 계획을 세운다. 학부모와 교사를 연수, 학생 대상 친환경 식생활 교육, 친환경 급식 운영, 생산지 체험학습, 전문 의사 진단활동, 맞춤 급식 실시 등의 종합적인 급식건강프로그램을 개발한다.

이 프로그램이 실시되기 전에는 전교생 879명 중 178명(20.5%)이 아토피 피부염 유병률을 보였다. 그러나 친환경급식을 시작한 지 7개월 만에 전교생을 대상으로 혈액검사와 아토피 피부염 조사를 한 결과 아토피 피부염의 유병률을 보인 학생이 117명(13.5%)으로 줄어드는 효과가 나타났다. 친환경 급식 7개월 사이에 7%가 감소한 것이다.

친환경 급식을 제공하고 학생과 학부모를 대상으로 아토피 예방교육을 함은 물론 특히 심한 학생의 경우 전문진료병원인 서울알레르기클리닉의 도움을 받아 '건강사랑반'을 운영, 지속적인 관리를 한 결과다.

친환경급식이 올바른 식습관을 만들고, 이는 학교 교육을 통해 가능하다는 것을 보여주는 좋은 사례다. 친환경 급식이 아이들의 질병의 예방과 치료에 크게 기여할 수 있음을 입증한 사례다.

금속 등에 의해 많은 환경호르몬에 노출되어 있다. 그 뿐만이 아니다. 입시경쟁, 컴퓨터, TV, 게임 등에 의한 스트레스 및 운동 부족을 겪고 있다. 이러한 요인들로 인해 우리 아이들은 비만, 아토피, 천식, 비염, 시력 약화, 산만, 과격, 당뇨, 희귀병 등으로 건강에 적신호가 커진 상태다.

이런 상황에서 학교급식은 아이들이 하루 중 온전하게 제 시간에, 제대로 된 밥상을 받을 수 있는 아주 중요한 기회가 된다. 학교급식이 건강하고 안전해야 하는 이유이다.

학교급식은 안전한가

우리 아이들은 학교급식에서 제대로 잘 먹고 있는가? 친환경 무상급식이 실시되면서 많은 개선이 있었지만 몇 가지 문제에 여전히 걱정되는 빈틈이 보인다.

먼저, 친환경 농산물 사용 비중이 낮다.

서울시의 경우 친환경유통센터를 통해 공급되는 친환경 식재료의 비중은 초등학교 70%, 중학교 60%를 목표로 하여 공급하고 있다. 나머지 30~40%는 여전히 농약 등이 사용된 식재료이고, 또한 친환경유통센터를 통하지 않고 구매하는 학교도 있어 전체 비율은 이보다 훨씬 낮다.

친환경 식재료가 아닌 경우, 대표적인 유해요소인 환경호르몬으로부터 자유롭지 못하다. 환경호르몬은 정확히 표현하면 외인성 내분비장애물질이다. 환경호르몬이란 생물체에서 정상적으로 생성·분비되는 물질이 아니라 산업 활동에서 생성·방출된 화학물질이 우리 몸에 들어와 마치 호르몬처럼 작용하는 데서 유래되었다. 대부분이 다이옥신, DDT 등 농약과 관련된 것으로 식품을 통해 몸으로 들어와 건강을 위협한다. 잔류농약 먹거리나 중금속 오염, 플라스틱 또는 합성세제 등을 통해서 몸으로 침투한다. 현재 우리나라는 단위면적당 농약 사용량이 꾸준히 늘고 있다. 이러한 외부 환경의 복합오염 실태를 감안할 때 무농약 이상의 친환경 농산물이 최우선적으로 학교급식에 공급되어야 한다.

둘째, 과도한 식품첨가물이다.

식품첨가물은 식품의 제조·가공에 사용되는 모든 화학적 합성물질을 말하는 것으로 착색제, 방향제, 산화방지제, 접착제, 발색제 등이다. 우리 학교급식에는 여전히 각종 식품첨가물을 많이 사용하는 냉동·냉장 가공식품의 사용이 많다.

가공식품은 쉽게 조리할 수 있고 보관이 용이하다는 이점이 있지만, 가장 큰 문제가 바로 화학합성물질인 식품첨가물을 사용하는 것이다. 국내에서 유통되고 있는 식품첨가물은 607여 가지나 된다. 실제로 식품에 화학물질을 넣는 것은 금지된 일이나, 식품첨가물은 예외이다. 우리나라에서는 화학합성물 381종, 천연첨가물 161종, 혼합제제 7종 등 모두 549종이 허가되어 있다. 외국의 경우 영국 12종, 프랑스 32종, 독일 64종인데 비하면 10~40배 이상 많다.

아이들이 좋아하는 햄의 경우 돼지고기 100kg으로 햄 130kg을 만든다. 식품첨가물이 그 만큼 더 들어가는 것이다. 화학첨가물

무첨가 햄의 경우 재료는 돼지고기, 천일염, 삼온당(설탕의 일종), 향신료 등 총 4가지가 들어간다. 하지만 일반 햄의 경우 돼지고기, 대두단백, 아질산나트륨 등 총 16가지가 들어간다.

급식 식단에도 반조리 및 가공식품이 많다. 대표적으로 단무지, 햄, 부추물만두, 비엔나, 홍게크레블, 발아현미탕수육, 당면김말이, 런천미트, 과일 미트볼, 등심돈까스, 쌀 수제비, 골뱅이 캔, 켄터키 후랑크, 쇠고기 함박 등이다.

이 식품들에 포함된 일부 식품첨가물은 우리 인체에 독성으로 작용할 수 있다. 아이들이 가장 좋아하는 햄과 소시지의 경우 화학합성 첨가물질로 인해 장기 섭취했을 때, 구토, 설사, 현기증, 손발 저림, 두통, 유전자 및 염색체 이상, 칼륨·철분·아연 배출 등의 문제를 일으킬 수 있다. 식용유와 버터의 경우에도 화학합성 첨가물질로 인해 일부 콜레스테롤 상승, 암 유발, 염색체 이상을, 표백제를 사용한 어묵의 경우에도 일부 호흡기 점막 및 눈 자극, 유전자 손상, 염색체 이상 등의 해를 끼칠 수 있다. 이외에도 통조림 제품은 다양한 화학합성 식품첨가물과 중금속 오염도 문제지만 원재료 대부분이 수입산으로 산화방지제가 첨가되어 있을 경우 위장장애 및 기형아 유발의 위험성이 도사리고 있다.

셋째, 수입산 식재료 사용이다.

수입산 농축산물과 가공식품의 가장 큰 문제점은 장거리 운송으로 푸드마일(food mile, 음식이 우리 입에 들어오기까지 이동한 거리)이 길어 일부 방부제, 살충제, 살균제, 방사선 조사를 사용할 수밖에 없는 점이다. 특히 2008년 5월부터 국내 대형 전분업체들이 GMO

옥수수를 사용하면서 GMO 옥수수를 사용한 액상과당, 전분가루를 원료로 한 식품과 GMO 콩을 원료로 한 식용유, 장류 등이 이미 학교급식에 많이 사용됨으로써 급식 식재료의 GMO 사용 문제 또한 심각한 실정이다. 이 밖에도 수입산 식재료의 안전은 더욱 불안해졌다.

학교급식 관련 수입산 식재료 사건, 사고도 빈번하다. '중국산 냉동야채 수입 6년 새 10배 증가(2007.8 한겨레)', '위탁급식 수입산 쇠고기 사용 직영급식에 22배(2008.10 노컷뉴스)', '인천 지역 초·중·고교 158곳에 유통기한이 지난 쇠고기와 수입산 육우를 한우로 속여 납품한 업체 적발(2013.2 푸드투데이)', '후쿠시마 원전 이후 학교급식에 일본 수산물 4천 300kg 사용(2013.9.29. 국민일보)' 등 현재까지 끊이지 않고 있다.

넷째, 식단에서 고열량·고단백·고지방 문제, 비타민과 미네랄 부족 문제다.

아이들의 편식에 의해 비타민과 미네랄이 풍부한 채소·나물 반찬류는 적게 제공되고, 육류와 튀김류가 자주 제공되면서 육류 위주의 동물성 단백질과 지방을 과다 섭취하고 있다. 이러한 식습관은 아이들에게 비만은 물론, 육류를 소화하는데 필요한 미네랄과 비타민을 부족하게 만들고, 단백질 분해 시 생성되는 유독물질로 인해 간에 무리를 주어 면역력을 떨어뜨리기도 한다. 학교급식 영양 기준량에서 단백질 공급량은 초등학생의 경우 평균 10g인데, 실제 학교에서는 20g을 넘는 경우가 많다.

다행히 2010년 지방선거 이후 친환경 식재료 사용이 확대되어,

급식의 질을 높이고 있다. 서울시의 경우 2010년 전체 초등학교 545개 중 173개에서만 무농약 이상 쌀을 사용하던 것이 2011년에는 100%가 되었다. 또한 급식 식재료 사용 및 식단구성으로 '쌀 무농약 이상 사용, 농산물의 30~50% 이상을 친환경 식재료로 사용, 쌀눈이 있는 현미에서부터 7분도까지 주 1회 이상 사용, 저염·저당·저지방 지향 및 화학조미료 사용금지, 더 많은 전통 식단 구성, 텃밭 가꾸기 등이 시행 중이다.

학교급식에 친환경 식재료가 도입된 것은 이제 시작에 불과하다. 아직까지도 우리 아이들이 학교급식을 통해 안전하고 건강한 먹거리를 제대로 먹기 위해서는 갈 길이 멀다.

왜 친환경 식재료인가

친환경 농산물의 우수성, 안전성에 대해서는 우리 모두가 그 가치를 인정하고 또한 점차 경험해 가고 있다. 학교급식에서의 친환경 농산물 사용은 학생과 학부모의 만족도도 높이고 있으며, 농업 발전과 농민 보호 등 사회경제적으로 다양한 변화도 만들어내고 있다.

친환경 농산물이란 우리의 농산물 인증 시스템에 의해 제도화된 개념이다. 합성농약, 화학비료 및 항생·항균제 등 화학자재를 사용하지 않거나 사용을 최소화하고 농림축산업 부산물의 재활용 등을 통하여 농업생태계와 환경을 유지 보전하면서 생산된 농산물(축산물을 포함)을 말한다(친환경농업육성법).

친환경 농산물은 생산방법과 사용자재 등에 따라 유기 농산물(유기 축산물), 무농약 농산물(무항생제 축산물), 저농약 농산물로 분류하고 있다. 이 중에서 저농약 농산물은 2010년부터 신규 인증은 중단되었으며, 기왕에 인증 받은 경우에는 2015년까지만 인증을 사용할 수 있다.

친환경 농산물은 안전하다

친환경 식재료로 만든 급식은 성장기에 있는 아이들을 농약과 화학비료, 유전자조작, 화학약품으로 처리된 수입산 식재료 그리고 각종 화학합성 식품첨가물로부터 보호한다. 또 광우병 위험 쇠고기, 조류독감 가금류, GMO 등 국제적으로 식품의 안전성을 저해하는 위험 요인에서 벗어날 수 있다. 특히 친환경 인증을 받은 식재료는 모두 국내산이기 때문에 수입산 식재료가 갖고 있는 여러 문제에서 자유로울 수 있다. 또한 누가 어디서 생산하였는지 정확히 알 수 있고 친환경 농산물 인증제도와 철저한 검사를 통해 안전성이 입증된 믿을 수 있는 먹거리이다.

친환경 농산물은 건강한 먹거리다

친환경 농산물은 영양적인 면에서도 일반 관행 농산물에 비해 미네랄, 비타민 등의 필수 영양소가 2~3배 이상 높으며 특히 칼슘, 마그네슘 등의 필수영양성분을 다량 함유하고 있다.

〈친환경 농산물의 성분 함량 및 품질상의 차별성 연구(농림부 2008)〉에 따르면 100g 기준으로 올리고당이 일반 관행 쌀에는

183.16mg 함유된 데 비해, 유기농 쌀에는 363.2mg으로 약 2배의 차이를 보였고, 비타민C는 일반 관행 상추에는 3.1mmg 함유된 데 비해 유기농 상추에는 4배나 많은 12.3mmg이 함유된 것으로 나왔다. 유기농 쌀의 경우 성장에 필요한 필수아미노산과 항산화·항암 작용이 보고된 피트산(phytic acid)이 일반 관행 쌀에 비해 높았고, 단백질과 아밀로스의 함량이 낮아 밥맛이 더 좋은 것으로 나타났다.

친환경 식재료로 다양한 식단이 만들어지고 과일, 채소 등의 섭취를 늘린다면 아이들 건강은 훨씬 더 좋아질 것이다.

친환경 급식은 땅과 물을 살린다

산업화가 되면서 자원 고갈은 물론 자연환경 파괴가 증가하고 있다. 농업에서도 농약·화학 비료 등으로 인한 환경 파괴가 점점 악화되고 있다. 친환경 농산물의 사용으로 이러한 산업화된 농업 대신 농약, 살충제·제초제·성장촉진제 등을 사용하지 않고 생태농업이 활성화되면 땅과 물이 살아나는 것은 당연하다. 땅과 물이 살면 자연스레 아이들의 건강에 이로울 것이다. 먹거리가 땅·하늘·물이 만든 종합예술품이듯 우리 몸도 땅과 물의 건강함에 전적으로 의지하고 있기 때문이다.

3. 아이들 밥을 두고 벌이는 논쟁

2002년부터 시작된 급식법 개정운동, 학교급식조례 제정운동, 서울시 무상급식 주민투표, 2010년 지방선거에서의 정책 도입 등을 거치면서 10여 년간 친환경 무상급식을 두고 많은 사회적 논의가 있었다. 아이들의 밥을 두고 벌어진 논쟁들은 2010년 친환경 무상급식 도입과 함께 대부분 일단락되었다. 친환경 무상급식은 이미 사회적 합의를 거친 정책으로 지금은 제도적 정착기에 들어서 있다. 하지만 아직도 일부 정치권을 중심으로 이에 대한 논란을 지피고 있다.

여기서는 이 논쟁들을 간략히 소개하면서 친환경 무상급식의 필요와 의미를 다시 한 번 확인하고자 한다. 이렇게 하는 이유는 친환경 무상급식에 대한 오해와 정치적 문제제기가 여전히 현재 진행형이며 앞으로도 다양한 변종이 나타나 친환경 무상급식을 흔들려 하기 때문이다.

친환경 무상급식에 대한 논란

보편적 복지냐 선별적 또는 잔여적 복지냐?

무상급식을 둘러싼 논쟁 중에서 대표적인 반대 논리는 "부잣집 아이들에게도 급식을 공짜로 줘야 하나요?"라는 것이다. 여기에 더해 "이건희 삼성 회장의 손자가 한 달에 급식비 3만 7,000원을 내지 않고 공짜로 먹는 게 무상급식이라면, 그 돈으로 교육환경을 개선하거나 더 많은 일자리를 창출해야 할 것(전 이재오 특임장관)"이라는 주장도 나왔다. 이러한 주장들은 보편적 복지에 대한 이해가 전혀 없거나 그 가치와 의미를 제대로 보지 못하기 때문이다.

보편적 복지는 실상 어려운 개념이 아니다. 보편적 복지는 복지정책의 대상자를 구별하지 않고 모두를 포괄하자는 것이다. 반면에 선별적 복지는 특정한 대상만을 선별하여 한다는 복지정책이다. 보편적 복지를 설명할 때 많이 인용하는 미국의 복지정책 학자 길버트(Gilbert)의 보편적 복지에 대한 정의는 "경제적 무능력 여부를 따지지 않고 급여를 받을 권리를 인정하는 제도"이다. 즉 소득수준과 자산의 정도에 상관없이 하나의 복지정책은 대상자를 모두 포괄해야 한다는 것이다. 보편주의는 복지가 사회적 권리로서 모든 사람에게 주어져야 한다는 것이고, 선별주의는 개인의 필요와 욕구에 기초하여 주어지는 것이다. 선별주의에서 사용되는 핵심적인 기준은 소득이다.

보편적 복지에 대한 이해에 있어서 또 하나의 핵심적인 개념은 사회학자 티트머스(Titmuss)가 제시한 것인데, '국가가 제공하는 복지는 보편적이어야 한다'는 제도로서의 복지이다. 이는 시혜적인 차원에서 이루어지는 잔여적 복지와는 반대되는 개념이다. 즉 복지는 가난한 사람들의 특정한 요구에 대한 시혜가 아니라 국가의 의무이자 국민의 권리라는 것이다. 연금이나 건강보험 등과 같은 사회보험제도가 대표적인 예이다. 우리나라에서는 무상교육과 건강보험이 여기에 해당한다. 선별적 복지의 대표적인 예로는 최저생계비 이하로 생활하는 국민에게만 필요한 자원을 지급하는 기초생활보장제도를 들 수 있다. 현재 우리나라에서 많이 쓰이고 있는 '선택적 복지', '맞춤형 복지' 등은 선별적 복지를 달리 부르는 정치권의 용어일 뿐이다.

물론 보편적 복지나 선별적 복지 가운데 어느 한쪽만을 해야 하는 건 아니다. 복지의 보편적 필요성과 선별적 필요성은 정책별로 다를 수 있기 때문이다. 하지만 대부분의 선진국에서는 복지국가를 목표로 선별적 복지를 넘어 보편적 복지로 나아가고 있다. 또한 '시혜적 차원'의 지원을 넘어 기본적인 삶의 질을 유지하기 위한 권리로 발전하고 있다.

다시 무상급식의 보편적 복지로 돌아가 보자. 결론적으로 말하면 재벌 회장의 손자도 무상급식 혜택을 받아야 한다. 세금은 소득에 따라 차등해서 내지만, 복지는 부자도 가난한 사람도 골고루 혜택을 받아야 하기 때문이다. 무상급식의 경우 특히 우리나라 헌법 제31조에 무상 의무교육이 명시되어 있고, 학교급식이 학교 교육의 한 내용이기 때문에 학교급식은 의무교육에 당연히 포함되어야 한다. 따라서 무상급식은 국가가 의무를 지는 교육복지의 핵심 사안이다. 아울러 친환경 무상급식의 전면 실시는 우리가 보편적 복지국가로 나아가는 데 첫발을 내딛는 커다란 진일보인 것이다.

무상급식과 예산논쟁

"무상급식을 하면 서민들이 세금을 더 내야 하나요?"라는 질문을 하며 한정된 재정을 무상급식보다 더 시급한 곳에 써야 한다는 주장들이 있다. 하지만 한정된 예산을 전제하고 이 돈을 어디에 먼저 쓸 것인가의 논쟁은 아무런 의미도 없다. 예산은 늘리면 되는 것이다. 그리고 예산을 늘리는 것이 꼭 증세를 필요로 하는 것도 아니다. 낭비되는 세금, 제대로 걷지 못하는 세금 등을 통해 재원은 충분히 마련할 수 있다.

예컨대 급식을 포함한 교육은 보육과 함께 사회가 책임지고 정부가 적극 지원해야 하는 민생분야 가운데 우선 과제이다. 이 두 가지 분야의 예산을 총액으로 증액시킬 생각은 하지 않고 무상급식 때문에 무상보육 예산이 줄어든다고 말하는 것은 편협하고 잘못된 정치 논리이다.

논쟁이 활발하던 2010년 당시, 무상급식을 전면 실시할 경우 초중학교 학생들에게 무상급식을 하는 데 추가로 드는 예산은 연간 1조 6천억 원 정도 예상되었다. 고등학교까지는 약 1조원이 추가 된다. 모두 중앙정부와 광역시도, 교육청, 기초시군구가 재정자립도에 따른 적정비율을 산정하여 예산을 배치한다면 어려운 일이 아니다. 지난 이명박 정부 시절에 소득이 많은 사람들의 세금을 깎아 준 '부자감세' 100조원만 하지 않아도 십 수 년은 하고도 남는 액수이다. 그토록 많이 지적되었던 4대강 사업, 지방자치단체 호화 청사 및 홍보비 등 낭비되는 예산만 잘 챙겨도 예산은 충분하다. 즉 무상급식은 '예산'의 문제가 아니라 '교육과 복지'에 관한 철학과 정책의지의 문제이다. 친환경 무상급식을 전면 실시한 한나라당 출신 합천 군수는 "8차선 도로 왕복 1km만 안 깔면 됩니다."라며 발상의 전환을 이야기하기도 했다.

눈칫밥 논쟁

"급식비를 낼 수 없는 아이들을 아무도 모르게 지원하면 '낙인'이나 '차별'이 없어지지 않나요?"라는 주장이 있다. 저소득층 자녀들에게만 선별적으로 무상급식을 하는 것이 '눈칫밥'을 먹게 하여 차별이나 모멸감, 편견을 불러일으키고 수혜학생이 낙인감을 느끼게 한다는 주장에 대한 반론이다.

쇠붙이를 불에 달구어 도장 등의 모양을 새기는 것에서 유래된 낙인에 대하여 고프만(Goffman)이라는 학자는 "결함으로 각인되는 부호와 표시"로서 낙인을 받은 자는 "낮게 취급을 받는 것"이라고 설명한다. 이 낙인 문제는 비단 급식비의 선별적 지원에서만 나타나는 것은 아니다. 선별적 또는 잔여적 복지정책이 가지는 근본적인 문제로 오랫동안 논의되어온 개념이다. 사회복지제도 시행에서 낙인감을 느끼지 않게 해야 한다는 사회복지 논의에서 대단히 중요한 개념인 것이다.

문제는 보편적 무상급식이 아닌 선별적 급식비 지원으로는 아이들의 낙인감을 피할 수 없다는 데 있다. 낙인은 통제기관에 의해 전과자, 수급권자, 시설 아동 등으로 공식적으로 규정되는 경우와 본인 스스로 차별(모멸)감을 느끼는 자기 낙인감(Self-stigma)으로 분류된다. 외부에서 규정하는 낙인도 문제지만 지원을 받아 급식을 먹은 아이들이 느끼는 자기 낙인감은 어떤 형태가 도입되어도 해결할 수 없다. 이는 스트레스와 불안감을 느끼게 하며, 수치감, 자기혐오, 우울, 적개심, 화를 잘 내는 등의 정서장애로도 나타난다.

선별적 지원을 주장하는 측에서는 국가행정정보시스템 등을 이용하여 신청 과정에서 낙인효과를 방지할 수 있다고 주장한다. 하지만 서류로 자신의 가난을 증명할 수 없는 사각지대가 너무나 많다. 특히 신빈곤층 300만 시대에 갑작스런 실직과 신용불량 등으로 인해 급식비를 내지 못하는 학생들이 지속적으로 늘고 있다. 이들이 모두 가난을 증명하도록 하고, 이를 국가가 관리한다는 것은 사실 불가능에 가깝다.

설사 가능하다 해도, 시혜 차원의 선별급식은 어떤 방법을 동원하더라도 눈칫밥 문제를 해결할 수 없다. 보편적 교육복지의 일환으로 무상급식이 실현될 때만이 우리 아이들이 자존감을 다치지 않을 수 있다. 우리는 이미 무상급식 시행으로 그런 작은 평화를 경험하고 있다.

다시 일고 있는 학교급식 논란의 의도

학교급식은 무상급식을 토대로 하여 한걸음 더 나아가 친환경 무상급식으로 발전하고 있지만 학교급식 논란이 멈춘 것은 아니다. 우리가 일상적으로 논쟁이라는 표현을 쓸 때 찬반양론이 팽팽히 맞선다는 오해를 갖기 쉽다. 그러나 현재 나타나는 논쟁은 정확히 표현하면 친환경 무상급식에 대한 딴지걸기에 가깝다.

그 반발의 주인공들은 대략 세 부류인데, 이들은 하나의 전선에서 서로가 의지하며 손을 잡고 있다. 그 첫 번째가 친환경 무상급식을 정치적 논란으로 만들어 정치적 이익을 얻으려는 사람들이다. 또 하나는 친환경 무상급식 시스템에서 사적 이익을 추구하는 사람들이다. 세 번째는 친환경 무상급식이 우리 사회에 가져올 여러 사회경제적 영향을 두려워하는 자칭 전문가나 정책가들이다.

친환경 무상급식은 이미 정치적으로는 물론, 그 우수성과 안전성은 논란의 여지를 남겨 두지 않고 정리되었다. 하지만 끊임없이 이에 관한 논란이 재현되는 것은 바로 이런 의도를 가진 사람들의 불순한 노력 때문이다.

그 첫 번째 그룹은 보수적 정치인들로 내년 지방선거를 앞두고 야권이 맡고 있는 서울을 비롯한 단체장들에 대한 공격을 무상급식 예산에서 찾으려는 속보이는 정치적 시비다.

두 번째 그룹은 식재료비만 3조원을 넘는 학교급식 시장에서 주도권을 회복하거나 장악하려는 일부 식품 관련 업체들이다. 현재 100%에 달하고 학생들과 학부모들의 만족도가 높은 직영급식 시스템을 문제 삼으며 위탁급식을 다시 도입하려는 것이다. 영리를 목적으로 하는 이해관계자들이 현재 정착단계에 있는 친환경 무상급식 시스템을 흔들고 있는 것이다. 새누리당 한 의원의

"국가가 직영급식을 강제하면서 학생과 학부모의 선택을 원천적으로 봉쇄하고 있다"는 주장은 이를 대변하는 결정판이라 할 수 있다.

세 번째는 교육과 복지 관련 전문가로 불리는 일부 사람들로 친환경 무상급식운동이 보편적 복지 논의를 촉발하고 복지국가 논의를 가속화하자 이에 대한 반발로 나온 것이다. 이들은 여전히 보편적 복지라는 개념이 우리 사회에 자리 잡는 것에 반대하면서 보편적 복지의 상징인 친환경 무상급식을 공격하며 선별적 복지나 잔여적 복지를 옹호하려 한다. 이들이 걱정하는 것은 나라의 살림살이가 아니라 보편적 복지의 확산이 가져올 사회패러다임 전환에 대한 두려움이다. 더 정확히 말하며 복지확대와 강화를 주장하는 정치세력에 대한 견제를 위한 이데올로기 차원의 대응이라 할 수 있다.

친환경 무상급식 도입을 둘러싼 정치적 격돌은 이미 2010년 지방선거에서 친환경 무상급식을 공약으로 내건 교육감, 단체장, 지방의회 후보자들의 당선으로 사회적 합의를 이루었다. 단지 공약을 내건 후보들의 승리라는 차원에서가 아니라 무상급식을 둘러싼 정책선거였다는 점에서 선거 결과가 주는 의미는 명확하다.

그리고 2011년 서울시 무상급식 주민투표에서 다시 한 번 확인되었다. 당시 서울 시민들이 사실상 무상급식제도를 폐기하려는 오세훈 시장의 정책에 대한 반대를 투표거부로 표현했다. 그래서 유효 주민투표 최소요건인 33%의 투표율조차 나오지 않았다.

오세훈 시장이 무상급식에 대한 주민투표를 제기한 것은 단순히 학교급식정책의 가부에 관한 것이 아니었다. 국가 수준에서 복지정책의 방향과 보편적 복지에 대한 시민들의 판단을 요청한 것이다. 이렇게 말했다. "망국적 무상쓰나미를 서울에서 막아내지 못하면 국가 백년대계가 흔들린다는 절박한 심정에서 주민투표를 제안한다."(아시아투데이 11.01.10).

또한 이를 받아 보수신문들이 사설에서 "서울시 주민투표가 나라의 진로 결정한다."고 지원에 나섰다. "이번 주민투표는 무료급식을 단계적으로 실시할 것인가, 아니면 전면적으로 실시할 건가를 정하는 데 그치지 않고, 여야 간 또는 여당 내에서 복지정책의 범위, 방향, 속도를 둘러싸고 벌어졌던 이견에 대한 국민의 종합 판정이라는 의미를 띨 수밖에 없게 됐다."(조선일보 2011.8.13). 중앙일보도 "서울 시민 판정이 대한민국 미래를 결정한다."는 제목의 사설로 지원에 나섰다. "무상급식 이슈는 그 자체로 단절될 수 있는 하나의 정책이 아니다. 점점 중요해질 복지정책을 둘러싸고 보편적 복지와 선택적 복지라는 큰 갈래의 물꼬를 잡는 중요한 선택이다."(중앙일보 2011.8.24). 이처럼 무상급식 전면 실시를 반대한 측에서조차 규정한 선거의 의미를 볼 때, 여러 제약요건이 있긴 하지만 주민투표의 결과는 보편적 복지론의 승리라 할 수 있다.

무엇보다도 친환경 무상급식이 이제 제도적으로 자리 잡아 가고 있다. 선거를 통해 사회적 합의를 이루었을 뿐만 아니라 제도적 안착을 통해 이미 우리 생활의 일부가 되었다는 사실이 중요하다. 단순히 선거에서의 불안정하고 일시적인 승리라고 한다면, 전국 각지에서 수많은 이해관계자들이 버티고 있는 상황에서 순조롭게 제도적으로 안착되지 못했을 것이다. 정책과 제도에 대한 불안정한 지지는 늘 집행과정에서 반발과 저항을 불러일으키기 때문이다. 하지만 지난 2~3년 동안 우리 사회는 친환경 무상급식을 순조롭게 시행하고 있을 뿐만 아니라 더욱 가속화하고 있다.

현재 친환경 무상급식을 정치적 쟁점으로 만들려는 경기도의 경우를 보자. 김문수 지사는 2014년도 경기도 내 무상급식 지원 예산 860억 원을 삭감하고 무상급식 예산의 지원 중단을 선언하였다가 절반 정도만 지원하는 것으로 결론이 났다. 그는 "무상급식은 정치나 철학의 문제가 아니라 예산의 문제(2013.8.16, CBS노컷뉴스)"라며 재정난에 따른 불가피한 선택임을 강조했다. 하지만 예산을 어디에 어떻게 쓸 것인가를 정하는 것이 정치요 철학이라는 점에서 그저 예산 문제라는 말은 그 자체로 타당하지 않다. 그리고 애써 예산 문제로 한정하려는 의도는 친환경 무상급식이 정치적으로나 철학적으로 이미 확고한 국민적 지지를 받고 있음을 자인하는 결과이기도 하다.

따라서 현재의 친환경 무상급식 논란은 지극히 왜곡된 차원에서 정치적이며 그 불순한 의도로 볼 때 결코 건설적인 논쟁이라 할 수 없다. 이는 친환경 무상급식에 대한 공격을 통해 정치적·사업적 측면에서 반대급부를 챙기려는 사람들의 안간힘에 지나지 않는다.

친환경 무상급식, 흔들려선 안 된다

안타깝게도 극히 일부이긴 하지만 친환경 무상급식에 대한 반발이 계속되고 있다. 새로이 제기되는 주장들은 직영급식을 문제 삼고 친환경 무상급식으로 급식의 질이 저하되었다고까지 왜곡하고 있다. 일부 보수적 교원 단체와 학부모 단체에서 제기하는 이런 주장(전면 무상급식 평가와 학교급식 개선 세미나, 국민일보, 2013.8.18 참조)은 오히려 친환경 무상급식과 급식지원센터의 기능이 더욱 강화되어야 할 필요성을 다시금 확인시켜 준다.

먼저 식중독 사고의 문제다. 새누리당 김모 의원은 "직영급식을 해도 2006년 발생한 위탁급식의 식중독문제가 여전히 발생하고 있고, 식자재 납품비리도 날로 지능화되고 있다"고 주장한다. 극히 일부에서 식중독 사고가 발생했고, 납품비리도 일부 적발되기도 했다. 그러나 그 이유는 아직도 완비되지 못한 식재료 공급방법과 조달시스템의 문제 때문이다. 많은 학교급식이 전국 물류시스템에 의존하여 최소 5~6단계를 거치면서 안전성과 신선도가 떨어지고, 유통비용도 줄지 않고 있다. 또한 식중독 사고는 거의 모두 개별학교에서 독자적으로 식재료를 구매한 곳에서 발생하였다. 급식지원센터를 통해 구매한 곳은 단 한 건도 없었다. 또 다른 이유는 현행의 식재료 공급방법인 전자입찰 방식(최저가, 한 달 1회 사이버 입찰)의 문제점 때문이다. 정보와 신뢰가 매우 낮은 일종의 '얼굴 없는 업체'가 공급하는 식재료가 끼어들 여지가 있기 때문이다.

이 문제 역시도 급식지원센터를 통해 해결할 수 있다. 안전하지 않은 식재료, 얼굴 없는 업체의 식재료 공급 대신에 계약재배, 직거래를 통한 공급과 철저한 검사와 관리를 하는 급식지원센터는 바로 이런 안전성 사고를 막기 위해 만든 것이다.

급식 수요자의 선택권을 보장하고, 학교장의 권한을 강화해야 한다는 주장 그리고 직영급식으로 인해 학교장과 학교운영위원회가 무력화되었다는 주장들은 위탁급식 재도입을 노리는 트집 잡기이다. 친환경 무상급식으로 인해 학생과 학부모의 만족도가 높아지고 있는 현실에서 선택권 이야기는 전혀 현실성과 동떨어진 이야기다.

급식의 질이 나빠졌다는 주장은 이미 친환경 식재료를 60~70% 이상 사용하고 있으므로 더욱 설득력이 없다.

현재 학교급식의 식재료 공급은 급식지원센터를 통해 직거래 및 계약재배가 가능하도록 시스템을 갖춰가고 있다. 더 많은 정책 개발, 교육, 소통, 협치를 통해 급식지원센터를 한층 발전시켜야 한다. 우리는 이미 길을 찾았다.

4. 학교급식, 엄마의 눈으로 보자

먹고 사는 문제만큼 중요한 게 없다. 밥 한 그릇에 모든 것이 담긴다(食一碗萬事知). 경제도 정치도 안보도 문화도 밥과 관련이 있다. 학교급식도 밥 문제이다. 따라서 모든 사회적 관계가 연관되고 수많은 가치들이 포함된다. 밥은 우리들의 가장 본능적인 필요 (needs)이자 온갖 사회적 관계망이 핏줄처럼 연결된 결정체다.

이처럼 중요한 의미를 지닌 아이들의 밥을 바라보는 가장 이상적인 관점은 엄마의 눈으로 바라보는 것이다. 모든 논쟁도 안전하고 건강한 먹거리를 먹이고 싶은 엄마의 마음 앞에서는 무력할 수밖에 없다.

엄마가 답이다

지금까지는 우리의 학교급식정책을 시행하는 데 즉 아이들의 밥상을 바라보는 데 있어 우선적이고 주도적이었던 것은 세 가지 시선이었다.

첫째가 합리적 관료의 시선 즉 예산과 효율성의 관점이었다. 어떻게 하면 한정된 돈으로 많은 이들을 먹일 것인가? 이 문제에 매달렸다. 그래서 위탁급식이 문제가 많지만 받아들였고 학교급식의 양적인 확대에 치중하였다.

다음으로 기부자의 시선이 있었다. 배고픈 아이들이 있다면 그들을 도와주어야 한다는 선하고 의미 있는 시선도 일정 정도 도움이 되었다. 그래서 너무도 부족했지만, 저소득층 아이들의 급식비를 정부가 지원해 주었다.

마지막으로 이윤을 추구하는 시장의 시선이 있었다. 식재료비 규모만 3조원이 넘는 시장 규모를 가진 학교급식 시장의 매력이 이들을 끌어들였다. 수입산 식재료를 선호하고 식단도 마진을 생각하면서 짜며, 비용이 추가되는 위생관리에 철저하지 못했던 것이다.

하지만 아이들의 건강과 안전을 걱정하는 우리 사회의 따뜻한 시선이 등장하여 더 중요한 이야기를 더하기 시작했다. 학교급식은 엄연히 교육이 아닌가? 교육이 국가의 의무라면 최소한 학교에서는 교육의 일환인 급식을 국가가 책임져야 마땅하지 않는가? 더 나아가 밥을 통해 많은 것을 가르칠 수 있고, 식생활 교육이야 말로 전인교육의 중요한 요소가 아닌가? 가정에서 못해 주거나 부족하기 쉬운 밥상머리 교육을 학교에서 해야 하지 않는가? 바로 선생님의 시선, 학부모의 시선이 등장했다.

또한 우리의 급식이 이대로 가다가는 아이들의 건강과 미래에 많은 문제를 야기할 것이라는 걱정도 있었다. 우리 아이들에게 좀 더 건강하고 안전한 먹거리를 먹일 수 없는가? 농약이 남아 있고 첨가물이 잔뜩 들어가는 위험한 식재료를 최소한 아이들 밥상에서는 추방해야 하지 않는가? 착한 영양사·조리사와 의사의 시선이 등장했다.

아이들에게 좋은 것, 믿음직한 먹거리를 먹이면 얼마나 좋을까? 탈도 많은 수입산 보다는 우리 땅에서 기른 친환경적인 농수축산물과 가공식품을 먹이면 얼마나 좋을까? 먹을수록 건강해지고 맛도 있는 것을 먹이고 싶은 농부의 마음, 생산자의 마음도 거들었다.

최소한 배고픈 아이들은 없어야 하지 않는가? 아이들의 배고픔은 개인의 책임이 아니라 우리 사회가 함께 책임져야 하는 것 아닌가? 그들에게 밥을 주더라도 수치심이나 모멸감 없이 마음 아프지 않게 해야 하지 않겠는가? 아이들의 몸은 물론 마음까지 건강해지는 '행복한 밥상'을 만들어 주고 싶은 사람들이 아이들의 밥과 복지에 대해 이야기하기 시작했다. 깨어 있는 시민들의 시선이 등장한 것이다.

이렇게 학교급식에 등장한 따뜻한 시선들이 있었고, 이 모든 시선들을 한 몸에 가진 이가 있다. 바로 엄마다. 이 모든 시선들을 엄마의 마음은 다 아우를 수 있다. 학교급식을 엄마의 시선으로 보면 모든 것이 해결된다. 건강하고 안전한 먹거리를 먹이고 싶은 마음, 영양 좋고 맛있는 행복한 밥상을 차려주고 싶은 마음, 음식이 만들어지기까지의 수고에 감사하고 그 가치를 인식하며 아이들이 고맙고 행복한 마음으로 먹도록 애쓰는 엄마의 마음! 여기에 모든 것이 있다.

   어렵고 딱딱한 보편적 복지도 결국 엄마들의 마음이 사회적으로 확장된 것과 다를 바 없다. 무상급식에 들어가는 사회적 비용은 아이들을 위한 엄마의 기쁜 헌신이기도 한 것이다.

아이들의 밥에 더 많은 것을 담자

   학교급식은 단순히 아이들이 학교에서 밥을 먹는 것 이상의 의미와 가치를 가진다. 바로 학교급식이 가지는 사회경제적 의미들이다.

   한 끼의 밥으로 아이들에게 아주 많은 것을 가르칠 수 있다. 평등과 공동체 그리고 먹거리와 농촌 · 농업 · 농민을 따뜻하게 이해하게 한다. 또한 그 아이들의 건강한 삶과 미래가 어떻게 가능한 지를 생각하게 해 주고, 우리 사회 전반에 대해 이해하도록 해 준다.

친환경 급식은 교육적 가치가 매우 높다

   학교급식이 교육의 일환이라는 것은 논란할 필요가 없는 문제다. 앞서 살펴본 대로 학교급식법이 규정하고 있다. 그러한 법조문을 떠나서도 학교급식의 교육적 가치가 너무도 분명하기 때문이다. 식생활 교육은 인지 영역의 발달과 지적 성장, 다양한 체험

활동을 통한 신체의 발달에 매우 이상적인 통합교과로서의 성격을 갖는다. 학교급식을 통해 건강한 식생활 교육은 물론, 통합적 교육 목표를 가지는 다양한 체험학습 프로그램들을 만들 수 있다.

먹는 것은 일생동안 가는 습관이다. 따라서 식생활 교육의 중요성은 아무리 강조해도 지나치지 않다. 올바른 식사예절과 식습관의 형성, 편식 교정, 위생관리, 식생활의 이해 등이 급식에서 이룰 수 있는 교육 목표들이다.

인스턴트 및 가공식품 선호, 불규칙한 식사, 편식, 군것질 등 아이들의 식생활 관련 문제들을 해결하는 데 학교급식의 역할이 더욱 커지고 있다. 따라서 체계적 교육프로그램을 통하여 올바른 식생활에 대한 지식을 길러주고 바른 습관과 태도를 형성하도록 해야 하고 그 최적의 기회가 학교급식이다.

친환경 무상급식이 시행되고 나서 가장 큰 변화는 아이들이 달라졌다는 점이다. 기존의 학교급식에 대한 평가는 매우 단순했다. '맛이 있다 없다' 또는 '양이 많다 적다' 정도가 일반적이었다. 하지만 친환경 급식이 시행되고부터는 급식 자체가 많은 생각꺼리를 제공한다. 일선 영양(교)사들은 이구동성으로 친환경 급식을 시행하고부터 아이들에게서 농업과 농민에 대한 관심, 동식물에 대한 관심, 환경에 대한 관심이 높아졌다고 한다. 기존에는 생채소 등을 배식을 통해 제공해도 잘 먹지 않던 아이들이 이제는 자율배식을 해도 많이 가져간다는 것이다.

친환경 급식이 학교의 텃밭 가꾸기, 농어촌 체험학습 등과 결합되면 먹거리의 중요성에 대한 관심은 더 높아진다.

특히 학교텃밭은 바른 식생활 습관과 올바른 인성을 갖도록 하는데 매우 좋은 기회를 제공한다. 텃밭에서 농작물을 키우면서 생명의 소중함과 먹거리에 대한 관심을 갖게 된다. 사람들은 학교 텃밭을 '교육용 정원'이라 부른다. 안전한 먹거리 교육, 땀 흘리고 몸으로 느끼는 체험교육, 생태감수성 교육 측면 뿐 아니라 학교의 녹지 공간 조성, 여가 휴식 공간으로도 의미가 있다.

이처럼 생활 속에서 건강, 환경, 먹는 것과 연관된 많은 사회적 관계를 즐겁게 자발적으로 이해하는 계기를 친환경 급식이 만들고 있는 것이다.

학생들이 직접 '초록빛 농장'에서 친환경 농산물 재배 – 제주 아라중학교

아라중학교는 전국에서 최초로 친환경 급식을 실시한 학교이다. 아라중학교는 '초록빛 농장'이라는 친환경 텃밭 2,300㎡(696평)을 운영한다. 2003년 학교운영위원회에서 '친환경 유기농 급식추진위원회'를 구성하여, 인근 텃밭을 무상으로 임대해 학생들의 체험학습장을 만들었다. 학생들과 학부모, 교사, 교직원이 함께 참여해 감자, 상추, 무 등을 직접 재배하여 급식 식재료로 사용한다. 학생들은 이 농장에서 일주일에 한 번씩 체험학습을 한다.

아라중학교의 텃밭 성공은 제주에서 전국 처음으로 학교급식 조례에 '친환경 및 우리 농산물'이란 용어를 넣은 친환경급식조례를 제정하는데 크게 기여하였다. 그리고 전국적으로 학교텃밭가꾸기 확산에 기폭제가 되었고, 성공적 모델로 자리잡았다.

친환경 무상급식은 농업과 환경을 살린다

"아이들에게 건강을, 농민들에게 희망을!"이라는 무상급식운동의 슬로건이 이를 잘 표현하고 있다.

친환경 급식은 친환경 농업을 장려하게 되어 화학비료와 농약으로 몸살을 앓는 우리 땅을 살릴 수 있다. 친환경 식재료 공급으로 우리 농촌의 친환경 농산물 생산기반 확대와 농민들의 소득향상에 엄청난 기여를 할 수 있다. 우리 농산물의 안정적 판로가되고 직거래를 통해 농가에 돌아가는 몫이 늘어난다. 20%대 밖에 되지 않는 우리나라 곡물자급률을 향상시키고 농업·먹거리 산업을 진흥시키는 데도 유력한 지렛대가 될 수 있다.

친환경 쌀 학교급식 공급으로 농가소득 향상 – 여주의 친환경 쌀

여주시는 농민 주도의 친환경 급식운동의 성공 모델로 알려진 곳이다. 농민들의 협동조합인 여주군농민영농조합법인은 2008년부터 '친환경학교급식추진위원회'와 '친환경생산자위원회'를 만들어 친환경 인증, 토론회 개최, 민관협의를 진행하면서 친환경 농산물을 학교급식에 공급하려는 노력을 기울였다. 2009년 2월에 여주군친환경학교급식센터를 개소해 운영하고 있으며, 식생활교육 강사 양성 과정을 진행해 급식 교육에도 직접 나서고 있다.

여주친환경급식센터를 농민들은 우렁이를 이용하여 재배한 친환경 쌀을 학교급식에 공급하기 시작했다. 2009년 8개 초등학교에 친환경 쌀 공급을 시작으로 현재는 23개 초등학교, 현재는 지역 내 보육시설 69개소, 유치원 9개소, 초등학교 23개소, 중학교 13개소, 고등학교 9개소 등 모두 123개소에 친환경쌀을 공급하고 있다. 여주시에서도 모든 기관에 친환경여주쌀 가격과 학교급식 정부양곡 판매 가격의 차액을 지원하고 있다.

> 2009년 29개 농가로 시작된 친환경쌀 재배는 2010년 55개 농가로 늘어났다. 판로가 없어 망설이던 농민들이 안정적인 판로가 생기면서 적극적으로 친환경 농업에 뛰어 들게 된 것이다. 또한 학교급식에 공급하는 친환경쌀은 20㎏ 기준으로 일반 쌀에 비해 1만 원 정도 높다. 이 차액을 계산하면 친환경 쌀을 생산하는 농가당 약 180만 원 정도 추가이익이 돌아가는 셈이다.
>
> 여주의 경우에서 볼 수 있듯이 친환경 급식은 농민소득과 직결된다. 물론 직거래 공급방식이다. 농민들이 직접 친환경쌀을 생산하고 이를 친환경급식지원센터를 통해 학교에 공급하면서, 학생들에게는 안심할 수 있는 먹거리를 제공하고, 지역 농민에게는 친환경 농업 확대의 기반을 마련하고 농가 소득 증대와 지역경제에 활성화를 만드는 성공 모델이다.

친환경 무상급식은 지역을 살린다

친환경 무상급식은 교육이자 복지이며 지역경제 활성화의 중요한 수단이기도 하다. 친환경 무상급식을 지역 차원에서 잘하고 있는 곳에서는 친환경 무상급식에 사용하는 재원이 고스란히 그 지역 농업 생산자와 먹거리 산업 종사자들에게 돌아간다. 그래서 그 지역내총생산(GRDP, Gross Regional Domestic Product, 각 지역별로 얼마만큼의 부가가치를 생산하는지를 나타내는 지표)의 증대로 이어진다.

자본의 외부 유출 없이 지역 내에서 생산·소비가 순환된다. 수천 킬로 떨어진 먼 나라에서 온 안전하지 않은 식재료와 국적불명의 가공식품 대신, 국내에서 혹은 지역에서 생산된 신선하고 안전한 식재료를 급식에 사용하는 것은 지역경제를 활성화하는

데 좋은 수단이다.

급식의 질을 높여 아이들 건강을 살리는 것은 물론, 지역별로 급식지원센터를 운영함으로써 생산·가공·유통·소비에 이르는 지역순환경제 구축과 다양한 좋은 일자리 창출, 지역사회 활성화라는 다각적 목표를 실현할 수 있다.

친환경 무상급식은 아이들의 마음도 건강하게 한다

친환경 식생활 교육으로 먹거리의 영양적 중요성뿐만 아니라 협동, 배려, 나눔 등의 다양한 가치들을 배울 수 있다. 좋은 먹거리를 지속적으로 잘 먹기 위해 어떻게 해야 할 것인가를 배우는 것은 아이들을 건전하고 의식 있는 성인으로 키우는 데 교과서 이상의 살아 있는 교육이 될 수 있다.

아이들이 먹거리를 누가 어떻게 생산하고 어떤 과정을 통해서 조리되어 밥상 위로 올라오는 지에 대해 직접 체험하는 것은, 농업, 환경, 생명, 식품안전, 문화, 지역 사회 등 다양한 분야와 가치들을 배우며 그 관계성을 이해하도록 할 것이다. 이렇게 되었을 때 우리 아이들은 건강한 밥상에 대해 감사하게 될 것이고, 영양적으로나 정서적으로 행복한 밥상을 누릴 수 있을 것이다.

엄마들이 꿈꾸는 아이들 밥상

선진국들에서는 식생활 교육과 함께 과일·채소 무상급식을 확대해 나가고 있다. 점심 급식 외에도 간식 형태로 정부와 지방자치단체에서 무상으로 공급한다. EU에서는 학교 과일 프로그램을 운영하는데, 회원국에 따라서는 부족한 예산을 민간기금과 공동으로 분담하기도 한다. 미국에서도 학교 신선과일·채소 프로그램을 실시하고 있는데, 갈수록 심각해지는 아동 비만 문제에 대한 대책 및 지역농업 보호·육성 정책과의 연계 목적으로 실시되고 있다. 아이들의 먹거리와 질병과의 관계를 인지하고, 그에 대한 대책을 정부 차원에서 실시하고 있는 것이다.

이탈리아는 슬로푸드 운동을 학교급식과 접목시키고 있다. 급식을 통해 영양, 요리, 먹거리 선별법 등을 교육하고, 교육과정 속에 농장체험과 먹거리와 관련한 다양한 학습 프로그램 등을 포함하고 있다. 영국의 경우 2006년부터 학교에서 소금, 설탕, 지방이 많은 먹거리를 추방하고 지속가능한 지역 먹거리를 이용하는 학교급식을 시행하고 있다.

일본의 경우 학교급식에서 '교육과 안전 최우선의 원칙'이 철저히 준수되고 있는데, 학교급식법이 식품위생법보다 상위의 법으로 기능한다.

세계 어느 나라나 제대로 된 나라라면 미래세대인 아이들을 일순위에 놓고 학교급식에서 가장 안전한 먹거리를 공급하기 위한 정책과 시스템을 구축하고 있다. 아울러 이처럼 세계 여러 나라의 학교급식과 관련된 프로그램들은 건강, 생태적 가치, 농업·농민에 대한 이해, 다양한 학습활동과 연계되어 운영되고 있다.

우리는 이제 친환경 무상급식을 통해 엄마의 마음으로 학교급식 문제를 접근하기 시작했다. 우리도 학교급식이 가지는 여러 교육적 효과를 통합적으로 잘 인식하여 학교급식이 전인교육의 일환으로서 그 어느 교과목보다 중요한 교육의 일환으로 자리 잡도록 해야 한다.

그러면 엄마의 마음이 담긴 학교급식의 안정적 정착, 엄마들이 꿈꾸는 건강하고 행복한 진정한 학교급식의 미래를 위해서는 기본적으로 어떠한 원칙들이 지켜져야 하는가. 친환경 식재료 사용, 무상급식, 학부모의 민주적 참여 등은 학교급식에서 지켜져야 하는 기본 원칙들이다.

친환경 식재료가 최우선적으로 사용되어야 한다

학교급식운동 진영에서는 그동안 많은 논의들을 통해 학교급식에 사용하는 식재료 구매 원칙을 정하고 이를 시행하고 있다. 학교급식에 있어 식재료 구매의 우선순위로 첫째, 지역산 친환경 농산물 사용 둘째, 국내산 친환경 농산물 사용 셋째, 지역산 관행 농산물 사용 넷째, 국내산 관행 농산물 사용 순으로 식재료를 구매하는 것이다. 이러한 원칙은 비단 학교급식에서만이 아니라 다양한 공공급식은 물론 가정에서도 적용가능한 원칙들이다.

물론 친환경 식재료의 공급량과 지역의 농업 및 먹거리 산업의 발전 정도에 따라 우선순위가 달라질 수 있다. 예컨대 지역산 친환경 농산물 사용 다음으로는 지역산 관행 농산물 사용이 국내산 친환경 농산물 사용보다 앞설 수 있다.

또한 건강한 급식을 위한 지역산 농산물 사용의 중요성은 푸드

마일(food mile) 측면에서도 강조되어야 한다. 즉 제철음식과 지역산을 먹어야 한다. 푸드마일은 농산물이 생산지로부터 생산, 운송, 유통 단계를 거쳐 소비자의 식탁에 이르기까지 소요된 거리를 말한다.

국립환경과학원의 발표 자료에 의하면 우리나라의 2010년 기준 1인당 푸드마일은 7,085t·㎞/인으로, 일본 5,484t·㎞/인, 영국 2,337t·㎞/인, 프랑스 739t·㎞/인으로 프랑스에 비해 약 10배 정도 높은 것으로 드러났다.

이는 그만큼 우리나라 식재료 시장이 위험함을 의미한다. 푸드마일이 긴 식자재는 신선도가 떨어질 뿐만 아니라, 상하지 않도록 방부제, 살충제, 살균제 등 식품 보존제를 첨가하거나 방사선 조사를 하는 등 우리 몸에 해로운 식품이 될 수 있다. 또한 유통과정이 길수록 연료를 많이 낭비하게 되며, 그만큼 탄소 배출량도 많아진다. 환경을 해치는 주범이 되는 것이다. 이외에도 산지에서 500원 하는 무가 물류비용, 보관료, 도소매마진까지 해서 2,500원에 판매된다고 하니 소비자의 입장에서 비싸게 사먹게 되는 이유도 푸드마일에 있다.

여기에 조리 과정 역시 친환경 조리방법이어야 한다. 되도록 화학조미료를 사용하지 않으며, 튀기는 조리법보다 자연 그대로의 맛과 영양을 살리는 찌거나 굽는 조리 방법을 사용해야 한다. 서구식 가공식품 식단(스파게티, 돈가스, 모닝빵, 크림스프, 오이피클)과 친환경 전통 식단(오곡밥, 쇠고기 무국, 고구마맛탕, 삼색나물, 배추김치, 건파래 볶음)을 영양 비교 했을 때, 권장섭취량이 562.21㎉인 열량의 경우 서구식 가공식품 식단은 870㎉, 친환경 전통 식단은 571.7㎉였다. 권장섭취량이 10.20g인 단백질의 경우 서구식 가공식품 식단은 30.26g, 친환경 전통 식단은 13.8g로 조사되었다. 반면 아이들 성장에 결정적 영향을 미치는 칼슘의 경우 권장섭취량이 148.22㎎인데 서구식 가공식품 식단은 84.8㎎, 친환경 전통 식단은 119.7㎎으로 조사되었다. 이러한 조사 사례를 보아도 우리 아이들에게는 우리 전통의 식단을 기본으로 한 친환경 식단이 얼마나 중요한지 잘 알 수 있다.

무상급식은 그 어떤 이유로도 포기할 수 없다

하루 밥값 2,800~3,800원, 한 달 약 8만원(학부모 부담 4만원 정도)으로 아이들을 부자와 가난으로 나누는 것은 엄마의 마음으로는 두고 볼 수 없는 아픔이다. 아이들이 '가난'을 증명하면서 상처 받고, 낙인감으로 차라리 굶고 마는 아이들이 생겨나는 현실을 용납할 수는 없다. 그 어떤 일이 있어도, 아이들이 학교에서 배고픔을 입술을 깨물며 참아야 하는 현실은 결단코 용납할 수는 없는 것이다.

2009년 보건복지부 '아동·청소년 종합실태조사' 결과에 따르면, 우리나라 아동·청소년 중 최저생계비 이하의 절대빈곤층은 7.8%, 상대빈곤층은 11.5%로 아동 8명 중 약 1명이 가난의 고통을 겪고 있다. 거기에 경제위기와 사회 양극화로 인한 빈곤 심화, 가족해체, 부모의 질병 등으로 위기상황에 놓인 아이들의 수는 계속 증가하고 있다. 이들은 약 100만 명 정도로 추정된다.

이들을 학교급식에서 책임지지 못한다면 우리 사회는 아이들을 위해 아무 것도 하지 않는 것이다. 무상급식이 복지 차원에서 절대적으로 포기되어서는 안 되는 이유가 여기에 있다. 무상급식은 포기할 수 없는 우리 시대의 보루다.

민주적인 참여다

학교급식의 주체인 학생과 학부모의 적극적인 참여로 보다 안전하고 건강한 학교급식이 만들어질 수 있다. 현재 학교에서 운영되고 있는 학교운영위원회, 급식소위원회 등의 취지를 실현하기 위해서는 학부모를 중심으로 한 학교급식 주체들의 노력이 필요하다.

이를 위해 보다 민주적인 의사결정을 할 수 있는 제도적 보완이 필요하다. 그리고 각 지역에서 운영되고 있는 급식지원센터의 운영에 있어서도 민관 거버넌스의 원칙들이 보다 세밀히 마련되어야 한다. 급식 관련 주체들이 다양하게 참여할 때 학교급식도 그만큼 더 발전할 수 있는 것이다.

학교급식에는 아이들의 미래가 담겨 있다. 성장기 아이들이 '무엇을, 어떻게, 어떤 환경 속에, 얼마큼' 먹느냐가 곧 그 아이들의 미래를 결정한다. 아이들의 급식에는 아이들의 건강뿐 아니라 사회가 고스란히 들어와 있다. 우리 아이들이 안전한 밥상을 잘 이해하고, 건강한 밥맛을 회복하며, 차별 없는 밥상을 받을 수 있을 때 비로소 학교급식은 '행복한 밥상'이 될 수 있다. 이처럼 건강하고 행복한 밥상을 지속가능하게 해주는 것은 어른들의 책임이다. 친환경 무상급식은 그 작은 시작이다.

II.
엄마들의 밥상혁명, 10년의 이야기

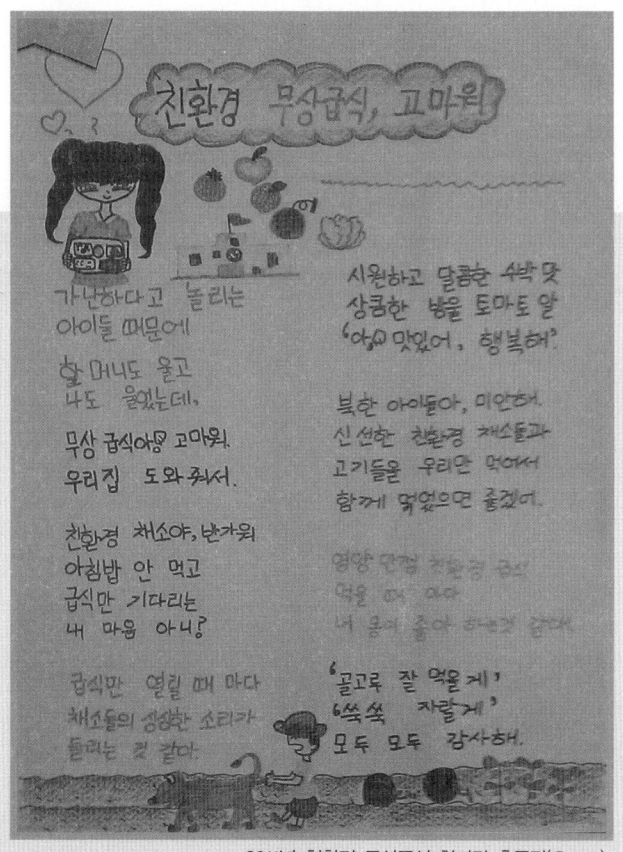

2011년 친환경 무상급식 한마당 출품작(오○○)

1. 학교급식운동 10년

　아이들의 '눈칫밥'을 없애고 안전하고 건강한 밥상을 차려 주는 데 10년의 세월이 걸렸다. 우리 아이들에게 "안전하고 건강한 먹거리를 먹이고 싶다"는 아주 소박한 꿈에서 시작된 노력들이 10년을 거치며 친환경 무상급식으로 제도화되었다. 돌이켜 보면, 이 간단하고 쉬운 문제를 왜 그렇게 어렵게 이루었는지 회한이 생기기도 한다. 어쨌든 우리는 이제 친환경 무상급식이라는 든든한 기반 위에 서 있다.
　여기서는 이러한 변화를 만들어 왔던 우리 사회의 노력들을 차분히 정리하고자 한다. 학교급식운동이 걸어온 여정을 기록하는 의미도 있고, 여러 남겨진 과제를 점검하는 의미도 있다. 특히 친환경 무상급식을 만들어낸 전 국민이 참여한 학교급식운동을 돌아보며 우리 사회의 먹거리 문제 전반에 대한 새로운 도전들을 가늠해 볼 수도 있을 것이다.

2002년부터 학교급식 시스템을 바꾸기 위해 우리 사회가 무엇을 성취해왔는지 지난 10년의 발자취를 먼저 간략하게 정리하여 보자.

친환경 무상급식을 위해 달려온 10년

학교급식 개선운동이 시작되다

시계를 돌려 10년 전으로 돌아가 보면 전국의 1만 여개의 학교에서 초중고 학생들의 학교급식은 문제가 심각했다. 과도한 수입 농수산물 사용, 위생상태 불량, 집단 식중독 유발 등 온갖 문제투성이였다. 1996년 2,800명, 2001년 6,400명, 2003년에 1,557명. 학교급식에서 발생한 집단 식중독에 걸린 학생 수다. 당시의 현실을 잘 보여준다.

당시 학교급식의 현장을 취재한 한 신문의 기사다.

"서울 J초등학교 4학년 교실. 조리실에서 날라 온 밥은 묵은 쌀을 사용해서 인지 냄새가 나고 찰기가 없어 아이들은 별로 구미가 당기지 않는 모습이었다. 이날 반찬으로 나온 쇠고기 요리를 씹다가 아이들은 질기다며 곧 뱉어버렸다. 상당수 아이들은 밥과 반찬을 남겼지만 담임선생님은 아무 지적도 하지 않았다. 아이들은 급식 초기에는 선생님들이 음식을 남기지 않게 급식지도를 했으나 음식을 남기는 아이들이 많아지면서 지금은 야단치지 않는다고 말했다."(2002.11.01, 국민일보)

식재료 공급업체와 학교 관계자 간의 유착비리도 비일비재했다. 급식비를 내지 못해 점심을 굶는 아이들은 여전히 후미진 교정을 서성이고 있었다. 학생들과 학부모들의 학교급식 만족도도 땅에 떨어져 있었다.

이러한 상황에서 학부모들의 학교급식 개선운동이 시작된다. 위탁급식에서 직영급식으로 전환, 학부모의 참여, 급식 질과 위생 개선을 위한 노력이 시작된 것이다. 학교급식 개선운동은 개별 학교에서 이루어지다가 역사적인 전기를 맞는다. 2002년 11월 최초의 학교급식운동 조직인 '학교급식전국네트워크(이하 급식넷)'가 출범하면서 '엄마들의 밥상혁명'이 닻을 올린 것이다.

각 학교의 학교운영위원회에서 활동하고 있는 학부모들과 교사, 농민, 전문가 등이 중심이 되어 만들어진 급식넷은 '우리 아이들에게 최고의 급식을!'이라는 슬로건을 내걸고 2002년 7월부터 준비위원회를 구성하여 본격적으로 활동을 시작한다.

직영급식으로의 전환, 무상교육의 일환으로서 무상급식의 단계적 확대, 안전성과 품질이 검증된 국내산 농수축산물의 학교급식 식재료 사용, 학부모 등 교육주체의 민주적 참여 보장, 급식지원심의위원회의 민주적 구성 등을 핵심 목표로 설정한다. 아울러 전국적인 연대조직을 구축하여 학교급식법 개정 운동을 펼칠 것을 결의한다.

"아이들에게 건강을, 농민들에게 희망을!" - 학교급식법 개정운동

2001년부터 학교급식 개선이 학교급식법 개정을 통해 해결될 수 있다는 인식이 확산되기 시작했다. 시민사회단체와 농민운동

단체들이 중심이 되어 "학교급식에서 국가나 지방자치단체의 역할을 강화하고 안전한 우리 농산물을 사용하며 국내 식량수급 안정을 가져올 수 있는 방향으로 학교급식법이 개정돼야 한다(학교급식법 개정과 조례제정을 위한 시민사회단체 연대회의, 2003.11.4)"는 주장으로 힘을 모으기 시작한다. 이 학교급식법 개정운동은 '직영급식', '우리 농산물 사용', '무상급식' 등 3대 원칙을 개정법에 담기 위해 청원운동을 시작한다. 여러 활동이 있었지만 서명운동이 주된 형태였다.

이 급식법 개정운동에는 전국적으로 300만 명 이상이 서명을 하고 5년이라는 오랜 노력을 통해 2006년에야 뜻을 이룬다. 학교급식법에 '직영 전환', '우리 농산물 사용', '저소득층 급식지원 확대', '기초 시군구 급식지원센터 설치'를 새로이 반영한 것이다.

전국에서 학교급식조례가 제정되다

학교급식법 개정이 정치권의 외면으로 지지부진하자 급식법 개정운동과 더불어 지방자치단체에서 조례를 제정하여 학교급식을 지원할 수 있는 근거를 마련하려는 학교급식 조례제정운동이 시작되었다. 2002년 전북에서 최초로 조례제정운동이 시작되고, 전남에서 주민발의에 의한 조례제정운동이 물꼬를 텄다. 2002년 7월 전남 나주를 시작으로 2003년 전남·경북·경남, 2004년 대전·인천·제주 등에서 '학교급식지원조례' 제정이 차례로 이루어졌다.

조례제정을 위한 서명운동 및 주민발의 운동은 급식법 개정운동과 한 몸이 되어 수백만 명의 시민들의 참여로 동시다발적으로 진행되었다. 이러한 노력의 결과 2010년까지 전국의 16개 광역시도를 포함하여 230개 시군구 중에서 202곳(전체 87.8%)에서 '직영급식', '친환경 농산물 사용', '무상급식의 원칙' 등을 담은 조례가 제정되었다.

2010 지방선거에서 친환경 무상급식이 대세가 되다

2009년 경기도 교육감 선거를 시작으로 이후의 선거에서 야권 후보자들을 중심으로 친환경 무상급식이 핵심공약으로 부상한다. 2010년 지방자치 선거가 분수령이었다. 당시 여당인 한나라당 후보들도 일부 동참하였다. 친환경 무상급식 공약을 채택한 후보들의 대다수가 당선된다. 이로 인해 지방자치 차원에서 무상급식이 실시되는 획기적인 변화를 가져온다. 학부모와 시민사회가 만든 성과였다.

2010년 3월, 지방선거를 앞두고 지방선거 후보들의 공약화를 위한 시민운동 조직인 '친환경무상급식풀뿌리국민연대'가 발족하고 전국의 2,200여개 단체가 모였다. 이들은 정책 메니페스토운동부터 선거운동까지 친환경 무상급식 의제가 지방선거를 주도하도록 하였고, 국민들이 표로 호응하면서 우리 사회에 새로운 진전을 가져오게 된다.

무상급식에 대한 정치권의 저항이 실패로 끝나다

2010년 6.2지방선거 이후 각 자치단체 및 교육청에서 무상급식을 실시하는 제도적 법적 조치들이 시행되었다. 그러자 한나라당을 중심으로 '부자급식' 반대를 내세우며 무상급식 전면 실시에 반발하기 시작했다. 급기야 오세훈 서울시장은 2011년 8월 '전면적 무상급식에 대한 주민투표'를 들고 나왔다.

이에 대한 대응으로 '부자 아이 가난한 아이 편 가르는 나쁜투표거부시민운동본부'가 각계 인사들과 시민사회단체들이 참여하여 구성되었다. 이들은 시민들과 함께 '나쁜투표 거부운동'을 전개하였고, 주민투표가 유효투표율 33.3%에 미치지 못하도록 하는 초유의 투표거부운동을 펼친다. 주민투표는 무산되고 오세훈 시장은 사퇴하였다. 이후 2011년 10월 친환경 무상급식을 공약한 박원순 시장이 당선된다.

친환경 무상급식이 자리 잡아가고 있다

서울, 경기, 인천, 충남, 강원, 전북, 전남 등 광역단체장에 야권후보가 당선된 지역을 선두로 전국적으로 친환경 무상급식이 지방자치 현장에서 자리 잡기 시작한다. 2013년 3월 현재, 전국 초중고 11,448개 중 8,315개인 72.6%에서 전면 무상급식을 실시하고 있다. 전국 초등학교 전면 무상급식 실시율은 94.6%(5,161개/5,942개)이다. 중학교 무상급식 실시율은 75.2%(1,861개/3,180개)이다. 지역 농산물과 친환경 식재료 사용 비율도 점차 높아지고 있다.

2010년 이후 학교급식운동은 친환경 급식 확대, 안전하고 민주적인 급식시스템 구축, 학교급식법 재개정 등을 위해 지속적인 노력을 계속하고 있다.

로컬푸드 운동, 유기 농산물 운동 등의 다양한 시도들이 학교급식운동과 결합되면서 우리 사회 먹거리 전반에 대한 새로운 변화를 만들고 있다.

국민적 참여와 급식운동 조직들의 결집된 힘

친환경 무상급식 운동은 아이들의 밥상이라는 이슈의 성격상 국민운동의 성격을 갖는다. 지역이나 계층에 관계없이 모두가 공감할 수 있는 이슈였기 때문이다. 이러한 특징으로 인해 전국적으로 300만 명의 서명 참여라는 성공을 거둔다.

아울러 운동을 주도적으로 이끈 여러 전국적 연대조직의 활동도 커다란 역할을 하였다. 초기의 학교급식운동의 시작은 개별 학교의 학교운영위원회에 참여하고 있던 학부모들이 학교급식을 개선하기 위한 활동에서 시작되었다. 학교급식에 대한 학부모의 불만이 폭발하면서 다양한 조직 활동으로 성장하게 된다. 여기에 교육계, 농민단체 및 시민단체들이 광범위하고 적극적으로 결합하면서 우리 사회에 새로운 운동의 영역을 개척하게 되고 성공적인 변화를 만들어 냈다.

학교급식법 개정과 조례제정을 위한 기초자치단위의 조직들, 16개 시도의 광역 단위 지역운동본부, 이들이 만든 전국적 연대조직 등 수많은 조직들이 용광로처럼 결집되었다. 여기서는 주요한 전국 조직을 중심으로 간략히 소개한다.

- '학교급식전국네트워크(이하 급식넷)' : 전국에서 산발적으로

추진되던 학교급식 개선운동들이 모여서 결성한 최초의 조직
으로 2002년 11월 출범한다. 이 급식넷은 2007년 4월에 비
영리 사단법인 허가를 받고 학교급식운동의 싱크탱크 역할을
하면서 2012년 11월 ㈔희망먹거리네트워크로 바뀌어 지속적
으로 학교급식운동을 전개하고 있다.

• '학교급식법개정과 조례제정을 위한 시민사회단체 연대회의
(이하 연대회의)' : 2002년 11월 교육, 농민, 노동, 시민사회,
종교 단체 등 108개 단체가 참여한 전국적인 연대조직이다.
학교급식법 개정운동을 위한 첫 연대조직으로 급식법 개정안
을 만들기 위한 공청회와 서명운동을 전개하고 학교급식법
개정안 청원 등의 활동을 전개하였다.

• '학교급식법 개정과 조례제정을 위한 국민운동본부(이하 국본)' :
2003년 11월 11일, 연대회의가 지역 조직들의 참여와 함께
확대발전하면서 새롭게 출범하였다. 국본은 2002년 이후 전
국에서 자생적으로 결성되기 시작했던 지역 운동본부의 결합
체로 명실상부한 전국적 학교급식운동 조직의 성격을 갖추게
된다. 울산, 강원, 전북을 제외한 13개 지역운동본부와 전교
조, 참교육을위한전국학부모회, 학교급식전국네트워크, 전
국농민회총연맹, 민주노동당, 한살림, 생협연대, 생협중앙
회, 농협노조 등 단체 대표가 국본 출범식에 참여한다. 국본
은 2010년까지 학교급식과 관련하여 직영 전환, 안전한 친환

경 농산물 사용, 무상급식 등을 3대 목표로 잡고 전국 광역과 기초자치단체 140여 개에서 학교급식조례를 제정하고 2006년 6월 학교급식법 개정이라는 성과를 만들어냈다.

- '친환경무상급식풀뿌리국민연대' : 2010년 3월, 같은 해 6월 2일 지방선거를 앞두고 친환경 무상급식을 위한 법 개정과 지방선거 후보자들의 친환경 무상급식 공약화를 위해 발족한다. 전국의 2,200개 단체가 모인 최대 연대조직으로 부문을 가리지 않고 참여하였다. 2010년 지방선거에서 정책캠페인을 통해 친환경 무상급식 공약을 만들고 대다수의 후보들과 협약을 맺으며 친환경 무상급식 제도화에 당선되는 데 커다란 기여를 하였다.

- '부자 아이 가난한 아이 편 가르는 나쁜투표 거부 시민운동본부(이하 나쁜투표거부시민운동본부)' : 오세훈 당시 서울시장의 선택적 학교급식 주장에 반대하는 각계 인사와 시민단체들이 모여 2011년 8월 출범하였다. 2011년 6월 16일, 무상급식 반대를 주장하는 '복지포퓰리즘추방국민운동본부'가 주민투표 청구인 서명을 받기 시작하였다. 이에 무상급식 관련 주민투표 자체를 거부하기로 결정하고 '나쁜투표거부!'를 기치로 내걸고 활동하기 시작한다. 결국 2011년 8월 24일, 유효투표율인 33.3%에 미치지 못해 오세훈 시장은 8월 26일 시장직에서 자진 사퇴하였다.

현재는 ㈔희망먹거리네트워크와 친환경무상급식풀뿌리국민연대가 중심이 되어 전국의 친환경 무상급식의 정착을 위한 지속적인 운동을 이끌고 있다.

2. 학교급식법 개정과 학교급식지원조례 제정

학교급식법 개정운동에 나서다

"아이들에게 건강을, 농민들에게 희망을!"이라는 슬로건을 내걸고 학부모들과 교사, 학생들의 참여와 우리 먹거리를 생산하는 농민들이 함께 하면서 학교급식법 개정운동이 본격화된다.

2002년 4월 27일 학교급식네트워크 준비위원회가 1차 워크숍을 통해 학교급식 개선운동을 제안한 이후, 2002년 10월 7일 학교급식개선운동연대회의를 제안하게 된다. 이어서 "아이들에게 최고의 급식을!"이라는 슬로건으로 학교급식전국네트워크 창립대회 및 학교급식법 개정안 공청회를 11월 1일에 갖게 된다.

학교급식의 직영급식화, 안전한 우리 농산물 사용, 무상급식 등의 확대를 학교급식법에 담자는 사회적인 합의를 바탕으로 국회를 움직이기 위한 운동을 시작한 것이다.

2002년 4월부터 학교급식법 개정운동이 본격화되면서 연대 조직이 만들어진다. 같은 해 10월에는 '학교급식법 개정과 조례제정을 위한 시민사회단체 연대회의'의 제안문이 나와 설명회가 개최되고, 학교급식법 개정을 위한 전국순회 토론회도 개최한다.

학부모, 학생, 교사, 주민, 농민, 환경 등 사회 각 분야의 시민사회단체들이 아이들에게 제대로 된 급식을 제공한다는 목표 아래 몇 달간의 연구와 토론을 거쳐 학교급식법 개정안을 마련하여, 2002년 11월 4일 학교급식전국네트워크와 '학교급식법 개정과 조례제정을 위한 시민사회단체회의가 출범하면서 학교급식법 개정안을 청원하게 된다. 기자회견문에는 개정안의 내용을 다음과 같이 소개하고 있다.

"학교급식에서 학교설치자와 국가·지방자치단체의 역할을 강화하고, 고품질의 안전한 국산 식재료 공급을 통해 학생들의 건강을 증진시키고, 장기적으로는 국내 식량 수급 안정에도 기여할 수 있는 방향으로 학교급식법을 개정해야 한다. 또한 학교급식의 운영방법, 식재료 납품, 식단구성, 급식비책정 등 모든 과정에 급식의 실수요자인 학생과 학부모들의 의견이 활발히 반영될 수 있도록 법적으로 의견수렴 장치를 강화해야 할 것이다."_ 2002년 11월 4일, 학교급식법 개정과 조례 제정을 위한 시민사회단체연대회의 기자회견문

학교급식조례 제정운동의 시작

2002년 2월에는 농업인 단체에서 처음으로 조례제정 운동을

제안하였고, 이를 기점으로 학부모와 교사, 지역주민, 생산자가 모여 급식법 개정운동과 더불어 학교급식 조례제정 운동을 시작한다.

2002년 5월 22일, 전라북도 26개 단체들이 참가하는 '전북 학교급식 조례제정을 위한 연대회의'에서 처음으로 급식조례 제정을 위한 구체적인 준비를 시작한다. 전라북도 조례제정 연대회의는 지역 농산물 사용을 위한 지역공동체와 지방자치단체의 역할을 강조하면서 전국 최초로 급식조례 시안을 작성하게 된다.

전북에 이어 2002년 11월 6일에는 학교급식 조례제정 전남운동본부가, 12월 12일에는 광주 운동본부가 발족되어 활동을 시작한다. 2003년 10월이 되면 강원도를 제외한 전국 15개 시도에 학교급식 조례제정 지역운동본부가 꾸려져 활동하게 된다.

9월에 국회에서 학교급식법 개정안이 심사소위에서 폐기되면

학교급식조례제정전남운동본부가 학생들과 남도순례대행진을 하며, 조례제정의 필요성을 알린다(2003).

서 위기를 느낀 181개 시민사회단체가 2002년 11월에 '학교급식
법개정과 조례제정을 위한 시민사회단체 연대회의(이하 연대회의)'
를 출범시킨다. 연대회의는 급식넷준비위원회, 서울시 교육위원,
교사, 학부모, 영양(교)사, 지역학교운영위원협의회 등이 학교급
식의 실질적인 개선을 위해선 학교급식법 개정과 조례 제정 필요
성을 제기한다.

이때 학교급식운동을 전담하는 시민단체인 학교급식전국네트
워크도 공식 출범한다. 급식넷(준)은 '학교급식운동 제안(2002.10)'
에서 '급식은 교육이다'라는 대명제 하에, 학교급식의 직영운영과
학교운영위원회의 급식 관련 심의의결권한 강화, 급식비 정부
지원을 통한 재원충당, 급식소위원회 활동 활성화 등을 요구한
다.

2002년 11월, 전남지역에서는 '학교급식개선 우리 농산물사용
위한 전남운동본부(준)' 결성하고 주민발의를 위한 지역의 합의를
이끌어내기 위해 노력한다. 2003년 2월, 전남운동본부를 정식
출범시킨 후 토론회, 남도순례대행진, 설문조사, 지역본부 건설
등의 다양한 노력으로 한 달 만에 주민발의 청구 서명을 완료하고
전라남도에 제출하여 의회에 정식 심의절차를 받게 된다.

여기서 잠깐 조례제정과 주민발의에 대해 알아보자.

조례는 지방자치단체가 제정하는 자치입법의 하나로, 지방의
회의 의결에 의해 제정된다. 대개가 의원들이 입법하지만 주민들
이 직접 안건을 발의하여 청원하는 제도가 주민발의제도이다.

주민발의제도는 지방자치법 개정으로 도입되어 2000년 3월부

터 시행되었다. 우리의 주민발의제도는 주민들이 일정 수 이상의 주민들의 연서를 받아 조례 제정·개정·폐기를 청구하여 해당 지역 의회에서 심의 결정하는 제도다. 주민은 서명 청원한 안건을 의회에 회부할 수 있을 뿐이라는 한계가 있지만, 참여민주주의의 진일보한 제도다.

처음에 이 제도는 주민 20분의 1 이상의 연서를 그 청구 요건으로 하여 서울시만 해도 무려 14만 명 이상을 받아야 청구할 수 있었다. 실제로 2004년 서울시 학교급식 조례제정 당시 서명을 받은 인원도 이 규정에 따랐다. 이렇게 상당히 많은 수의 서명을 6개월 안에 받아야 하는 까닭에 직접 참여로 주민의 이해를 반영하기에는 상당히 까다로운 제도였다. 이후 2006년 지방자치법 개정에 의하여 청구인 수가 다소 완화되었다.

주민발의에 의해 청구된 조례안이 지방의회에서 의결되었을 경우라도 상급기관이 재의 요구를 하거나 혹은 법원에 제소한 경우에는 일정 절차를 거쳐 조례제정 여부가 결정된다. 이러한 장치로 인해 각 지역에서 주민발의로 의결된 조례가 두 번 의결하는 과정을 거치기도 했고, 법원에 제소되는 등 어려운 과정을 거치게 되었다.

대표적인 것이 전남의 조례 제정 과정이다. 주민발의 조례안의 의회 상정을 앞두고 우리 농산물 사용은 WTO(세계무역기구)에 위배될 소지가 있다는 정부 입장으로 인해 심의가 유보된다. 2003년 9월 5일, 전라남도의회가 3차 수정 동의 끝에 주민발의 조례를 정식으로 의회 통과시켰으나 행정자치부의 이의제기에 의해

9월 25일, 전남도가 재의를 요구한다. 이에 10월 14일, 도의회는 주민발의 조례를 재의결하고 10월 20일 공포한다. 이를 계기로 주민발의 조례제정운동은 전국적으로 번져가기 시작한다.

학교급식 조례제정이 제일 먼저 이루어진 곳은 전남 나주시이다. 전남의 광역조례가 재의과정을 거치면서 산고를 겪고 있을 때, 신정훈 당시 나주시장이 2003년 9월 23일에 전국 최초로 학교급식지원조례를 제정 선포하였다. 나주시 조례는 "모든 학생들이 계층 및 소득의 차별 없이 균형 잡힌 식사"와 "학교급식에 친환경 농산물을 공급하며 친환경 식재료 구입비를 지원"하는 것을 주 내용으로 하는 조례였다.

이처럼 전국 최초의 조례가 제정되고 각지로 확산되자 학교급식운동은 새로운 도약의 계기를 마련하게 된다. 결국 2003년 11월 11일, 전국적 학교급식운동 조직인 '학교급식법개정과조례제정을위한국민운동본부(이하 국본)' 출범으로 이어진다. 출범식에서는 '디딤돌상'으로 나주시장(지방자치단체장 발의 전국 최초 조례제정), 전남운동본부(풀뿌리 민주주의 실현, 주민발의 조례제정), 제주급식연대(친환경 우리 농산물 사용 무상급식 추진)와 '걸림돌상'으로 교육부와 행자부를 선정하기도 했다.

특히 전남에서는 주민발의 조례제정을 위한 서명참여 주민수가 100만 명을 넘어섰으며, 광역 단위만 총 67만여 명 이상이 참가하였고, 기초자치단체 조례를 위해서는 45만여 주민이 참여하였다. 이러한 조례제정 연대운동의 가장 큰 특징은 학부모단체, 교원단체, 시민단체는 물론 지역학교운영위원협의회, 농민회, 노동조합, 민주노동당 등까지 참여함으로써 연대의 범위가 매우 광범위하다는 것이다.

대법원, WTO 편에 서다

직영급식, 우리 농산물 사용, 무상급식의 3대 원칙을 담은 급식조례 제정은 기초자치단체는 물론 광역에서도 경기·전남·전북·제주 등 조례가 제정되는 지역이 늘어가기 시작했다. 하지만 상위법인 학교급식법이 그대로 있고, 위탁급식업자들의 거센 반발로 인해 조례제정운동은 난관에 부딪친다. 특히 당시 학교급식법에는 학교급식에 필요한 경비를 학부모와 설립경영자가 부담하게 되어 있어서 식재료비를 지방자치단체로부터 지원받을 근거가 없었다.

다행히 2003년 11월 11일, 학교급식법 시행령이 "자치단체는 학교급식 지원을 위한 예산을 사용할 수 있다(학교급식법 시행령 제7조 5항)"를 신설하면서 지방자치단체가 식품비를 지원할 수 있는 법적 근거가 마련되어 조례에서는 '지역 농산물 사용'을 반영할 수 있었다.

그러나 2004년 초, 전북과 경남, 전남의 조례가 교육감 등에 의해 대법원에 제소를 당하는 사건이 벌어진다. 그 이유는 조례에 '우리 농산물을 사용한다'는 내용이 'WTO의 내국민 대우 원칙에 위배된다, 외국산 농산물을 차별하는 것은 무역마찰에 초래할 수 있다'는 외교통상부를 비롯한 정부의 논리 때문이었다. 내국민

대우원칙이란 조약 당사자국이 자국 영역 내에서 다른 당사국의 국민 및 제품에 대하여 자국민 및 제품과 동등한 권리를 부여해야 한다는 원칙으로 국내산 사용 명기가 외국의 농산물에 대해 차별을 한다는 논리다.

이어서 경기, 서울, 충북도 연이어 제소를 당하게 된다. 당시 가장 먼저 제소를 당한 전북은 "WTO협정에서 가장 포괄적인 예외를 인정하는 농업협정문 규정에 따를 경우 2003년까지는 다른 나라의 간섭을 받지 않고 학교급식에 대한 보조가 무제한으로 가능하며, 보조금 및 상계조치에 관한 협정의 예외조항에 의해 학교급식에 국내산 농산물 사용을 전제로 하는 보조금 지급도 가능하다며 조례제정에 문제될 것이 없다"는 입장을 밝혔다.

이러한 상황에서 국본과 급식넷은 국회와 정부관계자들을 압박하면서 WTO 협정상 우리 농산물 사용을 위한 양허안 체계와 WTO 농업협정(일명 마라케쉬협정)상 허용되는 국내 보조문제를 알려내는 등 다양한 활동을 전개했다. 이러한 활동의 성과로 국무총리실 식품안전 TF팀이 지방자치단체 조례제정에 필요한 WTO 협정상 허용 가능 부분을 설명하는 문건과 함께 지역조례 제정을 위한 표준안을 마련하여 전국 자치단체에 공지한다. 'WTO 문제로 인한 지역 내 갈등해소 방안'에는 '광역 단위는 국내 농산물 총생산액의 10% 범위 내에서 국내보조 형식으로 학교급식에 국내산 지원이 가능하며 기초 단위는 협정사실이 없으므로 무한 지원이 가능하다는 것'이었다. 이때 지방정부, 특히 광역 단위에서는 학교급식에 우리 농산물 사용을 지원할 때에는 WTO 협정에서 허용한 범위로 지원한다는 문구를 넣었는데, 마치 우리 농산물 사용은 원칙적으로 안 되는 것처럼 표현되어 지역마다 조례 제정에 심각한 혼선을 빚게 했다.

그런데 사실 광역 단위에서 국내산 농산물 사용 지원을 WTO 허용 범위 10%를 명시하지 않아도 그 범위를 절대 넘지 못해 WTO가 제재조치 할 수 없다. 그럼에도 그렇게 표현하지 않았다는 이유로 지방분권 강화를 얘기하는 정부가 지방자치 입법행정체계를 대법원에 제소한 것이다.

결국 2005년 9월, 대법원은 전북 조례가 WTO 협정에 위배된다는 판결을 내린다. 이에 따라 각 지역 급식운동본부는 계속 패소를 할 경우 그동안 쌓아왔던 급식운동의 성과가 무너지게 될 우려가 있으므로, 국내산 우리 농산물 사용은 향후 풀뿌리운동을 통해서 지속적으로 제기해 내고, 각 지역 조례에는 지역 특성에 맞게 친환경과 우리 농산물 문구를 우수 농산물 등으로 유연하게 넣기로 합의를 하게 된다. 다만, 제주도의 경우는 우리 친환경 농산물 사용 원칙의 학교급식조례를 제정했는데, 조정을 위해 일정을 미루다가 대법원이 제소 일정을 놓치게 되어, 곧바로 도지사가 조례를 공포하면서 국내 최초의 '국내산 친환경 농산물 사용' 조례가 되었다.

미국의 경우 학교급식 관련 조달행위에 대해서는 다른 나라가 간섭하지 못하도록 'WTO 조달협정'의 포괄적인 예외조항을 확보하고, 1998년부터 정부의 현물지원 품목뿐만 아니라 학교가 자체 조달하는 농산물과 가공식품도 미국산만을 구입하도록 강제하고 있었다. 2012년 3월, 외교통상부는 WTO DDA 협상 양허안 말미에 '학교급식에 사용되는 식재료는 조달 협상의 내국민 대우원칙을 지키지 않아도 된다'는 것을 문서화했고, 2007년 1월 14일, 한미FTA 조달협정 부속서에는 '학부모가 내지 아니한 비용으로 학교급식을 하는 경우 양국은 국가조달로 자국산 농산물 사용을 허용한다'는 내용을 명시하였다.

서울시 학교급식조례 제정운동

학교급식조례를 제정하기 가장 어려웠던 지역은 역시 서울이었다. 서울은 2003년 10월 1일에 '서울시학교급식조례제정운동본부(이하 서울시조례제정운동본부, 공동집행위원장 김재석)'를 결성한다. 학부모, 교사, 시민, 노동, 정당 등 학교급식 개선을 위해 노력하는 43개 단체가 모여서 '직영급식, 우리 농산물 사용, 무상급식 확대, 학부모 참여'라는 4대 원칙을 담은 학교급식조례를 제정하기 위해 10월 28일부터 6개월간 20세 이상 서울 시민 14만 명 이상의 청구인 서명운동을 전개했다. 그런데 놀라운 것은 100일 밖에 안 되었는데 10만 명이라는 목표를 달성할 수 있었다.

구로구의 경우는 학교운영위원회 결의로 가정통신문을 각 가정에 보내, 전교생의 부모님으로부터 서명을 받기도 했고, 선생님과 학생들이 자발적으로 방과 후 지하철역 등에 나가 서명을 받기도 했다. 구로구는 서울시 최초로 구로구학교급식지원조례가 제정되었다(2007.12.7.). 금천구는 서울시 조례와 함께 금천구의 '학교급식조례(주민발의) 제정운동'을 시작하기도 했다. 서울시조례제정운동본부는 학교급식지원에 관한 조례제정청구서 서명을 시작한 지 5개월 만에 146,258명의 서명을 받아 서울시에 제출하였다.

서울시를 상대로 주민발의 조례제정 청구를 하자 당시 이명박 서울시장은 800만원의 예산을 별도로 들여 서명명부를 일일이 검토한다. 그 결과 24,476명의 이름과 주민등록번호가 일치하지 않는 등 오류가 발견되었다며, 5일의 보정기간을 줄 테니 18,218명의 서명 명단을 추가로 접수해야 한다고 통지했다. 이에 2003년 5월 3일부터 5일 동안 운동본부는 추가 서명운동을 통해 67,101명을 추가했다. 서울 시민 20만 명이 주민발의에 참여한 위대한 풀뿌리민주주의 쾌거였다.

결국 서울시도 2004년 11월, 주민발의로 제정 청구한 학교급식지원조례안을 시의회에서 통과시켰다. 하지만 서울시 역시

서울광장에 조례제정 주민발의 서명지를 쌓아 놓고 기자회견을 하였다.(2004)

2005년 5월, 행자부에 의해 대법원에 제소를 당한다.

이러한 과정을 통해 조례제정운동이 확산되어 2010년을 기점으로 전국의 85% 지역에서 학교급식조례가 만들어진다.

또다시 학교급식법 개정운동이 시작되다

주민발의을 통해 학교급식비지원조례가 통과되었고 학교급식법 시행령이 개정되었으나, 근원적으로는 학교급식법 개정 없이는 그 실행이 쉽지 않았다. 이에 자연스럽게 국본을 중심으로 한 학교급식운동은 광역 5개 지역(서울, 경기, 전남, 전북, 경남)을 묶어 학교급식법을 개정하는 데 총력을 기울임으로써 국면 전환을 시도한다.

2004년에는 4.15 총선이 있었다. 각 당은 4.15총선에서 급식법 개정을 공약으로 제시했고, 특히 열린우리당과 민주노동당의 경우 급식법 개정에 적극성을 보였다. 이에 국본은 상반기 중에 학교급식법 개정안을 확정하고 9월 정기국회에서 입법 청원키로 하였다.

국본안은 최순영 의원(민주노동당) 대표 발의로 국회에 제출되었다. 이를 위해 공청회 개최, 정당과 국회 교육위와의 면담, 지역 위원 대상 설득작업 등 활발한 홍보활동을 전개하여 급식법 개정의 당위성을 확보하며 개정 활동을 전개했다. 국회에 보내는 '학교급식 통신'도 발간하여 국회의원과 국민을 대상으로 한 홍보활동에 주력한다.

반면, 교육부는 국본의 활동과 성과를 도외시한 채 2004년 학교급식법 개정안을 따로 만들어 개정작업을 추진하였다. 그동안 급식운동을 주도해온 시민사회단체의 의견수렴 없이 전국 단위 학교에 의견수렴 공문을 내려 보내고 불과 4일 이내에 의견개진이 없을 시 정부안에 동의하는 것으로 간주한다는 속전속결로 진행했다. 특히 학교급식 직영원칙은 뺀 채 위탁급식을 다양화하고 업체 지원까지 하면서 학교장의 책무강화 등의 내용을 담았다. 더욱이 이미 공론화 과정에서 약속했던 학교운영위원회의 산하 기구로서 급식소위원회의 법제화조차 거론하지 않았다.

2005년에 들어서면서 국본은 학교급식법 개정운동의 총력을 다짐하며 릴레이 1인 시위, 걷기대회, 박람회, 여론화 작업, 국회 앞 천막농성, 기자회견 등 다양한 활동을 전개하면서 국회의원을 통한 법개정 운동과 서명운동에 돌입한다. 당시 국회의원 120여 명(열린우리당 60여명, 한나라당 39여명, 민주노동당 10여명, 새천년민주당 8여명, 자유민주연합 1명, 무소속 1명 등), 기초자치단체장 9명, 광역의회의원 15명, 기초의회의원 127명, 시민사회단체 약 500여명, 온라인 참여 3,200여명이 서명에 참여한다.

또한 9월에 전북학교급식조례에 대한 대법원 위법판결이 나면서 전북 이외에 경기, 서울, 전남, 충북 조례도 대법원에 제소되었다. 이러한 상황에 대한 대응도 시급했다. 국본은 중앙과 지역본부 모두에서 규탄 기자회견과 성명서 등을 발표하였다.

대형 식중독사고로 학교급식법 개정운동 급물살을 타다

2006년 6월, 위탁급식에 의한 대형 식중독 사고가 터졌다. CJ 푸드시스템을 통해 급식을 먹은 32개교 2,782명의 학생들이 식중독에 걸린 것이다. 원인은 중국에서 수입한 깻잎에 '노로바이러스'가 감염되었기 때문이었다. 이에 대해 학교급식전국네트워크와 학부모들은 7월에 CJ 푸드시스템을 상대로 손해배상 소송을 청구한다. 소송의 취지는 아이들의 건강과 생명을 담보로 이윤만을 추구하고자 저질의 식재료를 학교급식에 사용하고, 식중독 사고가 발생하더라도 이에 대한 책임을 회피해 온 CJ 푸드시스템에 대하여 그 법적 책임을 묻고자 한 것이었다.

하지만 CJ 푸드시스템은 학생들의 가검물에서 '노로바이러스'가 검출되었음에도 불구하고 (기술적 한계 등으로) 식재료에서 노로바이러스가 검출되지 못한 점, 문제의 깻잎지가 생산된 중국 현지에 대한 역학조사가 실시되지 못한 점 등을 악용하여, 노로바이러스의 감염 경로가 명확히 밝혀지지 않았다면서 손해배상 등 법적인 책임을 회피하였다. 게다가 CJ 측은 이 사건으로 소송을 제기한 학부모들을 은밀히 개별로 만나 마치 자신들이 승소한 것처럼 학부모들에게 거짓말을 하고 10만 원짜리 상품권을 지급하면서 이 사건에 대해 더 이상 법적인 책임을 묻지 않기로 한다는 등의 각서를 요구하며 사건을 마무리하려고까지 하였다. 결국 사건 발생 1년 만인 2007년 11월 28일, 1심판결에서 CJ 푸드시스템은 패소한다.

대형 식중독 사건은 그동안 위탁급식에 의한 폐해를 당해 온 모든 국민들의 공분을 자아내기에 충분했다. 학교급식시설 부담을 안고 들어오는 위탁급식 업자들은 투자비를 회수해야 했고, 급식을 통해 이윤을 창출해야 했으므로 저질 식재료는 물론, 식재료 이력을 확인할 수 없는 저가의 수입산 식재료로 아이들의 건강을 위기로 몰아넣고 있었다. 이외에도 학교급식을 둘러싼 위탁급식의 문제는 지속적으로 발생되고 있었다. 교육인적자원부 조사에서도 2006년 당시 수도권지역 위탁급식 46개교에서 3,613명, CJ푸드시스템 위탁급식 31개교 2,921명, 기타 업체의 위탁급식 등 15개교 692명에게 대형 식중독 사고가 발생되었음이 밝혀졌다.

"2006년 새 학기에도 학교급식 문제는 또 터졌다. 3월 광주의 모 여고에서 '계란탕 사건'이 터지더니 어제 한 일간 신문에는 학교급식 식재료 납품업체의 불량 재료 납품 실태가 폭로되었다. 수협중앙회 급식사업팀이 서울·경기·천안 지역 22곳 영업점장들의 '2004년 클레임' 일지가 보도되었는데 그 내용이 가관이다. 납품 받은 생선살이 상해서 먹을 수 없었다는 것을 비롯하여 통북어 아가미에서 벌레가 나온 것, 심지어 멸치에 섞였던 못을 씹어 잇몸을 다친 일까지 8개월 동안 650여 학교에서 409건의 항의나 시정 요청을 받았다는 것이다. 이 사건만이 아니다. 검찰은 학교급식에 수산물을 납품한 업체들이 외국산을 국내산이나 원양산으로 속여 판매한 증거를 확보하고 수사 중이다."_ 저질 식재료 규탄과 학교급식법 개정 촉구 기자회견문(국본, 2006.4.13.)

서울 동일학원의 경우는 학교에서 위탁업체에 학교급식시설 감가상각비 명목으로 4억6천만 원을 불법으로 기부채납 시켰다가, 교사들의 제보로 교육청 감사에 의해 시정요구를 받은 사건이 폭로되었다. 2006년에 문제를 제기한 학교교사 3명이 파면당하는 사건도 발생하였다. 2006년 5월 급식 업체에서 대가성 뇌물을 받은 전·현직 교장 8명의 불구속, 현직 교장 23명의 뇌물수뢰 혐의 확인 등 학교와 위탁업체의 비리연루 사건도 끊이지 않고 일어났다.

그런데 차에 마침내 발의된 지 2년을 잠자고 있던 학교급식법 개정안이 2006년 6월 30일, 국회 본회의에서 의결된다. 또한 같은 해 11월, 학교급식법 시행령과 시행규칙이 개정되고, 청와대 농어업·농어촌발전특별대책위원회에서는 '2006 학교급식 시범사업 최종발표회'를 갖는다. 2006년 12월 21일에는 학교급식 개선대책 위원회와 관계부처 협의를 통해 관계부처 합동으로 향후 5년간 중점 추진할 '학교급식 개선 종합대책'을 마련하여 발표하였다.

그 주요내용은 학교급식 개선을 위해 2011년까지 향후 5년간 총 2조 2,584억 원의 지원, 2009년까지 3년 이내에 위탁급식의 직영 전환과 자치단체 지역거점에 우수식재료 공급기능의 급식지원센터 운영, 우수 농산물 및 수산물 인증제도 및 이력추적관리제도 시행 확대 등이다. 아쉬운 것은 위탁급식의 직영 전환과 관련하여 학교급식법 시행령안 제11조(업무위탁 범위 등)를 두어 불가피한 경우 교육감이 급식위원회의 심의를 거쳐 부분위탁을 할 수 있게 한 점이다.

식중독 사고라는 변수가 작용되었지만, 당시의 학교급식법 개정은 시민사회운동의 헌신적 노력이 성취해낸 당연한 귀결이었다. 이로써 미완이지만 학교급식법이 개정되었다.

학교급식법 개정운동의 성과와 과제

2006년의 학교급식법 개정으로 그동안 국본에서 주장해온 무상급식, 직영 전환, 우리 농산물 사용이라는 학교급식운동의 3대원칙이 미흡하나마 반영되었으며, 학교급식지원센터의 설치근거도 마련할 수 있게 되었다. 이는 국본, 학교급식전국네트워크 등이

2006년 전부개정 학교급식법(2007.1.20 시행)

구 분	주요 개정내용
직영여부	직영원칙(직영불가시 교육감 승인으로 위탁)
무상급식	반영되지 않음
경비부담	시설 : 학교와 국가 또는 지방자치단체 운영비 : 학교와 학부모 기타경비 : 학부모
식재료 기준	우수농산물 식재료 사용 권장(교과부령으로 규정)
대상	유치원, 보육시설 미포함
급식관리 체계	학교급식위원회(교육감) 급식지원심의회(지방자치단체) 학교급식소위원회(학교장) 조리사의 배치
학교급식지원센터	신규설립 운영(지방자치단체)

학교급식운동에 헌신해 온 결과였다. 급식운동이 단순한 제도개선 운동을 넘어 주민자치, 풀뿌리 민주주의 운동으로 연결된 것이다.

이를 계기로 식재료에 우리 농산물, 지역산 친환경 농산물 사용이 확대된다. 학교급식법과 조례에 근거하여 친환경 급식에 필요한 예산을 확보하는 지역자치운동이 시작되었다.

제주, 전남, 경남, 인천 등에서 처음으로 친환경 급식을 확대하고 그에 따른 차액을 지원하기 시작했다. 2006년 3,500여 학교에 606억 원을 지원하는 것을 시작으로 2012년에는 친환경 식재료 지원총액이 1,665억 원으로 증액되었다.

직영전환 과정 역시 쉽지만은 않았다. 서울의 경우, 2010년 1월부터 불가피한 경우를 제외하고는 전면 직영급식이 실시되어야 했다. 서울시교육청은 3년간의 직영급식 유예기간 동안 1년에 1~2회 공문 이외에는 직영 전환 노력을 하지 않았다. 직영급식 전환 마감시한 10일을 앞두고 미이행학교에게 직영급식으로 전환하라고 요청하고, 2009년 당시 직영급식 전환 대상 학교가 600개임에도 불과 150개 학교에 직영 전환 예산을 150억 원밖에 책정하지 않았다. 직영미전환 학교에서는 위탁급식이 불가피한 사유를 승인 받기 위해 급식운동에 참여하는 이들을 배제한 채 학교급식위원회를 구성하여 한 차례 회의를 개최, 그 자리에서 '1일 2식'이라는 '불가피한' 이유를 들어 위탁급식을 결정하기도 하였다.

국본과 각 조직들은 광역 및 기초의 학교급식비지원조례 제(개)정에 다른 제도의 도입에 적극적으로 나선다. 이 제도를 구체화하는 데 즉 무상급식과 학교급식 식재료 공급체계를 갖추고 급식지원센터 설치 및 운영 등 안전한 식재료의 지속적인 공급을 위한 시스템을 구축하는 문제 등에 매진하였다.

또한 당시 사회적 이슈였던 한미FTA를 통해 광우병 위험이 있는 쇠고기의 수입과 학교급식에 납품 우려 등이 현실화되면서 FTA 저지 투쟁에 적극적으로 결합하기도 하였다. 한미FTA는 지역 조례에서 꾸준히 쟁점화 되어 왔던 학교급식에 국내산 우리 농산물 사용의 원칙과도 맞물리는 문제였다.

이후 학교급식운동은 안전한 먹거리를 안정적으로 공급하기 위하여 친환경 무상급식 예산의 국가 지원 50% 확보와 학교급식지원센터 및 학교급식소위원회 운영, 직영 전환, 친환경 농산물 사용 확대를 위해 노력한다. 그 외에도 식재료 품질관리 기준, 영양관리 기준, 위생·안전관리 기준(식중독관리시스템 포함), 식재료 공급 및 유통 방안 등도 중요했다. 이들 정책 과제들과 함께 새로운 운동 전망에 맞는 조직형태와 조직활동 내용을 정립하고, 활동력 제고를 위한 방안을 모색하는 등 조직 정비에 나서고, 교육 및 홍보 사업 활성화, 식문화 개선과 그에 대한 인식 제고 활동 등 학교급식문화 개선운동에 집중하는 활동을 개시한다.

특히 2007년에는 17대 대통령선거가 12월에 있었고, 2008년 4월에는 18대 총선이 있었다. 학교급식운동 진영은 학교급식 관련 정책안을 만들어 대선 및 총선 공약으로 제시하고 지역순회 간담회를 통해 각 지방자치단체와 당 관계자들에게 전달하면서 공약화 운동에 집중했다. 야당의 경우 대부분 국본안을 채택하게 된다.

당시 국본에서 제안한 공약의 주요 내용은 다음과 같다.

- 정부 학교급식 전담기구 설치 : 국무총리 산하에 학교급식위원회 구성, 안전하고 건강한 학교급식을 위한 5개년 계획 수립, 교육부에 전담부서 '학교급식과' 설치
- 학교급식 예산 확대 : 학부모 부담 급식경비 100% 식재료비 사용, 저소득층·농산어촌 학생에게 대한 급식경비 지원 즉각 실시, 의무교육기관인 초중학교까지 단계적 무상급식 실시, 정부 공공비축미 학교급식 지원 유지와 친환경 쌀 사용시 50% 할인 지원
- 학교급식 식재료 안전성 확보 : 학교급식지원센터 설치에 대한 정부의 지원, 학교급식에 광우병쇠고기·GMO·농산물 등 안전성 논란 식품 사용금지, 지역별 식품안전 검수시스템 도입, 계절별·지역별 표준식단 도입 및 지역별 공동식단 실시, 학교급식을 교육과정의 일환으로 하는 식생활교육추진법 도입
- 학교급식 비정규 노동자 처우개선 및 정규직 전환
- 안전하고 건강한 학교급식을 위한 학교급식법 개정 : 학교급식 전담부서 설치, 학교급식지원센터 광역 지방자치단체 설치, 학부모 부담경비 100% 식재료비 사용, 학교급식 지원확대, 학교급식 식재료 안전성 기준 강화 등이다.

3. 2010년 지방선거와 무상급식운동

지방선거를 앞두고 무상급식 논쟁이 일다

무상급식은 2009년부터 서서히 교육계에서 수용되는 분위기였다. 2008년 권정호 경남교육감은 2010년까지 도내 모든 초중학교 무상급식 계획을 밝혔고, 2008년 서울시 교육감 선거의 주경복 후보도 단계적인 무상급식 확대를 공약한 바 있었다. 그리고 2009년 경기도 김상곤 교육감은 선거에서 무상급식 확대를 주요 공약으로 제시한다.

하지만 2006년 학교급식법 개정 이후 정치권의 친환경 무상급식 제도화를 위한 노력은 기대 이하였다. 무상급식에 대한 이해와 관심 자체가 매우 낮았다. 사실 2002년부터 학교급식 문제를 공론화시키기 위해 학교급식전국네트워크 준비위원회가 결성되면서 학부모 단체를 중심으로 한 본격적인 학교급식조례 제정운동이 전개되었지만, 당시 민주노동당을 제외하고는 이 문제에 주목한 정당은 없었다. 일례로 2004년 제17대 총선을 앞두고 경기도 지역 출마자들을 대상으로 한 조사결과는 당시 상황을 잘 보여준다.

"경기도 운동본부에 따르면 지난 7일부터 10일까지 총선 입후보자들을 상대로 학교급식법 관련 공개서약서를 접수했다. 접수 결과 전체 입후보자 229명 가운데 서약 후보 수는 85명, 37%로 나타났다. 정당별로는 한나라당 총 49명 가운데 9명으로 18.4%, 새천년민주당 총 47명 가운데 20명으로 42.6%, 열린우리당 총 49명 가운데 22명으로 44.9%였다. 또 자민련 총 18명 가운데 1명으로 5.6%, 녹색사민당 총 8명 가운데 3명으로 37.5%, 무소속 총 28명 가운데 2명으로 7.1%였고 특히 민주노동당은 총 23명 가운데 23명으로 100%였다."(2004.4.13. 뉴시스)

이처럼 민주노동당을 제외한 정치권의 무상급식에 대한 호응은 미미한 상태였으나, 2009년을 계기로 정치권에 무상급식 이슈가 전면에 등장한다. 그 도화선이 바로 김상곤 교육감과 경기도의회의 충돌이었다.

지방선거가 있기 1년 전에 친환경 무상급식을 공약으로 제시하고 당선된 경기도 김상곤 교육감이 2009년 5월 취임하여 공약을 이행하는 과정에서 무상급식 문제가 쟁점화 되었다. 경기도 내에 급식비 지원이 절실한 빈곤층 자녀는 17%인데 지원 대상자는 10%에 머물고 있었다. 이에 김상곤 교육감은 2009년 하반기부터 무상급식의 비율을 20%까지 추경예산을 올려 책정하려 했다. 하지만 2009년 6월 23일 열린 도의회 예산결산소위원회 회의에서 한나라당 교육위원들이 주도하여 무상급식 확대 예산 171억 원 중에 85억 5,000만 원을 삭감한 반 토막 수정안을 통과시켰다. 이러한 과정에서 경기도의회 본회의에서 한나라당 교육위원들의 "후안무치한 행위며 야바위 행위다. 도민들에게 미사어구를 동원해 혹세무민하는 것이고, 무지의 극치고 권모술수이다. 이 공약은 일장춘몽으로 끝날 거다"는 막말이 쏟아졌다. 김문수 도지사의 "전면적 무상급식은 무조건 배급하자는 북한식 사회주의 논리에 기초하고 있다" 등의 발언도 나왔다. 이 발언들이 공개되자 학부모와 사회의 비난이 쇄도했다. 이러한 흐름 속에서 무상급식이 첨예한 사회적 의제로 폭발적으로 부상하기 시작한 것이다.

이처럼 친환경 무상급식을 둘러싼 토론이 활발해지자 풀뿌리국민연대는 이러한 다양한 논의들을 정리한 '친환경 무상급식의 오해와 진실'을 홍보자료로 만들어 활용한다. 당시의 논쟁의 분위기와 생생함을 살리기 위해 그 내용을 전재한다.

친환경무상급식풀뿌리국민연대 정책 자료집 표지 사진(2010)

〈친환경 무상급식의 오해와 진실, 그것이 알고 싶다〉

Q1. 부잣집 아이들까지도 급식을 공짜로 줘야 하나요?
A. 네. 왜 부잣집 애들까지 '공짜밥'을 줘야 하나, 많은 분들이 의문을 갖습니다. 결론부터 이야기 하면, 이건희 손자도 무상급식 혜택을 받아야 합니다. 왜냐면, 세금은 소득에 따라 차등해서 내지만, 복지는 부자도 가난한 사람도 골고루 혜택을 받아야 하기 때문입니다. 이는 사회를 건강하게 유지하기 위한 '부의 재분배' 차원에서도 합당한 논리입니다. 선별적·소극적 복지에서 보편적·적극적 복지국가로 나아가기 위한 단계이기도 하고요. 특히 국가에서 '의무'로 정한 교육이나 국방과 같은 분야는 '무상'을 원칙으로 합니다. 우리 헌법은 제31조에서 이미 '의무교육은 무상으로 한다!'고 천명하고 있습니다. 학교급식을 교육과학기술부에서 주관하는 것도 '교육'이기 때문입니다. '급식은 교육'이며, 무상급식은 의무교육의 완성입니다.

Q2. 무상급식을 하면 서민들 세금 더 내야 하나요?
A. 아닙니다. 현재 낭비되고 있는 예산만 잘 운용한다면 전국의 모든 학생들에게 무상급식이 가능합니다. 이명박 정권 들어 가장 먼저 한 것이 부자들에게 세금을 감면해 준 것입니다. 4년 동안 무려 100조 원에 달하는 부자감세를 강행한다고 합니다. 또한 멀쩡한 강바닥을 파헤치는데 약 30조 원의 혈세를 쏟아 버린다고 합니다. 부자감세와 4대강 삽질 예산만 중단해도 약 2조 6천억 원 정도의 무상급식 예산 확보는

일도 아닙니다. 이 뿐만이 아닙니다. 자치단체로 내려가면 호화청사에 각종 홍보비, 매년 갈아엎는 보도블록 등 예산 낭비는 어렵지 않게 찾아볼 수 있습니다. 부자감세에 4대강 삽질로 구멍 나는 막대한 국가재정과 지역 곳곳에서 낭비되는 예산만 잘 챙기고 정책의 우선순위를 정한다면 추가 세원 없이 친환경 무상급식은 전국적으로 전면 실시가 가능합니다.

서울시도 마찬가지입니다. 오세훈 서울시장은 의회에서 이미 책정한 5~6학년 무상급식비 695억 원을 집행하지 않고 있으며, 무상급식을 하면 나라가 거덜 난다고 이를 무산시키기 위해 결국 주민투표까지 주도하였습니다. 그러나 오세훈 시장이 지난 임기 5년간 쓴 예산을 보면, 동대문디자인플라자 사업에 4,200억 원, 동대문디자인플라자 홍보관 설치에 30억 원, 한강르네상스 사업에 5,400억 원, 남산르네상스 사업에 1,800억 원, 디자인서울 거리조성 사업에 870억, 서울디자인올림픽 개최에 834억 등 겉치레 등 홍보성 사업에만 106조가 넘는 예산을 쏟아 부었습니다. 그리고 얼마 전 감사원은 한강르네상스 사업의 핵심사업인 서해뱃길 사업의 사업성이 부풀려졌다고 지적하기도 했습니다. 이렇게 낭비되고 있는 예산을 아주 조금만 줄여도 밥 한 끼로 아이들을 편 가르는 일은 없을 것입니다.

Q3. 무상급식은 포퓰리즘(인기영합주의), 사회주의 정책이라고 하던데요?
A. 아닙니다. 이명박 대통령과 오세훈 서울시장, 한나라당의 주요 정치인들, 조중동을 비롯한 보수 언론들은 무상급식을 인기영합주의니 사회주의 정책이니 하며 호도하고 있는데요.

한마디로 시대착오적인 정치공세가 아닐 수 없습니다. 이미 스웨덴이나 핀란드 같은 북유럽 복지국가들은 60년 전부터 무상급식을 실시하고 있고요. 미국과 스코틀랜드도 무상급식 비율을 점차 확대해 나가고 있습니다. 바다 건너 먼 나라 이야기 할 것 없이 우리 땅에서도 2년 전부터 무상급식을 하고 있는 지역이 있습니다. 경남·전남·전북 등의 지역은 재정자립도가 낮음에도 불구하고 초등학교 무상급식을 실시해 왔습니다. 그리고 전국적인 무상급식이 실시되기 이전인 2010년에도 전국적으로 1,812개 학교가 무상급식을 실시하고 있었으며, 2010년 하반기에는 경남 합천, 거창군수가 초·중·고 친환경 무상급식을 전면 실시하겠다며 추경예산을 편성하기도 하였습니다. 이들이 모두 사회주의자인가요? 아님 인기영합주의자인가요? 그렇지 않습니다. 지자체장이 한나라당 소속인 곳도 있습니다. 먹는 것에는 좌우가 없다는 것을 반증하고 있습니다. 학교에서 만큼은 평등하고 행복한 학교생활을 보장해 우리 아이들 인권과, 교육기본권, 건강권을 보장할 의무가 국가와 지방자치단체에 있기 때문입니다.

Q4. 같은 예산이라면, 무상보육과 방과 후 지원이 더 시급하지 않나요?
A. 아닙니다. 중요한 지점입니다. 보육은 교육과 함께 사회가 책임지고 정부가 적극 지원해야 하는 민생분야 0순위입니다. 무상교육과 무상보육이 동시에 이루어 져야 사회적 보육과 교육이 완성되고 여성들의 사회 진출에 날개가 달릴 것이며 가정경제 부담 또한 덜 수 있을 것입니다. 그러나 정부여당은 이 두 가지 분야의 예산을 총액으로 증액시킬 생각은

하지 않고 무상급식 때문에 무상보육 예산이 적게 들어갈 것처럼 정치적으로 악용하고 있습니다. 최근에 당정협의회에서 발표한 무상보육 정책만 봐도 잘 알 수 있습니다. 당초 이명박 대통령은 '2012년까지 0~5세 아동에게는 부모소득에 관계없이 모두 지원한다'라는 무상보육을 약속했습니다. 그러나 이제 와서 '2015년까지 0~5세 하위소득 70%까지 차등 지원하겠다'라고 후퇴시켰습니다. 무상급식에 대한 국민적 요구가 빗발치니까 무상보육으로 무상급식을 물타기 하겠다는 전략인데, 국민들을 바보로 여기지 않고서야 어찌 이렇게 눈 가리고 아웅 식의 정책을 발표할 수 있는 지 이해할 수 없습니다. 무상보육과 무상교육은 반드시 함께 실현되어야 하는, 우리 사회 최우선 과제입니다. 우선순위를 논하기 전에 서민들 살림살이가 얼마나 팍팍한지 그것부터 살펴야 할 것입니다.

Q5. '무상급식 단계적 실시'와 '무상급식 전면 실시'의 차이는 무엇인가요?
A. 일부 보수언론을 중심으로 여당의 '무상급식의 단계적 실시'는 현실적 공약이고, 야당과 시민단체가 주장하는 '무상급식 전면 실시'는 실현 불가능한 선심성 공약이라며 보도하고 있습니다. 그러나 꼼꼼히 살펴보면, 이는 차원이 다른 말입니다. 앞의 단계적 실시는 저소득층 무료급식 지원을 확대해서 가난한 아이들에게 '공짜밥'을 좀 더 주겠다는 시혜적 차원의 차별급식 정책인가 하면, '무상급식 전면실시'는 교육현장에서 더 이상 가난한 아이들을 선별해서 차별급식하지 말자는 보편적 교육복지의 철학이 있는 정책입니다. 정부여당의 급

식정책은 정확히 말하면 '시혜적 무료급식 확대'라고 명명할 수 있습니다. 이것을 마치 무상급식으로 포장해서 국민들을 헷갈리게 만드는 것은 국민 대다수가 바라는 무상급식 정책 뒤에 숨어 정작 학교를 무료급식소로 만들려는 것에 지나지 않습니다. 무상급식은 아이들이 학교에서 만큼은 눈칫밥 먹지 않고 건강하고 자신 있게 평등하게 공부하고 생활할 수 있도록 보장해 주는 것입니다. 이것은 헌법에서 천명한 국가가 책임져야할 우리 아이들의 인권과 교육기본권입니다. 여전히 '선별'해서 '차별'하는 무료급식 확대를 외치는 오세훈 서울시장과 정부여당은 이점을 명확히 알아야 할 것입니다.

Q6. 급식비 낼 수 없는 아이들을 아무도 모르게 지원하면 '낙인'이나 '차별'이 없어지지 않나요?

A. 아닙니다. 정부는 최근 국가행정정보시스템을 이용하면 그것이 가능하다고까지 발표했습니다. 그러나 아쉽게도 우리나라의 저소득층은 서류로 증명할 수 없는 사각지대가 너무나 많습니다. 신빈곤층 300만 시대에 갑작스런 실직과, 신용불량 등 경제위기 속에 급식비를 내지 못하는 학생들이 지속적으로 늘고 있는데 이를 무슨 수로 정부가 나서 모두 증명하고 시스템화 할 수 있겠습니까. 불가능한 일입니다. 학교가 아닌 지자체에서 관리하는 결식아동도 제대로 파악하지 못해 굶기를 밥 먹듯 하는 아이가 많은데, 이정도의 정보력과 사회복지 시스템으로 어떻게 아이들 모르게 급식비를 지원하겠다고 하는지 모르겠습니다. 설사 그것이 가능하다 하더라도 개인정보 유출에 대한 문제를 동반하게 됩니

다. 그러나 더 중요한 것은 급식비를 지원받는 것에 대한 '스스로의 낙인효과'입니다. 이 역시 성장기 청소년에게는 큰 상처가 된다는 것입니다. 우리 사회는 빈부에 따른 차별과 폭력이 곳곳에 숨어 있는데 스스로 '가난'하다는 것을, 그래서 '시혜적'으로 지원받는다는 것을 인지하는 것 자체가 '차별의 내면화'라는 비교육적 효과를 유발할 뿐입니다. 선별급식은 어떤 방법을 동원하더라도 차별을 구조화시킵니다. 보편적 교육복지의 일환으로 무상급식이 실현될 때만이 학교현장의 낙인과 차별을 없앨 수 있습니다.

Q7. 선별적·차별적 복지와 보편적 복지, 어떤 차이가 있나요?
A. 친환경 무상급식의 전면실시는, 세계적 경제위기와 양극화 시대를 팍팍하게 살아내고 있는 2010년 우리 사회에 '복지정책의 전환'이라는 새로운 화두를 던지고 있습니다. 선별적·차별적 복지정책에서 보편적 복지정책으로의 전환을 예고하는데요. 지금까지의 복지 시스템은 소득 차이에 따른 선별적 지원입니다. 따라서 저소득층은 많은 것들을 '증명'해야 하고 그에 따른 '시혜적'차원의 지원을 받을 뿐입니다. 그러나 보편적 복지라는 것은 경제적 빈부와 무관하게 국민으로서 기본 삶의 질을 유지하기 위한 보다 적극적 권리의 복지개념입니다. 서구 북유럽의 나라들이 바로 이러한 보편적 복지시스템을 잘 갖추고 있습니다. 민생의제의 우선순위는 단연 교육과 보육, 의료와 주택문제입니다. 그러나 우리나라의 경우 어느 하나 제대로 된 정책이 없습니다. 뭐 하나 피부에 와 닿는 복지 정책이 없는 상태에서 '내가 낸 세금이 다시 나에

계로 돌아온다'는 사회적 합의 수준은 매우 낮을 수밖에 없습니다. 그러나 무상급식은 내가 낸 세금이 내 아이에게, 우리 이웃의 아이들에게 모두 골고루 돌아가는 구체적이며 손에 잡히는 보편적 복지정책인 것입니다. 여기에 차별은 없습니다. 부자도 가난한 이도 학교에서만큼은 평등하게 자신 있게 생활할 수 있는 조건이 만들어지기 때문입니다. 친환경 무상급식을 이미 하고 있는 전북 장수중학교의 교장선생님은 이렇게 말씀하셨습니다. "무상급식 하니 학교가 환해졌습니다. 우선 급식비 못 내서 의기소침한 아이들이 없고, 교사들은 급식비 독촉 안 해서 좋고, 아이들 건강해지고 밝아지고 자신감도 넘치고. 그래서 학업분위기도 좋아져서 성적들이 쑥쑥 오릅니다. 하하……" 행복한 웃음입니다. 친환경 무상급식의 실현은 우리 사회가 보편적 복지로 나가는 첫발을 내딛는 역사적 사건이 될 것입니다.

Q8. 무상급식을 하고 급식의 질이 떨어졌다고 하던데요?
A. 아닙니다. 많은 부모님들께서 이런 의문을 가지고 계십니다. 그래서 단순히 무상급식이 아닌 '친환경 무상급식'을 해야 한다고 지속적으로 제기하고 있습니다. 요즘 학교급식이 많이 나아졌다고는 하나 여전히 수입 식재료와 가공식품, 각종 튀김류 등이 자주 제공되고 있어 우리 아이들의 건강을 위협하고 있습니다. 그래서 지난 수 년 동안 학교급식운동을 하는 전국 곳곳의 수많은 시민들이 친환경 급식을 요구하였고, 조례를 제정하여 예산을 늘려 왔습니다. 그 결과, 전국의 230여개 자치단체 중 192개(83%) 시군구에 조례가 제정되었

고, 작년까지 친환경급식을 하는 학교는 전국에 무려 7,500여 개교 정도로 집계되었습니다. 친환경급식 차액지원비는 학교별로 1인 1식 160원에서 많게는 500원까지 천차만별이지만, 친환경급식에 대한 국민들의 요구와 현재 흐름은 거스를 수 없을 만큼 제도화되었습니다. 따라서 친환경 무상급식은 '친환경+무상'을 전제로 예산을 확보하고 지원하는 것이지 기존의 친환경급식에 사용한 예산을 무상급식으로 돌리자는 것이 아닙니다. 중앙정부가 교육의 일환으로서 무상급식에 대한 '국가책무성'을 인정하고 예산을 배치한다면, 친환경 무상급식은 현실이 될 것입니다. 관련 개정법안이 국회에 입법 발의되었으며 민생법안 1호로 통과되어야 할 것입니다.

Q9. 친환경 무상급식이 농업과 지역경제를 활성화할 수 있나요?

A. 네. 그런데, 이것이 가능하려면 단순한 무상급식이 아닌 '친환경 직거래 무상급식'이어야 합니다. 급식의 질을 높여 아이들 건강을 살리는 것은 물론 지역별 급식지원센터 설치로 생산·가공·유통·소비에 이르는 지역순환경제와 친환경 농업기반확대, 일자리 창출, 지역공동체 활성화라는 다각적 의미를 아우를 수 있어야 합니다. 친환경 무상급식은 교육이자 복지이며 지역경제 활성화의 중요한 수단으로 작용하는 복합적 의미를 담고 있습니다. 이미 친환경 무상급식을 실시하고 있는 지역의 예만 봐도, 급식을 통한 지역 선순환 경제를 부분 실현하고 있는 것은 어렵지 않게 확인할 수 있습니다. 합천의 경우, 친환경 무상급식으로 들어가는 군 예산은 고스란히 그 지역 친환경 농업의 생산자들에게 돌아가고 농

가소득으로 이어집니다. 자본의 외부유출 없이 지역 내에서 생산·소비가 순환되는 것인데요. 수천마일 떨어진 먼 나라에서 온 안전하지 않은 식재료와 국적 불명의 가공식품 대신, 국내에서 혹은 지역에서 생산된 신선하고 안전한 식재료를 급식에 사용하는 것에는 지역의 농업과 농촌을 살리고, 유기농업의 확대로 땅을 회복하고 물을 맑게 하는 생명살림과 지역경제를 활성화하는 로컬푸드(Local Food)의 의미가 포함되어 있습니다.

Q10. 친환경 무상급식, 예산은 얼마나 들어가나요?

A. 의무교육기간인 초·중학교 학생들에게 무상급식을 하기 위해선 연간 1조 6천억 원의 추가 예산이 들어갑니다. 고등학교까지 무상급식을 하게 될 경우는 약 1조원이 더 추가됩니다. 친환경급식의 추가예산은 약 6천 6백억 원 정도입니다. 모두 합하면 3조 3천억 가량 되는데요. 중앙정부와 광역시도, 교육청, 기초시군구가 재정자립도에 따른 적정비율을 산정하여 예산을 배치한다면 어려운 일이 아닙니다. 부자감세 100조에 4대강 삽질예산 30조만 아껴도 십 수 년은 하고도 남을 것입니다. 실제 친환경 무상급식을 시행하고 있는 전남·전북의 경우는 재정자립도가 전국 최하위권입니다. 오히려 돈이 많은 서울, 인천, 울산, 대구의 경우가 무상급식 예산이 '제로(0)'라는 것이 확인되었는데요. 이는 무상급식이 '예산'의 문제가 아니라 '의지'의 문제이며 정책의 우선순위 문제라는 것을 여실히 보여 주는 것입니다. 경남 합천의 경우가 이를 잘 말해 주고 있습니다. 재정자립도가 12% 정도

밖에 되지 않는데 열악한 재정 속에서 친환경 무상급식을 전면 실시한 합천군수, '8차선짜리 도로 왕복 1km만 안 깔면 됩니다.'라며 발상의 전환을 이야기했습니다. 이분은 포퓰리스트도 아니고 사회주의자도 아닙니다. 오히려 무상급식을 반대하는 한나라당 출신 군수입니다. 한 가지 분명히 다른 점은, 아이들 건강과 친환경농업의 확대라는 이 시대 가장 중요한 가치를 정책에 반영했다는 것입니다. 부자감세에 4대강 삽질로 구멍 나는 막대한 국가재정과 지역 곳곳에서 낭비되는 예산만 잘 챙기고 정책의 우선순위를 정한다면 무상납식은 당장 전국적으로 실시하더라도 나라를 거덜 나게 하는 정책이 아니라는 것, 이제 아시겠지요~?

친환경 무상급식 공약화를 위한 정책캠페인

이처럼 논란이 쟁점화된 상황에서 2010년 6월 2일 지방선거가 예정되어 있었다. 지방선거에서 친환경 무상급식을 공약화하는 정책캠페인을 위해 시민사회가 결집하였다. 사상 초유의 2,200개의 시민단체가 결집한 친환경무상급식풀뿌리국민연대(이하 풀뿌리국민연대)가 2010년 3월 출범하였다.

풀뿌리국민연대는 출범 선언문에서 "이제 무상급식 정책은 '하느냐 마느냐'의 논쟁을 뛰어 넘어야 합니다. 단순히 무상급식이 아닌 '친환경 직거래 무상급식'이어야 하며, 급식의 질을 높이는 것은 물론 지역별 급식지원총괄센터 설치로 생산·가공·유통·소비에 이르는 지역순환경제 활성화와 친환경농업기반확대, 일자리 창출, 지역경제 활성화라는 다각적 의미를 아우르는 정책으로 발전해야

2010 지방선거 당시 친환경무상급식 정책 캠페인과 서명운동(2010)

합니다."라고 목표를 분명히 한다. 또한 "지방선거에서 무상급식 공약이 '생활정치 1번 공약'으로 부각"시킬 것을 결의한다.

다섯 가지 사업 목표로 "① 전국의 친환경 무상급식 운동의 흐름을 연결하고 네트워킹 한다. ② 친환경 무상급식 실현을 위한 범시민 공동행동을 조직하고 전국화 한다. ③ 4월 임시국회에서 무상급식법 개정안 통과 촉구 및 중앙정부 예산을 확보한다. ④ 6월 지방선거에서 친환경 무상급식 정책을 모든 후보를 통해 공약화 한다. ⑤ 지방선거 이후 공약 실현을 위해 지속적인 모니터링과 예산확보를 촉구한다."로 정한다.

이를 위해 전국적인 공동행동을 조직하면서 동시다발적인 운동을 펼친다. 친환경 무상급식 도입을 위한 750만 서명운동도 시작한다. 전국 16개 광역시도에서 '2010 친환경 무상급식 선언·협약식'을 열고 가족대회 개최 등 다양한 방식으로 국민 참여 운동을 전개한다. 그리고 유권자운동의 일환으로 친환경 무상급식 정책 공약을 발표하고 이를 모든 후보에 제안한다. 지방선거를 정책선거로 만들기 위해 무상급식을 시작으로 생활정치 의제를 주요 공약으로 만들어냈다.

당시 국민연대는 5대 공동행동 슬로건을 제시한다.

"친환경 무상급식은 교육이다. 친환경 무상급식은 보편적 복지의 실현이다. 친환경 무상급식은 지역경제를 활성화한다. 친환경 무상급식은 친환경농업을 확대한다. 친환경 무상급식은 아이들의 행복이다."

지방선거에서 유권자정책 캠페인으로 전개된 친환경 무상급식 공약화는 야권을 중심으로 한 후보자들과 정책협약을 통해 현실화 되었다.

2010년 3월 24일에 풀뿌리국민연대는 "희망과 책임'을 생각하는 교육감후보자― '친환경무상급식풀뿌리국민연대'정책 협약식" 및 기자회견을 연다. 정책협약서 내용은 다음과 같다.

"2010년 우리 교육의 새로운 변화를 모색하기 위한 '교육에서 희망과 책임을 생각하는 교육감 예비후보'는 우리 아이들이 차별당하지 않는 행복한 학교를 만들기 위해서 '친환경 무상급식 풀뿌리 국민연대'와 다음과 같이 정책협약을 체결하며 성실하게 이행할 것을 약속합니다.

1. 급식은 교육입니다.
1. 차별 없는 식사 시간은 우리 자녀들 모두의 행복입니다.
1. 친환경 무상급식은 모든 학생의 권리입니다.
1. 학교 무상급식 확대는 지방자치가 피워낸 사랑의 꽃입니다.
1. 초등학교·중학교에서 전면 무상급식을 하겠습니다.
1. 고등학교·어린이집·유치원에서도 무상급식을 확대하겠습니다.
1. 지역 농민이 생산한 친환경 먹거리를 학생들에게 제공하겠습니다.
1. 학교급식종사자들의 신분을 안정시키고 처우를 개선하겠습니다."

2010년 4월 12일에는 〈친환경 무상급식 야 5당 대표 정책협약식 및 정책토론회〉도 열린다. 이 협약식에는 민주당, 민주노동당,

창조한국당, 진보신당, 국민참여당과 친환경무상급식풀뿌리국민연대와 시민단체들이 함께한다.

풀뿌리국민연대는 광역단체장 후보들에게 시민정책요구안을 전달한다. 시민정책요구안에 따라 광역단체장 후보자들과 정책협약을 맺었다.

〈친환경 무상급식 실현을 위한 3대 목표 10대 과제〉

■ 3대 목표

Ⅰ. 보육부터 교육까지 무상급식을 단계적으로 실시하겠습니다.
Ⅱ. 친환경급식 확대와 식생활교육을 전면 실시하겠습니다.
Ⅲ. 안전하고 민주적인 급식시스템 구축하겠습니다.

■ 10대 과제

1. 헌법이 보장한 의무교육기간(초·중학교)에 전면 무상급식을 실시하겠습니다.
2. 영·유아 보육시설과 고등학교의 무상급식을 단계적으로 실시하겠습니다.
3. 결식아동 예산확보와 전달체계를 개선하여 굶는 아이가 없는 세상을 만들겠습니다.
4. 친환경급식을 전국적으로 확대하고 지원예산을 확보하겠습니다.
5. 지역사회 연계형 '먹거리·식생활' 교육을 체계화하겠습니다.
6. 학교와 농촌의 새로운 관계 맺기로 식(食)—농(農) 거리를 좁혀 나가겠습니다.
7. 100% 직영급식 전환으로 안정적인 급식운영체계를 구축하겠습니다.
8. 농장에서 학교까지 안전한 식재료 수급을 위한 광역·기초 급식지원센터를 설치하겠습니다.

9. 지역사회 참여형 '로컬푸드 · 급식위원회'를 구성하고 이를 지원할 전담부서를 신설하겠습니다.
10. 학교급식 영양교사 배치를 확대하고 급식 관련 비정규 노동자 처우개선을 위한 예산을 확보하겠습니다.

5월 17일에는 서울, 경기, 인천에 출마한 후보들과 〈친환경 무상급식 전면 실현을 위한 수도권 후보의 다짐과 약속〉 서명식도 갖는다. "모든 것을 살리는 행복한 밥상, '친환경 무상급식' 실현을 더는 늦출 수가 없습니다. 이는 어른들의 의무이자 국가의 책무입니다. 더 이상 눈칫밥으로 학교에서 차별받고 낙인받는 아이들은 없어야 합니다. '차별 없는 행복한 밥상'이 실현되는 그날까지 우리는 최선을 다할 것입니다. 오늘 우리는 헌법이 천명한 우리 아이들의 교육기본권을 보장하고 행복하고 평등한 학교생활을 보장하기 위해 시민정책요구안을 받아들이며, 이후 정책을 성실하게 이행할 것을 약속하고 다짐합니다."라는 내용이었다.

이미 친환경 무상급식은 대세가 되고 있었다. 당시 지방선거 후보자들을 대상으로 한 설문조사에서 전국광역단체장 후보 82.8%가 '전면무상급식 찬성'하고 있었다. 한나라당 후보는 18.8%만 찬성하였다. 또한 친환경급식(97.6%) 지원센터 설치(95.1%)에는 거의 모든 후보가 찬성하고 있었다. 이러한 노력을 통해 친환경 무상급식은 많은 후보자의 핵심공약이 되었고, 2010지방선거는 친환경 무상급식을 둘러싼 정책선거가 되었다.

친환경 무상급식에 대한 왜곡과 대응

친환경 무상급식이 지방선거의 핵심의제로 부각하자 조중동을 중심으로 한 보수언론이 친환경 무상급식을 깎아내리려는 왜곡 보도와 선동을 본격화한다. 이에 대해 지방선거를 앞둔 시기에 보수언론의 친환경 무상급식에 대한 왜곡보도에 맞서는 다양한 노력을 전개한다. 왜곡 보도 사례를 모니터하면서 이에 대응하는 진실의 싸움을 벌여간다. 다음은 풀뿌리국민연대의 왜곡보도에 대한 반박 자료다.

● 무상급식=부잣집 자식들에게 공짜밥 주는 것?

조중동의 무상급식 보도는 '무상급식=부잣집 자식들에게 공짜점심을 주는 일'이라는 왜곡된 전제에서 출발한다. 조중동은 무상급식을 '부유층에게 유리한 것'으로 몰면서, 무상급식이 대다수 서민가정에 실질적인 교육비 절감 혜택을 줄 수 있다는 사실을 물타기 하고 있다. 이 과정에서 무상급식이 무상교육의 연장이자 보편적인 교육복지 차원의 국가 의무라는 주장은 무시되고, '온 국민의 점심도 나라가 대주어야 하느냐'는 식의 선동적인 궤변이 등장하기도 한다.

● 서민들은 무상급식하면 손해?

조중동은 무상급식을 '반서민 정책'으로 몰기도 한다. 이들은 무상급식 예산을 위해 세금을 더 내야 하므로 서민들에게 득이 될 게 없다거나, 서민 또는 빈곤층에게 돌아갈 교육예산을 부유층 무상급식으로 빼앗는 것이라는 주장을 편다.

무상급식을 추진하는 야당이나 시민사회는 중앙정부·지방자치단·교육 당국이 불필요한 예산, 낭비성 예산을 줄여 무상급식 예산을 분담할 것을 주장하고 있다. 그러나 조중동은 부유층 자녀의 급식에 예산을 쏟느라 다른 교육복지를 포기해야 한다거나, 무상급식 예산을 '세금으로 거둔다면' 학생 1인당 또는 가구당 얼마의 세금 부담을 더 져야한다는 식의 셈법을 내놓으면서 "무상급식=반서민"이라는 논리를 펴고 있다. 이렇게 '서민'을 강조하는 조중동은 2012년까지 이명박 정부의 '부자감세' 규모가 90조에 이른다는 사실, 정부가 2010년 결식아동예산을 541억 삭감했다는 사실에 대해서는 어떤 비판도 하지 않았다.

● 무상급식 공약은 "나라 망치는 포퓰리즘"?

조중동은 무상급식 정책을 펴거나 선거공약으로 내세우는 정당과 후보자들을 향해 "포퓰리즘" 공세를 퍼붓고 있다. 조중동은 무상급식이 '부유층 자녀에게 공짜밥을 먹이는 일', '반서민 정책'이며 '막대한 세금'이 들어가는 일인데도 정당과 후보자들이 선거에 이기기 위해 국민들을 현혹하고 있다는 것이다.

또 선거 시기에 자신들이 지지하는 'MB교육'의 의제들이나 '개발의제'들이 무상급식 의제보다 부각되지 않는 것이 큰 문제인 양 몰아가면서, '무상급식 경쟁'으로 국가경쟁력 강화가 뒷전으로 밀린다거나 '선동 정치가'들 때문에 국가부도 사태를 맞은 아르헨티나의 뒤를 밟을 것이라는 등의 협박성 주장까지 펴고 있다.

친환경 무상급식의 공론화를 막기 위한 방해도 많았다. 선관위와 KBS는 아예 선거토론이나 뉴스 등 방송 전반에서 무상급식 주제를 배제한다. KBS 주관 서울시장 후보 토론회의 경우 무상급식 등 여당후보에게 불리한 주제를 제외하여 토론 당사자들이 반발하고 국민적 비난 여론이 일자 결국 무산되기도 했다. 언론 감시단체들의 모니터링에 의하면, 방송사들은 뉴스에서나 시사 프로그램에서 친환경 무상급식 의제, 이와 관련한 캠페인에 대해 거의 보도하지 않았다. 친환경 무상급식을 선거 최대 쟁점으로 판단하고 투표에 반영하겠다는 유권자들이 75%나 되는 여론조사에 아랑곳 하지 않고 철저하게 무상급식 의제를 외면한 것이다.

친환경 무상급식운동에 대한 탄압

친환경 무상급식운동이 지방선거에 맞춰서 정책공약화 운동을 주도하자 선거관리위원회가 선거법 위반으로 여러 건의 고발을 한다. 이는 표현의 자유와 선거운동의 자유를 침해하는 것으로 무상급식 캠페인에 대한 교묘한 탄압이었다.

그러던 중에 중앙선관위, 서울·경기지역 선관위 등이 풀뿌리 국민연대의 정책캠페인을 불법으로 규정하고 봉쇄하는 일이 생긴다. 지방선거의 쟁점이자 범국민적인 관심사인 친환경 무상급식 실현 운동, 정부의 4대강 사업 반대 운동을 문제 삼은 것이다. 지방선거에 영향을 줄 수 있다는 이유로 서명도, 홍보도, 캠페인도 하지 말라는 제재를 한 것이다. 당시 고양시 선관위의 친환경 무상급식 캠페인 불법 통보, 서울시 선관위의 친환경 무상급식 캠페인 참여하는 전교조에 불법행위 통보, 서울 25개구 친환경 무상급식 서명운동에 대해 25개구 전역에서 선관위의 불법 통보, 현장 채증 및 캠페인 방해 행위가 있었다.

 선거는 다양한 정책들이 공개적으로 경쟁하는 장이므로 국민들이 정당하게 자신의 의견을 표현하고 참여하는 것은 도리어 장려되어야 할 일이나, 선관위는 오히려 반대였다. 배옥병 풀뿌리국민연대 상임운영위원장은 지난 6.2선거 당시 민주당 등 야당과 친환경 무상급식 실시 등의 정책을 공동 추진하기로 협약을 맺고, 선거 기간 동안 국민을 대상으로 서명운동과 함께 정책선거를 위한 캠페인을 벌인다. 중앙선거관리위원회는 이를 두고 선거법 위반이라며, 선거가 끝난 뒤 검찰에 고발했다.

 검찰은 즉시 지방선거에서 무상급식의 실시 여부는 '선거쟁점'이므로 이에 대한 지지·반대 서명을 받거나 연설을 하거나 현수막을 게시하는 등 일체의 활동이 공직선거법에 위반된다고 기소한다. 그러나 '선거쟁점'이라는 것은 법적으로 근거가 전혀 없는 개념이다. 일종의 신조어인 셈이다. 선거쟁점은 누가 어떤 기준에 의해 결정하는지, 어떤 범위에 이르러야 선거쟁점이 되는지, 전국적이어야 하는지, 지역적인 것도 포함하는지 등이 너무나 모호하고 추상적이어서 자의적 판단에 의해 정치적 표현의 자유를 과도하게 제한할 우려가 있다. 이로 인해 정책선거가 실종되고 유권자의 알권리와 참정권이 제한되며 결국 민주적 대의기관의 구성이라는 선거의 의미가 퇴색될 수밖에 없다. 그리고 선거나 특정 정당, 정치이념과는 무관하게 무상급식 실현을 위해 꾸준히 활동해온 시민단체의 자율성을 무시하고 억압하는 것이다.(민주사회를 위한 변호사모임 논평, 2011년 6월 30일)

특히 배옥병 풀뿌리국민연대 상임운영위원장은 대법원까지 가는 재판에서 결국 선거운동기간 전에 무상급식 정책에 관한 지지활동을 하는 과정에서 특정 후보 또는 정당에 대한 지지·반대 발언 등을 하였다는 이유로 공직선거법 위반에 대해 벌금 200만원을 선고한 원심을 확정받기도 했다.

정책캠페인 과정에서 해당 정책에 대해 찬반의 입장을 가진 후보자와 정당의 이름이 언급되는 것은 너무나 자연스러운 일이다. 단지 후보자와 정당의 이름을 거론했다고 해서 유죄를 선고하는 것은 유권자 정책캠페인을 원천적으로 막는 것이 되기 때문이다. 이 사건 이후 법조계와 시민단체에서는 표현의 자유와 선거운동의 자유를 침해하고, 유권자의 정책캠페인을 보장하기 위한 공직선거법 개정을 정치권에 요구하기도 했다.

2010지방선거에서 친환경 무상급식운동은 정책선거, 유권자 정책캠페인의 모범을 만들고 또 성과를 냈다. 선거결과는 친환경 무상급식 공약을 채택한 후보들의 대다수 당선으로 나타났다. 결과적으로 지방선거 결과는 여당인 한나라당의 참패였다. 영남을 제외한 모든 곳에서 야권 진영이 단체장과 지방의회를 차지하게 된다. 경기도, 서울 등의 기초나 광역에서 일부 한나라당 후보가 당선된 단체장 지역에서도 지방의회는 야권이 우세를 보인 곳이 많았다.

　교육감 선거에서도 야권의 대약진이 일어났다. 친환경 무상급식을 공약으로 제시한 시도 교육감 후보들이 서울, 경기, 광주, 전남, 전북, 강원 등 6곳에서 당선되었다. 시도 교육위원은 26명이 출마해 16명이 당선되었다. 이로 인해 지방자치 차원에서 무상급식이 제도적으로 안착하게 되는 절호의 기회를 갖게 된다.

4. 무상급식과 정치권의 저항

서울시, 친환경 무상급식 조례 공포 거부

지방선거 당시 서울의 학교급식 수준은 전국 최하위였다. 오세훈 서울시장 시절이었던 2009년 1월, 서울시는 학교급식 지원비를 50억 원 배정했는데, 그 중 친환경 식재료 지원으로 10억 원, 나머지 40억 원은 오븐기 지원비였다. 재정자립도 최하위인 전북이 학생 1인당 급식비로 연간 13만 8천원을 지원하는 데 반해 서울시의 경우 연간 겨우 700원을 지원하고 있었다. 무려 200배의 차이가 났다.

이 뿐만이 아니다. 직영급식의 경우도 서울시는 역시 전국 최하위로 73.1%에 불과했다. 전국 16개 시도 교육청이 집계한 통계에 따르면 직영급식으로 전환했거나 이미 직영급식을 하고 있는 학교는 1만 596개교로 94.4%다. 629개교(5.6%)는 위탁급식을 유지하고 있었다. 시도별로 보면 제주와 울산 지역 학교는 100% 직영급식으로 전환했다. 이어 충남 99.9%, 충북·전남 99.8%, 광주·대전 99.7%, 강원 99.2%, 경북 99.1%, 경남 97.8%, 대구 96.5%, 인천 96.3%, 전북 95.9%, 경기 95.5%, 부산 85.1% 순이며, 서울은 73.1%로 가장 낮았다. 오히려 학교급식법에 의해 직영 전환 유예기간 3년이 지난 시점인 2010년 1월 19일까지 직영전환을 하지 않고 '버티기' 하는 학교가 무려 27%나 되었다. 2010년 1월 20일, 위탁급식 학교장과 서울시교육청 부교육감이 현행법 위반과 직무유기로 고발당하는 사태까지 벌어졌다.

무상급식의 상황도 마찬가지였다. 2009년 전국의 무상급식 학교 수는 1,812개교, 2010년은 2,657개교로 확대되었다. 무려 1년 사이 23.7% 증가폭을 보여주고 있는데 서울은 여전히 제자리였다. 무상급식 관련 예산도 "0"이었다. 또한 경기, 제주, 경남의 경우 한나라당 단체장이 있는 곳에서의 증가폭이 두드러지게 나타났다. 아이들 밥 먹는 문제는 정치적 문제가 아님을 반증하는 것이다. 재정자립도 12%인 경남 합천에서는 전국 최초 전면무상급식을 실시해 여론의 주목을 받기도 했다.

2010년 전국에서 가장 열악한 학교급식 실시 수준에 있던 서울시의 최대 쟁점 중 하나는 당연히 무상급식이었다. 유권자들의 75%가 여론조사에서 친환경 무상급식을 바란다고 답했다. 하지만 당시 오세훈 후보는 경기도 김문수 후보와 함께 하위 30%까지만 선별적으로 급식비를 지원하겠다고 공약했다. 안상수 한나라당 인천시장 후보도 친환경 무상급식을 초등학생 전원 대상으로 실시한다고 공약할 정도였다. 오세훈 후보는 3무학교(사교육, 학교폭력, 학급준비물 없는 학교)를 공약했다. 풀뿌리국민연대와 참여연대는 오세훈 시장에게 학교급식 관련 공개토론회를 하자고 했으나, 오세훈 후보는 끝까지 나오지 않았다.

오세훈 서울시장 당선 후 2010년 11월, 2011년 서울시 예산안이 발표되었는데 20조 6,000억 원 중 기존 저소득층 급식비 지원 0.3% 외에 무상급식 예산은 "0"원이었다. 무상급식 예산은 서울시 교육청이 50%, 구청이 20%를 담당하고 서울시는 30%인 약 700억 원만 지원하면 되었지만, 오세훈 서울시장은 한 푼도 배정하지 않았다. 당시 급식비를 못 낸 밥을 굶는 학생이 서울에만 2만 명이 넘었다. 하지만 오 전 시장은 서해뱃길사업 752억 원, 한강예술섬 사업 406억 원, 가든파이브 유통단지 건립에 1조 3,000억 원, 홍보비(2006~2009) 예산 1,180억 원, 디자인거리 조성비로 3년에 걸쳐 2,000억 원, 교육예산(2007~2009) 2,430억 원 중 자립형사립고 지원에 651억 원의 예산을 배정하거나 사용해 왔다.

이러한 과정 속에서 2010년 12월 1일 마침내 서울시의회에서 서울시친환경무상급식에 관한 조례가 통과되었다. 한나라당 시의원들이 무상급식 조례를 막기 위해 의장석을 점거하는 난동이 있었지만, 결국 통과되었다. 그런데 오세훈 시장은 제정된 조례를 공포하지 않았고, 12월 3일, 기자회견을 통해 '복지의 탈을 씌워 앞세우는 망국적 복지 포퓰리즘인 무상급식을 거부하겠다'고 밝혔다. 이에 대해 서울시친환경무상급식추진운동본부, 풀뿌리국민연대, 민주당, 민주노동당, 창조한국당, 진보신당, 국민참여당 서울시당, 서울지역 시민사회단체 일동은 2010년 12월 6일 '오세훈 시장의 망언규탄 및 친환경 무상급식 조례 공포와 무상급식 예산 확보 촉구' 결의대회를 갖는다.

결의문에서 "오세훈 시장은 그동안 여러 차례 자신은 무상급식을 반대하지 않는다고 이야기해 왔다. 그러면서 교육청, 시의회와 여러 차례 협의를 진행해 왔고 그 과정에 초등학교 일부 학년에 대해 무상급식을 시작하는 것을 비공식적으로 제안하기도 했다. 오세훈 시장이 망국적 포퓰리즘을 운운하며 무상급식 조례를 거부하겠다고 한 것은 매우 비열한 정치적인 속셈이 담겨 있다고 볼 수 있다"고 밝히며, 조속한 조례 공포와 무상급식 예산 확보를 촉구했다.

서울시 무상급식 주민투표

위 결의대회 당일(2010.12.6) 오세훈 전 시장은 시의회 대신 신당동 한 초등학교에서 '학부모와의 현장대화'를 열고 "한정된 교육예산을 교육환경 개선 대신에 천문학적 예산이 필요한 급식사업에 써선 안 된다"고 주장하면서 "양질의 교육 시설과 프로그램, 학교당 2명씩 전문성을 갖춘 학교 보안관 배치, 사교육 대신 다양한 방과후학교 프로그램 지원을 확대하겠다"는 등의 정책들을 약속한다. 이에 대해 김동욱 민주당 시의원은 "오세훈 시장은 정책순위 문제와 사회적 합의 때문에 친환경 무상급식을 할 수 없다는 입장"이라며 "하지만 이미 지난 지방선거에서, 무상급식에 대한 사회적 합의를 이룬 이상, 오세훈 시장의 행보는 차기 대권 정치를 위한 것이라고 밖에 볼 수 없다"고 비판했다. 한편 이미 서울시교육청(50%)과 21개 구청(20%)은 무상급식 예산을 편성하여 1학년부터 4학년까지 무상급식을 실시하고 서울 성북구청(김영배 성북구청장)은 2010년 10월부터 서울시 예산 지원 없이 구내 공립초등학교 6학년을 대상으로 무상급식을 시작했으며 점차 넓혀 나갈 것을 밝히고 있었다.

2011년 1월 5일, 친환경무상급식풀뿌리국민연대 · 서울친환경무상급식본부 · 서울연대는 오세훈 전 시장이 서울시 친환경 무상급식 지원조례가 통과된 이후 시의회에 한 달 넘게 불출석 하고, 선거법을 위반하여 무상급식 반대광고를 게재하여, 국민들이 피해를 받는 상황임을 이유로 감사원에 국민감사를 청구한다. 1월 10일, 오세훈 전 시장은 전면적 무상급식에 대한 주민투표를 서울시의회에 제안했으나 서울시의회가 이를 거부하자 주민서명을 통해서라도 전면적 무상급식에 대한 찬반투표를 실시하겠다고 선언한다. 1월 18일, 서울시는 시의회가 직권 공포한 '친환경무상급식 등 지원 조례안'에 대한 '재의결 무효 확인소송' 서류를 대법원에 제출한다. 1월 31일 복지포퓰리즘추방국민운동본부(대표 김송자 전 국회의원과 류태영 전 건국대 부총장, 한승조 고려대 명예교수, 2011.1.21. 창립)가 '전면무상급식 반대 주민투표 시행'을 위한 신청서를 서울시에 제출하면서, 앞으로 약 6개월간 주민투표와 관련한 서명을 받는 등 서울시 의회에서 통과시킨 전면 무상급식을 저지할 것임을 밝힌다. 2월 9일, 서울시 주민투표청구심의회는

'전면 무상급식 반대 주민투표 실시'에 대한 안건을 가결하고, 이날 서울시보에 공시를 한 후, 주민투표 절차(대표자 선정 이후 서울시민 5%이상의 동의 서명을 받음)를 진행한다. 6월 16일, '복지포퓰리즘추방국민운동본부'는 무상급식 주민투표 청구인 서명부를 접수한다.

6월 27일, 오세훈 심판! 무(상급식실현)·서(울한강)·운(하반대)·시민행동(준)(이하 무서운 시민행동)이 발족한다. 7월 11일, 무서운 시민행동은 주민투표 서명부 열람결과 약 14만 건의 허위·대리 서명을 발견하고, 7월 13일 주민투표 서명 '명의도용'을 고소·고발한다. 7월 19일, 무상급식 '주민투표청구 수리처분 집행정지' 행정소송을 신청한다. 7월 25일, 서울시 주민투표청구심의회가 주민투표청구를 의결 수리한다. 7월 28일, 무상급식 주민투표 대응을 위한 풀뿌리시민사회·야당·지역단체가 비상대책회의를 한다. 8월 1일, 주민투표를 발의한다. 당일, 무상급식 주민투표 규탄 및 투표거부 시민운동 돌입을 선포한다. 8월 4일, '부자아이 가난한 아이 편 가르는 나쁜투표 거부 시민운동본부(이하 나쁜투표거부운동본부)'가 발족한다. 8월, 나쁜투표거부운동본부 공동대표 이상수, 이수호, 배옥병은 복지포퓰리즘추방국민운동본부 상임의장직 7명을 상대로 주민투표법 위반 및 위계에 의한 공무집행방해죄로 고발한다. 8월 21일, 오세훈 전 시장이 투표율 33.3%가 넘지 않으면 시장직을 사퇴한다는 기자회견을 한다. 8월 24일 투표일 투표율은 25.7%였고, 오세훈은 8월 26일 사퇴하였다.

부자아이 가난한 아이 편 가르는 나쁜투표거부운동

　나쁜투표거부운동본부가 발족할 당시 투표에 참여해야 한다는 의견과 거부하자는 의견이 팽팽히 맞섰다. 진보세력 대다수는 주민투표는 민주주의를 실현하는 과정에서 아주 중요한 행위인데, 그것을 거부하는 것은 옳지 않다는 의견이었다. 투표에 참여해서 전면적 무상급식에 동의하는 투표율을 높여서 승리하자라는 주장이었다. 이 의견은 오랫동안 논의되었다.

　하지만 불법과 탈법을 해서 만든 주민투표에 대해서 근본적으로 동의할 수 없고, 오히려 정당하게 거부해서 성립시키지 말자, 나쁜투표니까 이것은 거부하는 것이 맞다라는 것으로 의견이 모아진다. 그래서 나쁜투표거부시민운동본부라는 명칭도 만들게 되었다. 그러면서 자치구별로, 부문운동별로 운동본부를 만들어 나쁜투표를 왜 거부해야 하는지에 대한 홍보가 시작된다. 나쁜투표를 거부하는 운동은 단 20일 동안 이루어 낸 쾌거였다. 시민들은 투표를 거부해야 올바른 무상급식이 실시된다는 사실에 당혹해 했지만, 흔쾌히 올바른 선택을 하였다. 그만큼 우리의 시민의식은 한 단계 성숙해 있었다.

　나쁜투표거부시민운동본부는 발족선언문에서 "오세훈 시장은 주민투표제도의 의미를 크게 훼손한 것에 대해 서울 시민들께 무릎 꿇고 사죄하라! 부자아이 가난한 아이 편 가르는 나쁜투표는 대리서명, 명의도용이 무더기로 이루어진 엄연한 '불법 투표'이다. 또한 나쁜투표는 서울 시민과 서울시정을 볼모로 한 대권놀음이며 182억 원의 막대한 예산과 행정력이 소요되는 '혈세낭비투표'이며 더 큰 갈등과 혼란을 초래하는 '국론분열 투표'이다. 오시장은 그릇된 정치적 욕망을 위해 민주적인 주민투표를 오세훈 시장 맘대로 '관제투표'로 둔갑시킨 것에 대해 즉각 사죄해야 한다. 우리는 오세훈 시장의 불법·관제·혈세낭비 나쁜투표를 단호히 거부하며 투표율 33.3%를 원천봉쇄하기 위해 투표불참 캠페인을 벌이는 등 착한 투표거부 운동에 적극적으로 나설 것이다."고 밝혔다.

오세훈 시장은 무상급식 반대에 대한 자신의 입장을 '무상급식은 결국 세금급식이요, 부자급식이며, 보편적 복지가 아닌 무차별 복지라며 여기서 무너지면 서울시가, 대한민국이 무너진다'고 선동하였다. 보편적 복지와 선별적 복지 이론을 내세우며 무상급식을 망국적 복지포퓰리즘이라고 폄하한 것이다. 그리고 자신을 지지하는 세력을 중심으로 '무상급식을 하면 질이 떨어진다, 맛이 없다, 친환경 급식은 사기다, 그리고 부자까지 왜 무상급식을 해야 하냐' 라는 내용을 퍼뜨리며 학부모들과 시민들을 현혹하였다.

실제로 일부 시민들은 '부자까지 왜 무상급식을 해야 하느냐'는 의견에는 동의했다. 하지만, 학교교육의 장에서 급식비가 없어 수모를 당하는 아이들의 직접적인 사례를 알게 된 순간 대부분의 시민들은 학교급식에서의 평등에 동의를 하였다. 당시 오세훈 시장은 학교급식비로 부자와 가난한 아이를 편 가르고 줄 세우는 소위 강남식 우월의식을 자극하여, 보편복지와 선별복지에 대한 국민들의 알 권리를 흐렸다.

안타깝게도 당시 오세훈 시장 측이 퍼뜨린 무상급식과 관련한 잘못된 소문은 지금까지도 유효하게 떠다니고 있다. 이는 학교급식운동의 중요한 과제로 남는다. 또한 학교급식과 관련한 급식법 개정, 친환경 무상급식시스템의 조직 정착이 절실한 이유이기도 하다.

어쨌든 당시 무상급식을 무산시키기 위한 주민투표는 오세훈 전 서울시장이 이전부터 야심차게 준비해서 시도한 것이었으나, 서울 시민들은 이를 거부하였다. 이 과정에서 나쁜투표거부시민운동본부는 승리의 주역이었다.

친환경 무상급식은 서울시장 당선 1년여 만에 서울시장사퇴라는 일대 정치적 변화까지 몰고 올 정도로 우리사회의 핵심 이슈였다. 오세훈 시장이 사퇴하자 보궐선거가 시작되었다. 아이들 밥 먹는 문제로 진통을 겪은 후에 치러진 선거이기에 어느 후보가 당선되느냐가 매우 중요했다. 당시 친환경 무상급식을 핵심 공약으로 하는 박원순 후보와 친환경 무상급식에 반대하는 나경원 후보가 출마하였다. 이에 풀뿌리국민연대에서는 2011년 10월 18일 박원순 서울시장후보와 친환경무상급식의 안정적 실현과 안전한 먹거리 시스템 구현을 약속하는 정책협약식을 맺었다.

당시 박원순 후보는 영유아부터 초중고까지 안전하고 질 좋은 친환경급식을 통합 건강권 확보, 헌법이 보장한 의무교육기간 무상급식 실시를 위한 예산 확보, 영유아 보육시설과 고등학교의 무상급식 단계적 실시를 위한 예산 확보 노력, 결식아동 예산지원 확대와 전달체계 개선 등 10가지 과제를 세우고 이를 실천하겠다고 약속했다.

　보궐선거를 통해 당선된 박원순 시장은 취임 후 '초등학교 5·6학년에 대한 무상급식 지원'안을 첫 번째로 결재하면서 친환경 무상급식에 대한 의지를 보여주었다.

　무상급식과 관련한 주민투표 사건은 우리에게 반면교사가 된다. 학교급식은 자치단체가 중심이 되어 시스템을 이끌어가기 때문에 학교급식에 대한 자치단체장의 입장에 따라 그 성격과 미래가 좌우된다. 친환경 무상급식시스템이 지속가능한 공공 영역으로 발전하느냐, 이권 추구의 영리 시장으로 전락하느냐는 친환경 무상급식을 제대로 정착시키도록 하는 제2의 급식운동에 달려 있다.

　이에 친환경 무상급식의 공공성을 발전시키기 위해서는 더 이상 학교급식이 단체장이나 교육감의 의지에 좌우되지 않도록 중앙정부의 공적 책임을 제도화하고 급식지원센터 설치를 의무화하는 등 학교급식법 전면개정이 시급하다. 또한 이러한 법제도의 개선운동과 함께 학교에서의 친환경 무상급식시스템 정착이 공공급식 전반으로 확산되어 우리 사회의 대안적 먹거리 시스템 구축에 지렛대 역할을 할 수 있도록 해야 할 것이다. 친환경 무상학교급식의 안정적 정착, 공공급식 전반으로의 확대, 이를 기반으로 한 국민 모두의 먹거리 보장 운동 활성화가 중요한 과제가 되고 있다.

5. 친환경 무상급식과 학교급식지원센터 정착

급식지원센터의 도입

지난 10년간 학교급식운동이 지향해 온 핵심은 우리 아이들에게 평등하고 안전한 급식을 안정적으로 먹일 수 있는 시스템을 만드는 것이었다. 그것은 급식지원센터를 설치하여 통합적인 급식지원 시스템을 만드는 것이었고, 또 하나는 친환경 먹거리 공급 시스템을 구축하는 것이었다.

현행 급식법에는 급식지원센터 설치 근거를 두고 있다. 이에 따라 각 지역에서도 학교급식지원조례를 제개정하여 학교급식지원센터의 설치 근거를 마련하였다. 각 지역에 따라 조금씩 다르긴 하지만, 지원조례에 따르면, 급식지원센터는 학교급식에 신선하고 안전한 식재료를 안정적으로 공급하는 것을 목표로 설치되어 생산자(농민과 생산자 조직)와 소비자(학생, 학부모, 교사) 간의 직거래로 도농 교류와 농업·먹거리 관련 식생활 교육을 포괄하고, 설립 주체는 광역과 기초자치단체가 되며 이윤을 추구하지 않는 비영리 기구로 운영되고 급식과 관계된 다양한 주체가 참여하여 민주적으로 운영되는 것을 원칙으로 하고 있다.

'급식지원센터'는 지역의 학교급식 식재료 구매를 포함한 여러 중요한 사항을 결정하고 관리하는 기구이다. 이는 2006년 학교급식법 개정으로 도입되었다(학교급식법 제5조). 아직까지는 설치가 의무사항이 아닌 권장사항이지만, 2013년 기준 기초자치단체에서 조례를 통해 급식지원센터를 설치를 명시한 곳은 71개로 파악되고 있다. 급식지원센터가 하는 일은 매우 많다. 지역에 따라 다양하지만 핵심 기능은 두 가지로 압축된다. 하나는 지역 내 학교급식과 관련된 학교, 생산자, 공급업체 등 이해관계자들과 네트워크를 형성하여 식재료 공급관련 사항을 협의하고 조정하는 기능을 하는 것이다.

또 급식지원을 위해 식재료 유통센터들이 있다. 이는 지방자치단체의 급식지원센터에서 자체적으로 시스템을 갖추거나 외부의 유통물류 기관에 위탁하여 운영하고 있다. 이 센터는 식재료의 공동구매 및 검수 및 납품 등의 물류기능을 담당한다.

현재 광역자치단체에서 급식지원센터를 둔 곳은 서울과 인천이다. 기초자치단체에서 급식지원센터를 직접 관할하는 행정직영형으로 둔 곳은 울산 북구, 광주 남구, 횡성군, 하남시, 화성시, 부천시, 서울 성북구, 서대문구, 노원구, 은평구, 동대문구 등이다. 급식지원센터를 민간 위탁하여 운영하는 곳도 있는데 수원시, 시홍시, 안동시 등이다. 급식 식재료 물류기능을 중심으로 하는 급식지원센터를 둔 곳은 나주시, 순천시, 고양시, 청원군, 당진시, 영주시, 포항시, 김천시, 장성군, 목포시, 영암군 등이다. 지방자치단체가 운영 주체가 아니라 농민들이 참여하는 협동조합 등이 운영하는 곳도 있는데 여주시, 원주시, 옥천군 등으로 모범적인 성과를 내고 있다. 이 밖에도 민간에 위탁하되 행정적으로 감독하는 또 다른 민관 결합형 센터도 아산시와 익산시에서 운영 중이다.

급식지원센터를 쉽게 이해하기 위해 서울의 예를 보자.

서울의 경우, 시, 교육청, 시민단체, 급식전문가 등이 함께하는 민·관 거버넌스 형태의 '서울시광역친환경급식통합지원센터'를 2011년부터 운영하고 있다. 이 센터는 급식정책개발, 모니터링, 식재료 유통·관리를 체계적으로 지원하고 자치구 급식지원센터들과 협력·조정역할을 하는 기구이다. 즉 신선하고 안전한 식재료 공급을 위한 지원, 관리, 감독, 인증의 역할을 핵심으로 수행한다. 아울러 학교급식 관련 정책·교육·홍보 사업 등도 한다.

또한 급식 식재료 유통센터의 역할을 하는 기구가 있다. 서울시농수산물공사가 서울 시내 학교에 신선하고 안전한 친환경 급식 식재료를 공급하기 위해 만든 식재료조달센터인 '친환경유통센터'를 운영하고 있다. 현재 계약재배와 직거래를 통해 1,300여 개의 서울 시내 학교 중 880개 학교에 친환경 농축산물 280여 개 품목을 공급하고 있다. 아울러 먹거리 안전성을 위해 과학적인 검사 체계를 구축하여 인증 확인, 당일 샘플 검사, 출하 전 출장 검사 등을 실시하고 있다.

기초자치단체 중 서울 성북구의 경우, 2011년에 성북구 친환경 급식지원센터를 설치하여, 지역 학교급식의 조정자 역할을 하고 있다. 주요 업무로는 학교급식 정책모니터, 친환경식재료 계약 생산지 현장조사 및 보급, 식생활 교육 실시 및 식단개발 등을 하고 있는데, 친환경 쌀도 직거래하고 있고, 김치 등도 공동구매 하고 있다.

급식지원센터는 친환경 식재료 사용을 늘리고 안전하게 관리하는 업무, 학부모·학생·영양교사 등에 대한 친환경 농촌체험 프로그램 운영, 학교급식의 공공성, 안전성, 효율성을 높이기 위해 각 지역마다 성공적인 사례를 만들어가고 있다.

급식지원센터의 발전 방향

친환경 무상급식의 제도화를 위해 도입된 급식지원센터의 역할은 우리의 먹거리 시스템을 바꾸는데 결정적인 역할을 할 가능성이 매우 크다. 즉 이 기구는 지역에서 학교급식뿐만 아니라 공공급식의 영역으로도 확대될 수 있는 가능성을 가지고 있다.

이는 현재의 급식지원센터가 다음의 목표를 가지고 설치되었고 운영되고 있기 때문이다.

1. 학교급식의 안전성 확보와 학생건강 증진
2. 식농교육을 통한 문화시민 양성
3. 정의롭고 지속가능한 공공조달시스템구축
4. 소농의 참여와 사회적 연대 실현

5. 지역경제 활성화와 좋은 일자리 창출
6. CO_2, 쓰레기배출 최소화 및 생태적 가치 실현
7. 먹거리 복지와 먹거리 주권, 먹거리 민주주의 실현

또한 급식지원센터 운영에서 있어서 기본 철학은 살림과 생태, 연대, 희망으로 정리되고 있다. 우선 생태와 살림의 철학을 기본으로 하여 우리 건강과 환경을 살리고, 농민과 농업농촌, 지역경제를 살리는 것이다. 둘째, 연대의 철학으로 생산자와 소비자, 도시와 농촌, 지역사회와 학교, 관과 시민사회가 함께 일하는 것이다. 셋째는 먹거리 정의, 먹거리 복지를 실현하는 희망이다. 로컬 푸드, 식량주권, 먹거리 인권을 실현하는 것이다.

광역급식지원센터 모델의 모범 - 서울광역친환경급식통합지원센터

광역급식지원센터의 공공성을 실현하기 위해 컨트롤 타워의 기능을 하는 모범적인 사례는 서울시이다. 2011년 서울시, 시교육청, 민간기구의 3자 협력기구로 '서울광역친환경급식통합지원센터'를 설치하고 정책개발, 식재료 품질 기준 수립, 물류, 배송 정책 수립, 친환경 교육, 체험 지원, 서울시 자치구 기초센터 지원 협력 등의 사업을 한다. 아울러 식재료 공급센터인 '친환경유통센터'를 설립하였다. 이 두 기구가 하는 일을 명확히 알기 위해 현재 발의되어 있는 〈서울특별시 친환경 무상급식 등 지원에 관한 조례〉 개정조례안을 소개한다. 두 기구에 대한 정의는 다음과 같다.
- "광역친환경급식통합지원센터"란 친환경 무상급식지원 실행계획의 수립 · 관리 및 정책 개발, 올바른 친환경 식생활에 대한 교육 · 체험 지원, 유관기관과의 협력 강화, 친환경 무상급식 지원 예산의

투명한 운영 등 효율적 친환경 무상급식의 실현을 위한 관리운영체계를 말한다.
  - "친환경유통센터"란 제1조의 목적 달성을 위하여 서울특별시 농수산물식품공사가 운영하는 친환경 급식 식재료를 공급하는 시설을 말한다.

아울러 두 기구의 사업내용을 다음과 같이 명시하고 있다.
  - 광역친환경급식통합지원센터 : ① 시장은 다음 각 호의 업무를 수행하기 위하여 서울특별시 광역친환경급식통합지원센터(이하 "센터"라 한다)를 설치·운영한다.
  1. 제3조의 지원계획에 따른 센터관련 실행계획 수립 및 관리
  2. 친환경 무상급식 실태조사 등을 위한 학교, 산지, 유통·가공시설 등에 대한 현장 점검
  3. 생산지역 지방자치단체와의 협약 등에 필요한 산지 실태조사 및 관련 자료의 수집·분석
  4. 친환경 식재료의 생산, 물류, 공급, 배송에 대한 관리·감독 및 급식조달시스템과 관련한 정책 지원
  5. 교육청 및 학교와 연계한 식생활지도 교육 및 학교급식프로그램 지원
  6. 전년도 지원계획의 추진실적 분석 및 평가
  7. 안전한 급식을 위한 급식 식재료 품질기준 수립
  8. 교육청, 자치구 학교급식지원센터 등 유관기관과의 협력 및 지원 사업
  9. 그 밖에 친환경 무상급식 지원과 관련한 정책개발 등에 관한 사항
  ② 시장은 센터의 효율적인 운영을 위하여 센터 업무와 시설의 전부 또는 일부를 비영리 법인 또는 단체 등에 위탁운영하게 할 수 있다.
  ③ 시장은 센터의 효율적인 운영을 위하여 민관거버넌스로 구성된 센터 운영위원회를 구성할 수 있다.
  ④ 그 밖에 센터의 운영과 센터 운영위원회의 구성·운영에 관한 사항은 규칙으로 정한다.

급식지원센터의 모범 – 울산 북구 친환경급식지원센터

    2011년에 설립된 울산 북구 친환경급식지원센터는 행정직영형 형태로 운영되는 급식지원센터다. 센터의 역할은 관내 학교급식에 친환경 식재료 및 지역농산물의 공급, 생태 친화 식재료의 공급, 권장 식단 적용 권유, 잔류 농약 등 식재료 안전성 검사, 식생활 교육, 친환경 체험, 식인성 질환 예방, 배송 및 조달 관리 등의 역할을 한다. 특징적 활동을 소개하면 다음과 같다.

  – 지역생산자 31명이 '친환경 먹거리 작목반'을 영양(교)사들의 연간 권장 식단과 연계하여 생산계획을 함께 마련

  – 지역농가와 연중 작물별 예상 소요량을 공유하며 생산계획을 함께 입안하고 생산자들의 희망 가격과 타 지역 자료를 참고하여 적정 가격을 책정

  – 식재료 안전성을 위해 농산물은 주 1회 농약 잔류검사를 하고 친환경 인증 조회를 하며, 가공품의 경우 〈품목제조보고서〉를 제출 받고, 원재료 잔류농약, 중금속, GMO 혼입, 발암물질 검사를 받고, 서류 통과 후에 제조공장 실사

  – 2011년 기준 전체 채소 과일 곡류 공급액 중 약 18.8%를 지역산으로 공급하고, 전체 식재료 총 공급액 중에 생태친화 식재료와 지역산 공급비율이 약 47%에 이른다.

  – 유통과정을 줄여 친환경농산물가격이 서울보다 약 25% 저렴하고, 울산의 유통업체를 통할 때보다 15~45% 낮은 가격으로 구매가 가능

6. 학교급식운동의 성과

학교급식운동의 성과와 의의

학교급식운동은 민주화운동 이후 수없이 많이 진행된 시민운동에서 가장 성공적인 풀뿌리 운동의 성과로 꼽힌다. 이 운동이 시작될 당시와 오늘의 현실을 비교했을 때 무상급식 전면실시, 친환경 농산물 사용, 학교급식에 대한 민주적인 제도와 시스템 확립 등 실로 대단한 변화를 만들어 내었다. 물론 여전히 학교급식과 관련되어 해결해야 할 과제는 남아 있지만, 이러한 변화는 우리 사회가 무엇을 추구하며 어떻게 바뀌어야 하는가에 대한 희망을 보여주는 일대 사건이었다.

뿐만 아니라 학교급식운동이 학교 밖에서 만들어낸 변화는 더욱 높게 평가될 만하다. 급식에 대한 인식과 교육에 대한 인식의 발전을 토대로 우리 사회의 먹거리 전반에 대한 새로운 인식과 과제를 제시하고 변화의 물길을 열어가고 있다. 자연스럽게 학교급식운동은 전 국민을 대상과 주체로 한 먹거리 운동으로 발전하고 있다. 공공급식 확대운동, 로컬푸드 등 대안적 먹거리 시스템 운동, 유기농산물 확산운동, 농업발전전략과 패러다임의 전환운동의 큰 흐름을 만들어 가고 있다.

특히 우리 사회에 보편적 복지의 인식을 확산하고 교육과 급식에서 작은 성과를 축적했다는 점에서 이후 복지국가 완성의 역사에서 두고두고 평가될 것이다. 무상급식 논쟁을 중심으로 보편적 복지의 가치와 의미, 그 방안이 우리 사회에 본격적으로 전개된 것이다. 시혜적 성격의 선별적 복지가 아니라 보편적 복지의 의미와 가치를 당당히 설파하면서 무상급식이라는 하나의 영역에서 그 모범적 모델을 만들었다.

학교급식운동은 우리 사회가 고민하고 있는 복지국가에 대한 상과 비전을 손에 잡히게 보여준 운동이었다. 이후에 전개된 시민사회와 정치권의 복지국가 담론은 학교급식운동에 빚지고 있다.

학교급식운동 10년사는 우리 풀뿌리 운동의 살아있는 역사다. 학교급식운동을 이끌어온 것은 국민적 참여였다. 학교급식운동이 다른 여타의 사회운동이나 시민운동과 차별성을 가지는 것은 국민적 참여의 폭과 깊이다. 다양한 조직과 운동에 국민이 자발적으로 참여하였다. 조례제정 및 급식법 개정에 대한 서명운동에 300만 명이 참여한 것은 우리 역사에 흔치 않는 풀뿌리 정치의 성공이다.

그리고 2010년 지방자치선거에서 무상급식 의제는 선거를 지배하는 핵심이슈였고 찬반에 의해 선거결과를 확연하게 기울게 하였다. 또한 이러한 정책선거의 폭발력은 오세훈 시장이 시장직 재신임을 걸고 시도한 서울시 무상급식 주민투표에서도 확연하게 승패를 갈랐다. 세계사적으로도 유례가 없는 풀뿌리 민주주의의 대표적 사례이다.

남아있는 과제들

친환경 무상급식이 법 개정 없이 각 지방자치단체의 여건과 지방자치단체장과 지역민들의 의지에 의해 실시되다 보니 지역별 편차가 심하고, 예산분담의 논란, 급식센터 설치 미흡, 민관 정책공조 부족 등의 현상이 나타나고 있다. 이외에도 친환경 무상급식을 실시하면서 자연스럽게 확대된 국민들의 먹거리 기본권에 대한 의식과 요구도 높아지고 있다. 이러한 문제들을 해소하기 위한 과제는 다음과 같다.

첫째, 학교급식법의 개정이 필요하다. 아직 반영되지 못한 무상급식 전면 실시 및 중앙정부의 예산 지원, 광역과 기초시군구의 학교급식지원센터 의무 설치 및 예산 지원, 직영급식 원칙의 단서 조항(피치 못할 사정인 경우 인정) 삭제 등이 필요하다. 또한 친환경 우리 먹거리 사용 명시, 재원부담(국가 50%, 지방자치단체 및 교육청 50%)과 무상급식 대상의 초중고학생 전체로의 명확한 명시규정, 광역 총괄급식센터와 기초급식지원센터 의무 설치, 거점별 조달센터 의무 설치, 지방자치단체 직접 계약 등이 그 주요 내용이다.

또한 친환경 무상급식 지원에 관한 조례 제·개정이 필요하다. 지역에서 생산되는 친환경 농산물 사용, 보육 및 초중고 무상급식 전면 실시, 학교급식지원센터의 설치·운영, 무상급식 지원비와 친환경 차액 지원비 통합운영 및 센터를 통한 현물지원, 급식지원 심의위원회 의결 기구화 및 실질적 운영, 급식에 사용되는 식재료의 생산·유통 및 공급관리방안, 학부모, 교사, 학생, 생산자, 급식관련 종사자 식생활 교육 등이 주요 내용이다.

2014년에 치러질 시도교육감·자치단체장 선거에서 후보와 당선인이 친환경 무상급식의 지속적 운영을 책임지도록 강제할 노력들이 필요하다. 학교급식은 교육감과 자치단체장의 의지에 따라 후퇴하거나 한 발 더 나아갈 수 있거나 하는 취약한 한계를 가지고 있다. 학교급식법 개정이 이루어지지 않을 경우 친환경 무상급식이 또 휘청거릴 가능성이 전혀 없지 않다.

친환경 무상급식을 만들었던 힘으로 학교급식을 넘어 군대, 병원, 보육시설 등 공공급식까지 친환경 급식을 확대하는 또 다른 과제들은 국민의 먹거리 기본권 보장 등과 함께 살펴보고자 한다.

Ⅲ.
학교급식운동 10년의 회고와 전망
(좌담회)

2011년 친환경 무상급식 한마당 출품작(김○○)

정원각, 배옥병　　　　　　　김흥주, 채칠성, 주교종

사 회
　김흥주　원광대 사회복지학과 교수,
　　　　　(사)희망먹거리네트워크 정책위원장

참석자
　배옥병　(사)희망먹거리네트워크 상임대표
　정원각　아이쿱 협동조합지원센터 대표,
　　　　　전 학교급식법 개정과 조례제정을 위한 국민운동본부 집행위원장
　주교종　농민, 대청호주민연대 대표
　채칠성　친환경학교급식제주연대 상임대표

일시, 장소
　2013년 11월 5일, (사)희망먹거리네트워크

사 회 : 한국의 학교급식운동 10년사는 시민들의 적극적인 참여와 제도적인 뒷받침으로 세계 시민운동사에 유례가 없을 정도로 많은 성과를 이루어냈습니다. 2006년 학교급식법 개정으로 직영급식을 이끌어내고, 2010년 지방선거를 계기로 친환경 무상급식을 제도화한 것은 어느 누구도 쉽게 상상할 수 없는 성과입니다. 특히 학교급식이 단순히 학생들에게 건강한 식사 한 끼를 제공한다는 의미에서 나아가 학교급식을 통해 지역사회를 변화시키고 대안농업을 활성화시키려 한 점은 세계적으로도 높이 평가받고 있습니다.

오늘 이 좌담회는 이러한 한국의 학교급식운동 10년을 성찰해 보고, 향후 학교급식운동의 나아갈 방향과 실천전략을 제시하고자 마련되었습니다. 오늘 참여하신 분들은 오랜 기간 동안 현장에서, 지역에서, 학계에서 학교급식운동에 주도적으로 참여하신 분들이기 때문에 보다 진지한 대안이 제시될 수 있을 것이라 생각합니다.

오늘 좌담회는 크게 세 부분으로 나누어 진행하도록 하겠습니다. 먼저 학교급식운동 10년을 회고하는 부분입니다. 운동의 배경이나 추진 동력, 말하기 힘들었던 비화 등을 허심탄회하게 말씀해 주시면 됩니다. 두 번째 부분은 학교급식운동의 미래를 진단하는 것으로, 향후 보다 적극적인 운동을 추진하기 위한 실천 과제들을 짚어 보고자 합니다. 세 번째는 학교급식운동의 성과를 한국의 먹거리 대안 운동에 연결시킬 수 있는 방안을 모색하고자 합니다. 학교급식을 넘어 우리 사회에 시급한 공공급식, 먹거리 주권, 먹거리 복지, 먹거리 인권과 같은 대안운동의 가능성과 철학, 과제 등을 자유롭게 논의하고자 합니다. 그럼 먼저 학교급식 운동에 참여하게 된 동기부터 말씀을 들어보도록 하죠.

정원각 : 우리 애 초등학교 2학년 때, 제가 생협 활동을 하고 있을 때, 우유를 안 먹으려고 했는데 학교에서 강제 급식 하더라구요. 왜 강제 급식하냐 우리 애는 우유를 먹으면 몸이 안 좋은데. 그러다 학교급식이 이상하네, 그러면 학교급식 한 번 세밀하게 들어다 보자. 그래서 학부모들 1,000명, 학생 1,000명, 교사 500명 거의 3,000여명 가까이 설문조사 했어요. 그러면서 급식문제가 국민 생활에 학부모 아이들 일상에 깊숙이 자리 잡고 있고 문제가 심각하구나. 어떤 학교는 위탁급식 업체하고 12년간이나 계약되어 있었어요. 그런 거 보면서 이거 문제 있다. 그런 거 해결하려고 학교급식운동에 뛰어들었어요.

채칠성 : 저는 교사의 입장에서 반성적 입장에서 접근했는데, 결국 학교에서 이루어지는 모든 행위가 교육인데 학교급식도 교육의 일환이라는 관점 그리고 친환경 급식은 아이들 우선의 가치를 실현시키는 중요한 첫걸음이 되리라는 소망을 가지고 급식운동을 시작하게 된 셈이죠. 친환경 급식이 한 끼니 해결에 그치지 않고 아이들의 건강은 물론 농촌을 살리고, 청정한 자연을 지켜내면서 농촌을 이해하고, 자연과 생명의 소중함,

순환과 상생의 원리를 깨닫는 계기가 될 수 있다는 생각에 참으로 가슴 벅차게 의미 있는 일로 다가왔어요. 특히 바다로 둘러싸인 제주의 입장에서 보면 물은 생명이고, 물을 지키기 위해서는 친환경은 선택이 아니라 절대적이라 친환경 급식운동의 시작은 다른 지역에서 비해서 더욱 가치 있는 일이라 여겨졌습니다. 초창기 저의 주된 역할은 아무리 뜻있는 일도 결국 제도적 뒷받침이 있어야 성공할 수 있다는 관점에서 조례제정특별위원장의 역할을 맡아 재정적 지원을 담보할 조례 제정 운동에 미력이나마 힘을 보탤 수 있었습니다.

주교종 : 저는 학교 다니다가 농사를 짓겠다고 지역에 들어가서 농사짓고 있었어요. 88년도에 들어가 90년도에 농민회를 만들어서 활동을 하면서 10년 정도 지나고 보니 농민회만으로는 지역에서 할 수 있는 활동이 상당히 제한적이어서 지역에 다양한 일들을 해야겠다는 생각이 있었죠. 2002년에 옥천 흙살림이라는 환경농업을 하는 사람들의 모임을 만들었구요. 그리고 2005년도에는 전국적으로 학교급식 지원 조례가 이렇게 유행처럼 전국을 휩쓸 때 제가 사회단체와 함께 만들어 2007년에 조례를 통과시켰고, 2008년도부터 학교급식과 관련된 일들을 하고 있습니다. 그래서 세월이 흘러가는 대로 자연스럽게 물 흐르듯 이렇게 일을 하게 되었죠.

배옥병 : 저는 지역 여성단체에서 활동을 하면서 아이들을 학교

보내면서 학교운영위원회, 학부모회에 참여했어요. 운영위원으로 학부모 의견을 듣는 과정에 가장 많은 학부모들의 건의가 학교급식과 관련된 것이었어요.

96년 당시 건의 내용들을 보면 50리터짜리 쓰레기봉투에 수저도 안댄 밥이 그냥 버려진다, 지역에 있는 불우이웃을 도울 수 있는데 왜 밥을 버려야 하는지 모르겠다.

또 그 때는 학부모들이 하루에 7~8명씩 급식실에 가서 조리원이 되어 일을 했어요. 우리 학교 학생이 1,700명이었는데 급식실에서 1,700명의 밥을 8명의 조리원과 영양사 1인, 조리사 1인이 다 했거든요. 살던 곳이 맞벌이부부들이 많은 지역이라 그 분들이 학교에 가서 일을 하려면 직장에 결근을 하거나 대신 사람을 보내는데 자기가 받는 일당보다 학교 급식실에 대신 보내는 사람에게 줘야 하는 일당이 훨씬 더 비싼 거예요. 학부모들은 그 부분이 너무 부담스럽다.

그 다음에 설거지 하는 과정에서 락스를 바닥에 너무 많이 붓는 것이 아이들한테 안 좋을 것 같다.

또 하나의 문제는 식재료가 엄마의 눈으로 볼 때 신선한 게 아닌 거예요. 가장 놀라운 일은 급식에 제공된 깍두기에서 살아있는 파리 유충 일곱 마리가 나온 거예요. 모두가 충격이었지요.

이런 부분에 대해서 학교운영위원회가 해결 좀 했으면 좋겠다 라는 건의가 많았어요. 95년부터 2007년도까지 학부모들이 가장 관심이 많은 학교급식 문제를 해결하기 위하여 학부모들과 함께 급식 식재료 모니터, 급식소위원회 참여(교사, 학부모, 학생 참여), 품목별 급식업체 선정을 위한 업체 실사 등의 활동을 하여 학교급식에 질을 개선하고 위탁급식을 직영으로 바꾸는 등 여러 가지 활동을 하였지요.

　그런데 단위 학교에서 해결하는 문제만으로 학교급식의 근본적인 문제를 해결할 수 없어 지역 차원에서 관계된 분들과 모임하면서, 학교급식문제를 해결하기 위한 대안을 모색하게 되었지요. 그 결과 2002년도에 학교급식전국네트워크라는 조직을 학교운영위원회협의회, 교사, 학부모, 생산자, 영양사 등과 함께 창립하게 되었어요.

사 회 : 각자의 역할들이나 소속 단체의 구성 과정, 활동 내용과 지역에서의 활동들, 어떻게 운동을 했었다 등을 말씀해 주시죠.

정원각 : 2002년부터 진주에서 진주조직 만들고요, 그 다음에 경남협의회를 만들고 그러면서 또 전국 조직이 2003년 11월 11일 날 '학교급식법개정조례제정을위한국민운동본부'가 출범했지요. 국민운동본부 집행위원장을 연속해서 맡아서 했어요.

　진주시에선 조례가 금방 만들어졌어요. 그런데 경남도조례가 그 당시 도지사와 교육감이 거부하고 그래서 저희 도 조례는 대법원 판결까지 가기도 했어요. 전국국민운동본부에선 조례제정과 법 개정을 같이 추진했는데 제가 집행위원장으로 있을 때는 법 개정이 안 됐구요. 2006년 돼서 CJ급식이 육천 명을 병원에 실려 보낸 다음에서야 개정되었죠.

채칠성 : 제주의 급식운동의 특별함은 조례에 반영된 내용과 추진 과정의 특이함이었다고 봐요. 조례에 '우리 농산물'을 표기에서 '친환경'을 핵심으로 담아냈다는 점입니다. 다른 지역 조례가 WTO 운운하며 재의요구가 들어오고 대법원에까지 가는 전국적인 이슈가 되었던 '우리 농산물'을 제주 조례에 담아내는 쾌거를 올리게 되었지요. 그리고 '친환경'을 핵심가치로 내세우며 '아이건강, 농촌부강, 청정제주'의 슬로건을 구체화시킨 일은 매우 의미 있는 일이고 긍지로 여기고 있어요.

제주지역 급식운동은 초창기 철저하게 민관 협치의 정신을 발휘하며 비교적 순조로운 출발을 할 수 있었다고 봐요. 다른 지역하고 조금 다른 게 아라중학교 '초록빛 학교'를 출범시켜 학교 단위의 친환경 급식운동을 실험적으로 추진하며, 급식연대를 중심으로 주민발의 조례제정운동과 대중화 사업을 해나가는 보다 실천적이고 합리적인 운동방식을 택한 점이 초기 성공의 요인이 되었다고 자평하고 있습니다. 이런 과정에서 자연스럽게 급식운동이 시민사회 단체만 하는 것이 아니라 학교운영위원회, 농민, 소비자, 학교 영양교사, 행정, 의회, 언론까지도 함께 동참할 수 있다는 분위기가 조성되었다고 봅니다. 특히 누구에게나 문호를 개방하면서 정당에 관계없이 함께 할 수 있었던 게 좋았던 거 같아요. 서명발대식에서 취재 나온 기자들도 서명에 동참하기도 했으니까요.

'친환경'을 조례안에 포함시킬지 여부가 큰 쟁점이 되었어요. 친환경 농업에 발을 들여놓은 분도 많지 않았고 지금까지

해온 농민의 입장에서 보면 위기의식을 느낄 수밖에 없는 심정이 이해가 가기도 했어요. 관련 토론회에 비교적 진보적인 농민단체 대표로 온 분까지도 우려의 목소리를 강하게 내기도 했거든요. 참 어려운 공감과 설득의 과정들이 있었지만 그때 반대의 입장에 서셨던 분들이 지금은 더 열정적으로 친환경 급식운동에 동참하시기도 해요.

주교종 : 옥천은 조례를 주민들이 먼저 만들자고 해서 된 것이 세 가지가 있는데, 하나는 친환경 학교급식 지원에 관한 조례인데, 발의는 농민단체·사회단체가 했는데 의원발의로 통과되었다. 또 다른 하나는 옥천군 농업발전위원회라고 하는 회의체 그러니까 지금 협치조직을 농민단체가 한 6년 동안 요구를 해서 발의는 군에서 하여 만들게 됐습니다. 그리고 '옥천푸드 육성 및 지원에 관한 조례'가 올해 11월 1일 통과가 되었는데 시작은 주민발의였지만 여러 가지 상충된다고 해서 군에서 발의하기로 했습니다. 조례가 만들어진 과정은 주민들이 먼저 시작을 하지만 그러나 주민발의로 만들어지지는 않았지만 학교급식이 지역의 고민과 섞이며 풀려 왔다고 봅니다.

배옥병 : 저희가 처음 출발할 때 슬로건이 '아이들에게 건강을, 농민들에게 희망을'이었잖아요. 지금은 "국민들에게 건강을 농민들에게 희망을"으로 바꿨습니다만. 그때 우리의 목표는 우리 농산물을 사용하고, 직영급식으로 운영하여 무상급식을

실현한다는 세 가지를 목표를 가지고 출발하였지요.

이러한 철학과 가치를 담아 수백만 명의 주민들의 참여를 통해서 조례를 재개정하고, 그 힘으로 학교급식법을 개정하였지요. 돌이켜 보면 조례를 청원하기 위해 법적 요건에 맞추어 서명을 받는 일은 쉬운 일은 아니지만, 비가 오나 눈이 오나 한여름 뜨거운 햇살 아래 동네골목골목, 지하철역, 명동 한복판 등 사람들이 있는 곳은 어디나 찾아 다녔지요. 구로동에서는 많은 학교들이 학교운영위원회 심의를 거쳐 가정통신문을 통해 부모들에게 서명 받고 선생님들은 하교 후 아이들과 함께 거리에 나가 서명을 받았습니다. 아이들은 "여기에 서명해 주시면 우리들이 건강하게 자라고 농민들에게 희망을 줄 수 있다"며 무심코 지나가는 어른들의 발길을 멈추게 하고 서명을 받기도 하였지요. 이러한 일들은 학교 현장에서 꾸준히 참교육을 실천하는 교사들이 있었기에 가능했습니다. 어느 특정 지역이 아니라 전국에서 아이와 학부모 등 모든 사람들이 급식에 대한 공감대를 형성하고 스스로 참여를 통해서 이런 조례를 만들어냈다는 것은 대단한 성과라고 봅니다.

당시 110여 개 정도의 광역과 기초지방자치단체에서 주민조례발의로 청원을 하여 조례를 만들게 되었던 학교급식지원 조례 제개정운동은 주민자치에 의한 권력의 견제와 지역 주민의 자치역량을 높이는데 많은 기여를 하게 되었지요. 생활상의 요구를 통해 삶의 질을 개선한 지역 자치운동이며 풀뿌리민주주의를 지향하는 생활정치로서 기존의 중앙 중심적으로 펼쳐졌던 시민운동과는 달리 지역에서의 자치운동을 통해 그 영향력이 지방정부를 거쳐 중앙정부에까지 힘을 미칠 수 있었다는 점에서 새로운 참여민주주의의 운동을 펼쳐 냈다고 평가할 수 있겠지요.

사 회 : 우리 시민운동사에서 학교급식운동처럼 제도화까지 성과를 이룬 것이 많지 않은데, 지금 배 대표께서도 얘기하셨지만, 그 원동력이 뭘까 그걸 조금 더 이야기해 보시죠?

채칠성 : 사실 제주의 친환경 급식 조례는 제주도 최초의 주민발의 조례더라구요. 제정 되고나서 얼마나 뿌듯했는지 몰라요. 처음 있는 일이다 보니 추진주체인 급식운동 진영도 관도 다 서툴렀고 절차가 어떻게나 까다롭던지 서명용지 양식을 처음 받아보니 조례안 서명을 책임지고 집행할 사람으로서 참 앞이 막막하대요. 그냥 이름 쓰고 서명하는 정도가 아니라 주민번호에서부터 주소까지 써야 되니…… 우리가 일반적으로 얼마나 많은 서명을 해왔습니까? 그런데 내가 서명한 게 제도가 되고, 그것으로 기인해서 행정에서 많은 돈을 친환경 급식에 내놓고…… 사실 서명한 사람들 대다수가 이런 성과로 돌아오리라 기대하지도 않았을 거고, 그래서 참으로 기뻐했던 기억이 나네요. 풀뿌리민주주의, 참여자치가 이런 것이구나, 실감하기도 했지요.

주교종 : 사실은 옥천 같은 경우는 전국적인 도도한 흐름이 있었기 때문에 지역에서 그것을 받아서 했다는 생각이 들어요. 그러니까 처음에 이런 핵심 역할을 한 사람들이 운동에 있어서도 참 중요하다는 생각해요.

당시에는 이견의 여지가 전혀 없었어요. 그러니까 그 때 당시에 농사짓는 사람들은 다 어린 시절에 학교 다닐 때 도시락 싸 가고 또 굶기도 하고 해서 학교급식이라 하는 것은 지금 자기 자녀들이 학교에 다니고도 있고 어린 시절의 기억이 있기 때문에 아주 관심이 집중되었지요.

다른 하나는 지금 내가 농사를 지으면서 농약 치지 않고 비료 쓰지 않고 친환경으로 하고 있는데, 우리 애가 학교 가서는 내가 농사지은 쌀을 못 먹는다니, 정부미 먹고 맛이 없다고 집에 와서 투덜거리고, 이것이 될 일이냐 하니까 뭐 지역 주민들은 이것은 당연히 해야 하는 거다 하는, 그런 대중적인 공감대가 있었다고 생각합니다.

사 회 : 어쨌든 참여 그 다음에 분위기 그 다음에 쉽게 접근할 수 있다는 거 아이들 문제 이러한 것들이 아마 원동력이었던 것 같아요.

정원각 : 도시랑 조금 다를 텐데요. 서울은 아이들 문제로 접근했고 비수도권 진주나 옥천 제주 대부분은 농업문제로 많이 참여를 했어요. 학교에 교사, 학부모, 학생이 다 결합하는 운동

이었고, 개인적으로는 KBS 수신료 거부운동 등 여러 국민운동을 다해 봤지만, 내용의 성과하고 제도의 성과가 다 이루어진 운동은 사실 급식운동이 처음이라고 봐요.

아까 말씀하신 것처럼 이슈의 공감대도 좋았고, 국민 대부분이 한 다리만 건너면 관계자고 이해관계자고, 그런 것들이 다양하게 작용했다고 생각합니다.

채칠성 : 조례제정을 위해 서명을 받을 당시 에피소드가 있는데 아직도 공개하지 않은 거죠. 서명운동에 박차를 가해 예상보다 짧은 기간에 법정 서명인 수를 충족시켰어요. 혹시나 해서 자체 조례안 서명지 제출을 위해 분류·집계를 하는 과정에서 큰일이 발생한 것이죠. 어느 학교에서 더 많은 서명을 받아 도와준다는 과욕(?)으로 학교 자체에서 서명지 양식을 변형시키는 바람에 1천여 명의 서명지를 몽땅 무효처리할 수밖에 없는 상황이 된 겁니다. 애초 2배수를 넘겨 서명을 받아 둔 게 얼마나 다행이었는지 몰라요. 차마 무효처리 되었다는 말씀은 못 드렸죠. 아마 그 학교는 아직도 모를 겁니다. 이런 저런 이유로 자체 판정에서도 절반은 무효처리가 되어 얼마나 애석했는지 모릅니다. 그분들 정성을 생각하면 눈물이 다 나더라고요.

사 회 : 성과 말씀을 들었으니까 이제는 어려움을 한 번 듣고 싶어요. 얼마나 십년 동안 많은 고생과 고통과 힘든 것이 있었나, 라는 것들을. 이제는 말할 수 있다는 비하인드 스토리까지

합쳐 가지고 진짜 이런 어려움들이 있었다, 개인적인 것도 좋고 전체적인 어려움도 좋구요.

정원각 : 학교급식운동은 적이 상당히 많았던 운동이라고 봐요. 이쪽에서는 학부모, 교사, 학생, 농민, 시민사회가 모여 있지만, 저쪽에서는 이게 WTO문제가 있었기 때문에 WTO를 통해서 이익 보는 집단들이 있고, WTO를 통해서 이익을 보는 내부 수입업자들이 있고, 그 다음에 학교급식 대부분이 대자본에 장악되어 있었어요.

당시 LG, 삼성, 현대, 대우 등 학교급식 회사를 가지고 있지 않은 대자본은 없었지요. 대기업들이 있고, 내부에서는 학교장들이 이게 위탁급식을 통해서 리베이트가 있는 거기 때문에 절대 권력을 놓지 않죠. 그 다음에 정부 관료들도 역시 자유무역이라든지 대기업 이런 편에 서 있었죠. 톡 까놓고 말해서 그 당시 민주당, 열린우리당도 호의적이지 않았죠. 그래서 적이 상당히 명확하면서도 너무 많았어요. 참 어떻게 해야 하는가, 싸우다 보니까 하나하나 더 이걸 반대하는 사람들이 드러나더라구요. 2006년에 법 개정 해놓고선 민주당 의원들이 다시 위탁급식을 할 수 있게 다시 발의했죠. 제가 누구라고 말은 안하겠는데 열 받았죠. 저희가 찾아가 저지시켰죠. 그래서 야 이거 참 만만한 운동이 아니구나, 생각했습니다.

열심인 것은 진보정당 쪽에서나 했지 그 당시에 집권당이나 야당이나 지금 새누리당이나 민주당이나 다 이거 반대했거든요. 교육위원회에 운동권 출신들이 쫙 깔려 있는데 저희가 2005년에 국회 앞에서 한 달 동안 철야농성할 때 한 사람도 안 나왔거든요. 한 달 동안 철야농성하는데…….

채칠성 : 그 말씀 듣고 보니까 생각나는 게 제주는 상황이 달랐잖아요. 2003, 4년이면 그 시점이 이미 직영급식을 다 할 때에요. 그 상황이니까 다른 지역에서 겪는 어려움을 우리는 비껴나간 셈이죠. 오히려 '친환경'이 화두가 되어 일반 농가나 학교 영양교사들과 토론하는 등 공감대 형성이 급선무였던 것 같아요. 비교적 지역 시장이 좁다 보니 유통업자들의 조직적인 방해는 상대적으로 덜 하기도 했고요……. 물론 제주엔 한집 건너면 다 아는 처지라 난처한 경우도 적지 않았지만…….

정원각 : 대자본이 어떻게 들어 왔냐면요. 서울하고 광역시까지만 들어갑니다. 그 다음에 이제 촌에는 한 학급 되는 중고등학교 그런 데나 초등학교는 먹을 게 없어서 안 들어갑니다. 대자본이 이 급식시장에 뛰어드는 과정도, 2000년 되기 전에는 안 뛰어들어요. 이게 학교급식을 전면 실시하고, 이게 급식시장이 한 2조 이상 넘어가면서 대자본들이 참여하는 거거든요.

사 회 : 학교급식이기 때문에 진짜 어려운 점도 있었을 것 같아요. 예를 들어서 학교라는 문제가 있기 때문에 그런 부분들도…… 학교, 교장, 교사, 영양사 이런 부분이요.

배옥병 : 학교 문제로 들어가면 대다수 학교에 학부모들은 다 급식에 대해서 불만이 있지요. 그렇지만 교장이나 행정실에 계신 분들은 다른 관점으로 급식을 바라보고 있어 어려움이 있었지요. 심지어 제도에 의해 학교운영위원회가 만들어지고 학부모 교사들이 직접 선거를 통해 선출하도록 되어 있는 학부모 대표 운영위원으로 출마하지 못하도록 압력을 넣을 정도였으니까요.

뿐만 아니라 학교 내에서 학부모와 학생 교사가 평등한 관계라고 얘기하지만 사실은 수직적 관계를 유지할 수밖에 없지요. 내 아이가 학교를 다니다 보니 학부모들은 눈치를 봐야 하고 할 얘기가 많은 데 말하지 못하고 이런 것이 학부모들의 일반적인 현실이었기 때문에 급식을 가지고 쉽게 학교에 얘기할 수 없었어요. 98년도에 학부모들과 급식실에 식재료 검수를 갔어요. 교장이 난리가 난 거예요. 쿠션 집어 던지면서 "나를 못 믿는다는 거냐? 학부모들이 식재료 검수 나오는 것은 내가 몇 십 년 학교생활 하는 동안에 처음"이라면서 화를 많이 내셔서 당황했던 기억이 납니다.

학교 밖에서 있었던 일 중에 잊혀지지 않는 아픈 기억이 있습니다. 2006년도 6월 28일 국회교육상임위에서 급식법을 개정을 통과시키고 나오는데 학교에서 위탁급식을 운영하며 영리를 목적으로 밥장사를 하던 위탁급식 업자들이 30~40명이 뒤쫓아 나오면서 "너 칼침 맞을 줄 알아 밤길 조심해", "우리가 위탁급식법 다시 만들 거야, 너무 좋아하지 마." 그랬다. 그땐 정말 무서웠어요.

또 지역을 다니며 많은 농민들을 만나요. 70~80세 어르신들은 아픈 얘기지만 우리가 나갈 방향을 말씀하시는 거죠. "당신들이 주장하는 친환경 급식, 우리농산물 사용 좋은데 우리가 죽고 나면 누가 농사지을 거야?" 또 "어렵게 생산해서 학교급식에 공급하면 크다, 작다, 울퉁불퉁하다, 벌레 먹어 배춧잎에 구멍이 나 있다, 살아 있는 달팽이가 있다고 모두 클레임 걸어 되돌려 보내고 그런 사람들은 안전한 밥상을 받을 자격도 없다"며 안타까워하시던 분, 홍천에 있는 한 농민분은 제 두 손을 꼭 잡고 "내가 어제 아삭아삭 고추를 유기농으로 농사지어서 50박스를 팔지 못해서 그냥 갈아엎었다. 이렇게 희망이 없는 농사를 왜 지어야 하는지 이 어려운 길을 왜 선택했는지 모르겠다"며 한숨짓던 그 어르신에 모습이 지금도 생생합니다. 안전한 먹거리만 찾으면 되는 것이 아니라 농업 농촌에 중요성이나 친환경 농업에 대한 중요성을 아이들에게 의무교육으로 시키지 않으면 우리에게 미래는 없다던 그 분들에 주옥같은 말씀들이 지쳐서 비틀거리는 발걸음을 바로잡게 했습니다. 이 분들이 평생을 바쳐 일구어온 지속가능한 농업·농촌을 우리가 어떻게 지켜 나갈 것인가가 또 하나의 큰 숙제인 것 같습니다.

사 회 : 말 나온 김에 기존 업체와의 어려운 점 이런 것들은 없었습니까? 어쨌든 기존 업체 문제가 제일 큰 것 같아요.

배옥병 : 공교육에 일환인 학교급식은 급식에 식재료를 조달하는 이해관계에 얽힌 사람들하고의 관계가 가장 힘들었지요. 학교급식에 있어 가장 중요하게 남아 있는 과제가 식재료 공공조달체계입니다. 안전한 식재료를 안정적으로 공급하기 위해서는 중앙정부와 지자체가 서로 협력하여 급식지원총괄센터를 설치하고 거점별 식재료 조달센터를 만들어 식재료 공공조달시스템을 구축해야 합니다. 그리하여 계약재배를 통한 직거래를 해야 합니다. 이때 가장 큰 저항세력이 영리를 목적으로 하는 사기업들입니다. 결론은 지금까지 어려웠듯이 앞으로 공익성을 지향하며 식재료 공공조달을 공공급식에 지속가능한 먹거리 시스템으로 만들어 가는 과정이 가장 많은 어려움이 있을 것으로 봅니다.

주교종 : 옥천은, 어려움을 모르고 산 것이죠. 미리 전국적으로 한번 다 흐름이 만들어지니까 지역에서는 학교급식 관련해서 우리가 한다고 하니까 의원들이 '우리가 하겠다' 하면서 생색도 내면서 함께 했어요. 학교급식에 대해서 이해가 부족하니까 현금 지원하겠다, 그래서 이것은 아니다 해가지고 이것을 현물지원으로 하는 쪽으로 한 거 정도가 지역에서 일한 거였습니다.

사 회 : 두 번째로 넘어가죠. 이제 현재에 대해서 한 번 이야기를 해보죠. 현재에 대해 성찰하며 이제 앞으로 실천과제에 대한 부분을 이야기를 하면 좋겠습니다. 전체 학교급식운동에서

지금 현재 시점에서 학교급식운동을 바라봤을 때 거기에 대해서는 어떻습니까? 평가를 어떻게 좀 내릴 수 있겠습니까.

채칠성 : 전국적으로 상황이 조금씩 다르지만 어쨌든 지금 제주의 분위기는 무상급식 자체는 받아들이는 분위기예요. 다만, 우선순위와 범위에 대해서는 온도 차가 분명 존재하고요. 무상급식이 정치화되지 않았으면 좋았겠다고 하는 개인적인 바람이 있긴 해도, 피할 수 없는 상황이란 게 있으니까요.

정원각 : 동네마다 조금 다른 것 같아요. 서울하고 제주하고 호남, 충청도 일부 지역은 이제 그게 되고 있는데 사실은 부산 대구 영남 쪽은 무상급식이든지 친환경 급식이라든지 지금 거의 안 되고 있거든요. 저는 지역별로 편차가 꽤 있다. 약한 데는 좀 더 힘을 싫어주고 이렇게 좀 해야 할 시기가 아닌가 싶어요. 농업을 어떻게 보는 관점의 단체장이 왔느냐에 따라서 지금 너무 편차가 심해요.

사 회 : 그러니까 그런 부분들이 우리가 성과를 이야기하고 동력을 이야기할 때는 일상의 문제, 참여의 문제를 이야기했었는데, 지역별로 이렇게 편차가 나는 것은 정치 문제일 수도 있단 말이죠. 어쨌든 학교급식이라는 특수성 때문에 정치에서 벗어나 있을 것 같은데, 오히려 더 정치적이어야 되고 어떤 자치단체장이냐에 따라서 성과가 달라지는, 그런데 거기에 대해서 학교급

식운동진영에 대응도 조금 달라질 부분도 있는 거 같습니다.

정원각 : 실제로 제가 최근에 이렇게 농업소득을 비교해 봤는데 제주도가 제일 높아요. 농가 한 가구당에 작년 기준 한 3,900만 원대 그 다음 높은 데가 경기도…… 제일 가난한 데가 전라남북도하고 경상남도예요. 전라남북도는 그나마 학교급식 덕을 보는데 경상남도는 못 살기는 농민이 제일 못사는데 친환경 우리 농산물 급식도 안 되고 오히려 영남의 정치논리에 의해서 제일 손해 본 집단이 영남 농민인 거예요. 경남 농민들도 있고. 그런 거 보니까 이게 학교급식운동이 이게 탈정치하면서 이게 국민적 의제로 갔는데 이게 이상하게 정치에 발목 잡혀 있어요. 울산에서의 진보정당이 잡은 곳 말고는 영남 전멸이거든요. 뭔가 조금 되짚어 봐야 할 부분이 있다, 저는 그런 고민을 계속합니다.

채칠성 : 제주에서도 그런 부정적인 분위기가 확실히 감지되는 게 사실이에요. 처음 친환경 급식을 시작할 때만 하더라도 여야 할 것 없이 뭐 정도의 차이는 있지만 서로 도와주는 분위기라서 서명이나 후원 등등 흔쾌히 하던 분들이 무상급식 국면이 정치 쟁점화 되면서 개인적으로는 호의적인 반응을 보이는 사람조차 당이나 다른 사람을 의식하면서 몸을 사리더군요. 개인적으로 생각하기에는 무상급식 국면이 우리가 철저히 논리를 펴고 많은 사람들로부터 공감대 형성을 이룰 틈도

없이 너무 빨리 다가와 버리고 정치의 승부처가 되어버린 게 안타까운 측면이 있어요. 그래서 어쨌든 다시 초심으로 돌아가 왜 필요한지 부터 차근차근 밑바닥부터 공감대 형성과 철학의 공유가 필요한 시점이라고 여겨져요. 교육의 일환으로 의무급식이라는 점을 부각시켜야 할 것 같아요. 그리고 무상급식 자체로만 논쟁을 하면 끝없는 복지논쟁에서 우선순위가 어떻고, 부자 손자가 어떻고 하는 이야기만 하게 되는데, 친환경 의무급식을 묶어서 그 철학과 가치를 공유하며 그 효과에 대해서 논리적인 설득이 필요하다고 봅니다.

사 회 : 주교종 선생님은 어떻습니까? 전체 학교급식을 봤을 때 지금 상황은 어떤지 또는 생산자 분들은 어떻게 받아들이시고 계시는지 이런 것들을…….

주교종 : 생산자 입장에서 볼 때는 좀 이런 것 같습니다. 지금 뭐 단체 활동을 하시는 분도 그렇고 아니면 정치를 하시는 분도 그렇고, 어떻게 농업과 먹거리를 통으로 볼 건가에 대해서 많이 공유를 했으면 좋겠어요.

농촌지역에서 농사를 짓는 사람들은 학교급식 다르고 로컬푸드 다르고 슬로푸드 다르고 주민자치 다르고 식량주권이나 식량자급 이것들이 다 다른 게 아니라 이게 다 연결돼서 이제 지금 가고 있는 거잖아요. 지금 철학과 가치를 다시 한 번 생각해야 한다고 봅니다. 학교급식만의 성과나 학교급식만의 진로 이것들이 아니라, 정말 우리 생활 속에서 어떤 것이 변화가 가능한가? 이제까지 10년 동안 온 것도 학교급식이 그런 역할을 해줬고 앞으로 이게 정말 막힌 것을 뚫는 것에 있어서도 학교급식이라는 것이 그 실마리가 되는 걸 거다. 이렇게 생각을 해 봅니다.

학교급식 이게 먹는 문제잖아요. 옛날엔 도시락을 싸왔어요. 도시락에 얽힌 애환은 엄청나게 많을 거예요. 그러니까 먹는 거라고 하는 것들은 전체가 다 공유할 수 있는 주제고, 근데 학교급식에 무상급식이 됐든 친환경 급식이 됐던 학교라고 하는 조리실에서 아이들이 공동으로 만든 밥을 먹는다는 거 자체만으로 큰 변화라는 생각이 들어요. 학교에서 밥을 만들어서 먹는다, 이런 거. 그런데 거기에다가 친환경 얘기하고 지역농산물 얘기하고 더 발전한 거죠.

그런데 거기에서 끝나는 것이 아니라 식농교육 얘기하고, 텃밭농사 얘기하고, 노작교육은 기본 의무교육으로 들어가고, 학습과정에도 들어가 있고, 이것이 결국은 지역의 순환과 공생의 지역공동체를 만들어내는 힘이 되고, 신자유주의에 대해서 계속 문제 있다 하는데 ,이것은 우리가 나의 생활 속에서 나의 생산체계 속에서 바꾸어내는 이런 것일 수도 있겠다고 생각합니다.

그래서 지금 친환경이라고 하는 것들은 우리 농민들도 농민단체에서는 아까도 선생님이 말씀하셨지만 두 가지로 나뉘어져 있었어요. 야 이렇게 해 가지고 괜히 있는 사람들한테 좋은

꼴만 보이는 거 아니야? 농민들이 다 친환경으로 넘어가지 못하는데 이게 뭐야? 일반화 보편화할 수 있는 얘기야? 이런 생각들이 있었어요. 이런 것들은 다시 얘기하면 우리가 9시 뉴스를 보면서 미워하면서 닮아간다고 하는데 정부의 논리에요. 기득권의 논리에요. 우리도 다 포섭이 돼서 스스로 그러니까 농민운동이라고 하면 물가문제 아니면 농업정책에 대한 비판 이런 것만 했는데 정말 생활 속에서 얽히고설킨 것에 대해서 이렇게 깊게 바라볼 기회가 적었어요.

그러니까 우리가 친환경이라고 하는 것들은 어떤 농약 안치고 비료만 안치는 것들이 아니라 정말 다국적 기업에 그냥 일직선으로 그냥 먹이사슬로 되어 있는 것을 끊어내는 문제예요. 그냥 돈을 많이 번다는 것이 아니라 그리고 나의 삶의 모습이 바뀌는 거죠. 먹는 것은 전 국민이 같이 공유하는 것이죠. 그래서 친환경 유기농 이런 것들은 사실은 어떤 사업의 아이템이나 산업의 경쟁력이 아니라 전 국민의 먹는 문제라는 공통 주제를 가져가야만 되는 문제죠. 그래서 친환경은 하자 말자 하는 선택 사항이 아니라 우리 철학의 문제이고 우리 삶의 가장 한가운데 들어 있는 문제다 그렇게 봅니다.

소비자도 그렇고 농사짓는 사람들도 같이 가야지 될 것 같아요. 또 지역농산물이라고 하는 것은 아무리 좋다고 하더라도 우리 지역에서 이런 물자와 자원이 사람이 순환이 되지 않으면 이게 거의 의미가 없는 거잖아요. 그래서 친환경 농산물 지역농산물 이런 것들이 그냥 그때 물건만 왔다 갔다 하는 것이 아니라 가정에서 어린아이부터 어른들까지 농사짓는 것을 공유할 수 있는 식농교육으로 가는 프로그램이 있어야 되는 거죠.

배옥병 : 주교종 님의 먹거리는 모든 사람이 관련되어 있고 그런 관점에서 농촌과 도시가 상생하고 먹거리를 매개로 한 지속가능한 사회에 희망적인 대안을 모색해야 한다는 말씀에 공감합니다. 친환경 무상급식을 넘어 우리들이 꿈꾸는 "모두가 행복한 밥상"의 실현은 험난한 길을 어렵게 가야 할 수도 있지만, 많은 국민들은 먹거리 위기와 먹거리 불안에 대해 많은 걱정들을 하고 있지요. 이에 대한 방법을 대중적인 관점으로 모색하여 대중과 함께 할 때 우리에게 희망이 있다고 봅니다.

그 정책 중 하나는 먹거리 전반에 대한 통합적 운영시스템을 만들어내야 한다고 봅니다. 공공급식에서만 보더라도 통합관리시스템이 부재합니다. 지자체에 급식지원체계를 보면 미취학동, 초중고생, 결식아동, 노인 등 대상별 지원체계 분산되어 기관, 부서별 개별지원으로 진행되고 있지요. 이는 중앙부처도 마찬가지입니다. 뿐만 아니라 안전한 먹거리의 선택과 유통과정의 불투명성이 현재 급식체계의 심각한 문제점입니다. 식재료의 최저가 경쟁입찰이나 경쟁입찰은 양질의 먹거리 확보가 곤란합니다. 또한 유통관리 시스템 부재는 납품단가에 상응하는 먹거리 관리가 어렵기도 합니다. 먹거리 전반을 아우를 수 있는 통합관리시스템이 마련되어 정책과

제도개선을 통해 전체 국민의 먹거리 주권, 건강권, 먹거리 복지권 등이 보장되는 방향으로 나가야 한다고 봅니다.

주교종 : 현장에서 좀 걱정되는 게 학교급식이 됐든 로컬푸드가 됐든 얘기 안하는 사람이 지금은 없잖아요. 거의 다 얘기를 하죠. 처음에 옥천군에서 학교급식 얘기를 할 때 농협에서는 뭐라고 했냐면 "그 돈 안 벌리는 것을 우리가 왜 해?" 이렇게 했는데 지금은 "우리 농협이 가져가야 되겠어." 이렇게 하고 중앙에서도 계속 이렇게 압력을 주고 "너네들이 그걸 뺏어오면 중앙에서 돈을 내려 보낼 테니까 어떻게든지 해." 그리고 공무원은 일 풀기가 편하니까 편한 방법을 따라가려고 하고 정부도 어떤 성과를 내야 되는 거니까 규모화를 말하며 수치로 얘기하려고 해요.

근데 학교급식이 됐든 로컬푸드가 됐든 뭔가 지역농업이라고 하는 것들은 생산자들하고 촘촘하게 엮여져서 그 힘을 자치 힘을 끌어 올리는 데 있잖아요. 그런데 요만큼 됐을 때 정부에서 정책을 만들면서 그냥 일괄적으로 다 통일시켜 버리려고 해요. 그러면 지역에서 한 10년 이상 이렇게 힘들고 뒷다리에 힘주면서 이렇게 해왔던 것이 거의 정치적인 관계로 정치적 논리나 관계로 흡수돼 버리지 않을까 걱정이 돼요.

그래서 지역하고 연관된 학교급식, 친환경 농업 이런 것들은 지역의 자생적인 힘들을 모으는 쪽으로 가야 하는 필요성이 큽니다. 그렇지 않으면 조그만 동네에서는 어려운 일을 당할 수도 있겠다는 이런 걱정이 있습니다.

배옥병 : 그렇습니다. 최근 상황을 보면 여러 가지로 걱정이 됩니다. 2010년 친환경 무상급식 정책을 반대했던 사람들이 "친환경무상급식을 실패한 정책"으로 평가절하하고 있습니다. 그래야 내년 지방선거에 유리하다고 생각하는 거지요.

사실에 근거하지 않은 왜곡된 내용으로 저급한 대응을 해오고 있습니다. 뿐만 아니라 앞에서 말씀하셨듯이 학교급식에 식재료 공급과 관련된 많은 이해 관계자들의 조직적 움직임이 우리 아이들의 안전한 밥상을 위협하고 있습니다.

사 회 : 그렇다면 이제 결과적으로 무엇을 할 것이냐가 중요할 것 같아요. 예를 들어서 조례개정이나 학교급식법 개정에는 어떤 것들을 내용들을 담아야 하는지 또는 구체적으로 학부모들이 단위 학교 내지는 일상에서 할 수 있는 일은 뭐가 있을지, 아니면 좀 더 거시적으로 앞으로 어떤 일들을 해야 할 것인지, 이런 것들을 좀 편하게 말씀을 해 보시죠.

정원각 : 무상급식을 지금은 후퇴할 수 없다고 보거든요. 후퇴할 수 없으면 이걸 기본권으로 가져가고 인권문제로 가져가서 우리가 차라리 이거를 강화하는 쪽으로 가져가야지 여기에서 지금 더 가능하지 않을까요. 배 대표님이 기본권 확대해야 되고 인권으로 가야 되고, 저는 아직 정크푸드 극복운동 이런

것도 중요하다고 봅니다.

배옥병 : 현재 19대 국회에 계류 중인 학교급식법 개정안 내용을 보면 학교급식을 통한 교육적, 공공적 가치 실현, 안전한 친환경 우리농산물 사용을 통해 학생 건강권 확보와 농업 농촌 회생, 보편적 복지, 의무교육 확대 차원에서 국가재정 50% 지원에 의한 무상급식 실현과 식재료 공급을 위한 조달체계 개선을 위해 급식지원총괄센터 의무설치와 급식조달센터 설치 운영하도록 했습니다. 급식법안은 민생법안 1호로 하루빨리 개정되어야 하는데 적극적인 관심을 가진 의원들이 부족한 것 같습니다. 불행 중 다행인 것은 국회에 계류 중인 학교급식법 개정과 무상급식예산 국가지원 50%, 방사능오염, GMO, 화학적합성첨가물 없는 우리 아이들의 안전한 밥상을 요구하며 전국에서 서명을 받고 있는데 국민들의 관심과 참여가 높아 큰 힘이 되고 있습니다.

주교종 : 학교급식지원조례를 만든 것은 아주 큰 사건이라고 봅니다. 그리고 그것이 씨앗이 돼서 여러 가지 고민들을 할 수 있게 만든 커다란 자산이죠.
　이게 지역에 있는 사람의 눈으로 보면 전국적인 사안으로서 GMO 농산물이나 아니면 방사능 오염 농산물이나 아니면 쓰레기 음식이나 이런 것들은 정말로 아니지 않느냐 하는데, 국민운동이 됐든 시민운동이 됐든 이것은 전체적으로 같이

공감할 수 있는 사안일 것 같습니다.

　이제 문제는 10년이 지나고 나서 어차피 자본과 결탁을 한 시장에 그런 사람들 그런 세력들이 그냥 가만히 있지는 않을 것 같아요. 그래서 또 한 번 불가피하게 대격전의 격돌이 일어날 텐데, 정부는 그 쪽의 손을 들어 주겠죠. 이렇게 갈 경우 이것을 어떻게 살아남도록 할까 입니다.

　그래서 우리 쪽에서는 지금 지역푸드라고 하는데, 원주에서 시작되어 각지로 퍼지고 있지요. 옥천푸드 육성 관한 조례를 만들어요. 생산, 유통, 가공, 소비, 교육까지 그리고 지역의 식량주권까지 통으로 된 그런 조례들을 지역별로 만들고 있잖아요. 이런 것들도 전국 단위에서는 지역의 고민들을 받아 안아서 전체적으로 설명할 수 있는 논리와 비전을 함께 고민해야 된다고 봅니다.

사　회 : 그러니까 지금 거시적인 것들은 어느 정도 그래도 논의가 되는데, 엄마들이나 학부모들이 급식운동 내지는 학교급식에 좀 이렇게 했으면 좋겠다든지 할 수 있는 일들을 정리해 주시죠.

정원각 : 전 학부모나 아이들의 건강문제로 접근을 해야지 더 설득력이 있고 대중적이고 전 국민을 끌어낼 수 있다는 거예요. 근데 소비자가 옛날에 소비자주권운동 할 때에는 농민은 대상화시켰는데, 대상화시키는 소비자운동이 아니라 농민을 하나의 주체로 끌어들이는 쪽으로 소비자운동이 되면, 농업도 보

존하고 환경도 보존하고 그 다음에 일반적으로 도시에 살고 있는 학부모님도 이게 내 문제구나 접근할 수 있겠지요.

배옥병 : 학교급식을 포함한 먹거리 운동을 하는 조직에 적극적으로 참여할 수 있도록 대안을 모색해야 한다는 부분은 중요한 지적이라고 봅니다. 먹거리나 학교급식 개선 문제는 의제 자체가 대중적이어서 그동안 관심이 높았고 우리들의 활동방식도 대중들이 부담 없이 참여할 수 있는 공간이나 내용을 마련했기 때문에 성과를 만들어낸 부분이 있다고 봅니다. 2012년 11월 사단법인 학교급식전국네트워크를 사단법인 희망먹거리네트워크로 확대하여 재창립하면서 친환경 무상급식을 뛰어넘어 공공급식을 실현하고 먹거리 기본권을 보장하는 방향으로 나가자는 합의가 이루어졌습니다.

"먹거리"라는 보편적이고 일상적인 생활 속의 과제를 구체적이고 실천적인 사업으로 계획하여 대중과 함께 하고 그들이 스스로 참여해서 성취감을 느끼게 하여 주인으로 바로 세우는 일이 가장 중요하고 시급한 과제라고 봅니다.

가장 최근 사례로 서울시가 운영하는 광역친환경급식통합지원센터에서는 150여명의 식생활교육강사를 양성하고 이들이 중간 리더들이 되어 구별 학부모커뮤니티를 조직하여 일상적으로 소통하고 교육하며 양천구에서는 구청 관계자와 간담회를 통해 다른 지역구청처럼 급식지원총괄센터 설치를 요구하는 등에 활동을 열심히 하고 있다. 뿐만 아니라 "친환경급식

안심식재료지킴단"을 1,000여명을 조직하여 농장에서 학교까지 생산과 유통 전 과정을 모니터하고 있습니다. 놀라운 변화이지요. 이 활동에 참여하는 학부모들은 가정과 학교 지역에서 먹거리 전도사가 되겠다고 의지를 다지고 있습니다.

이런 실천들을 전국으로 확산시키기 위하여 먹거리에 관심을 가지고 있는 다양한 네트워크들이 활성화되어야 합니다.

채칠성 : 먹거리 기본권 운동을 전개해야 한다는 부분에 대해서는 동의를 하고, 그 구체적인 실행에 있어서 우리가 내세울 철학은 역시 아이들 우선의 가치와 생명산업의 근거인 농업과 생태를 함께 살리면서 순환과 상생의 원리를 전파해야 할 겁니다. 그러면서 이것을 바탕으로 먹거리 기본권 운동을 전개해 나가야 합니다.

아직도 학교에서의 한 끼를 벗어나면, 오죽 많은 것들이 유혹하고 그 유혹에 빠져 들고 있습니까? 다시 패스트푸드, 인스턴트로 돌아가 생활과 가정에서 뿌리내리지 못하고 있지요. 학교급식만으로는 우리가 생각하던 효과를 얻기에는 너무나 역부족입니다. 최소한 공공급식에 손을 대야 해요. 병원과 군인들의 급식 등 우리가 신경 쓰지 못하는 곳에서 구멍이 나고 결국 아이들도 망가지고 있거든요.

소중한 우리아이들을 키워낼 때 그저 생각하면서 우리가 친환경 급식을 공공부분까지 확산시켜 나가자고 학부모들한테 시민들한테 호소하며 이런 철학과 가치를 전파하는 게 전 중요한 거 같아요. 그게 초심이기도 하고.

사 회 : 이제 마무리를 해야 할 시점입니다. 지금까지 토론한 내용은 크게 두 가지로 정리할 수 있을 듯합니다. 첫째, 지난 10년의 성과는 무시할 수 없다. 많은 어려움이 있었지만 리더들의 헌신적인 활동과 학부모, 시민들의 적극적인 참여로 학교급식 혁명을 이뤄낼 수 있었다. 둘째, 최근 들어 학교급식운동에 어두운 먹구름이 몰려오고 있다. 시장논리와 보수적인 정치논리로 무장한 세력들이 어렵게 이룩한 학교급식 판을 무차별적으로 흔들고 있다. 다시 한 번 각오를 다지고 지킬 것은 지키고, 개선할 것은 개선해야 한다.

적절한 문제제기라고 생각합니다. 그러나 이 시점에서 우리가 되짚어봐야 할 것은 지난 10년과 지금은 환경이 많이 다르다는 점입니다. 지난 십년은 학교급식 운동을 위해 모든 것이 '합쳐지는' 과정이었습니다. 그래서 참여, 네트워크, 파트너십, 제도화 등이 가능했다고 봅니다. 그러나 지금은 합쳐지는 것보다 '흩어지는' 과정이라고 봅니다. 시장과 보수 세력의 대대적인 공세로 철학과 가치가 흔들리고, 변혁에 대한 피로감이 증가하고 있습니다. 이럴 때는 추상적이고 "이렇게 하자"라는 도덕적이고 당위적인 주장보다는 많은 사람들이 동의할 수 있고 합의할 수 있는 구체적이고 실천적인 이슈들을 찾아내야 합니다. 예를 들면 GMO, 방사선과 같은 일상의 먹거리 위험들을 해결할 수 있는 구제적인 방안을 제시하고,

이를 해결하는 과정에서 가치의 공유와 응집력을 되살려야 한다는 것이지요. 지금은 많이 만나고, 시민과 소통해야 합니다. 법과 조례를 만드는 것도 중요하지만 시민들이 일상에서 관심을 가질 수 있는 먹거리 이슈의 발굴과 확산이 필요한 시점 아닌가 생각합니다.

지금까지 좋은 이야기 감사합니다. 앞으로도 이러한 성찰의 자리가 계속되기를 기대합니다.

IV.
학교급식과 지속가능한 먹거리 시스템

2011년 친환경 무상급식 한마당 출품작(손하준)

1. 문제는 먹거리 시스템이다

우리는 지금 친환경 무상급식을 통해 학교급식 시스템을 바꾸고 있다. 여기서 조금만 더 생각을 해보면, 학교급식 시스템의 온전한 변화는 단지 학교급식 시스템의 변화만으로는 불가능하다는 결론에 맞닥뜨리게 된다. 학교급식 시스템은 우리 사회의 먹거리의 생산·유통·소비라는 더 큰 먹거리 시스템의 일부분이기 때문이다. 우리 사회의 전체 먹거리 시스템의 변화 없이는 현재 진행 중인 학교급식 시스템의 의미 있는 성과도 궁극적으로는 지속가능하지 못할 수 있다.

그러나 문제를 해결하기 위해서는 전체 먹거리 시스템의 변화가 먼저 이루어져야 그 부분인 학교급식 시스템의 변화도 따라올 것이라고 생각하는 것은 잘못된 접근이다. 오히려 그 반대로 학교급식 시스템을 바꾸는 과정을 통해서 전체 먹거리 시스템의 변화도 촉진할 수가 있기 때문이다. 이것은 단지 이론적인 가정이 아니라 실제로 일어나고 있는 현실의 이야기다. 학교급식 시스템이 우리 사회의 전체 먹거리 시스템의 변화를 이끄는 전초기지가 된다는 점이 바로 지금까지 학교급식운동이 만든 성과의 진면목이라 하겠다.

여기서는 학교급식의 지속가능성을 위해 필요한 우리 사회 전체 먹거리 시스템의 현실을 짚어보며, 학교급식의 변화가 어떻게 전체 먹거리 시스템의 변화라는 더 큰 변화를 이끌어 낼 수 있는지를 살펴보고자 한다. 그리고 '모두가 행복한 밥상'을 위해 우리가 가야 할 길을 탐색해 보고자 한다.

먹거리 시스템을 고민하자

우리의 먹거리와 관련된 핵심적인 고민은 '불안'과 '위기'라는 두 단어로 압축된다. 비단 아이들뿐만 아니라 우리 사회 전체의 먹거리 안전이 위협받고 있으며, 식품이 원인이 된 각종 질병으로 불안하다. 또한 먹거리의 지속가능성이 절체절명의 위기를 맞고 있다. 이대로 가다가는 먹거리 총량이 절대적으로 부족할 뿐만 아니라 먹고 싶은 것을 먹을 수 없는 상황, 폭등하는 농산물 가격에 의해 제대로 먹을 수 없는 상황에 직면하게 된다. 먹거리의 불안과 위기는 우리 생명 유지에 가장 치명적인 불안이며 생존의 가장 근본적인 위기라는 데 그 문제의 심각성이 있다.

그렇다면 먹거리 불안은 어디서 오는가?

우선적으로 먹거리가 방사능오염, 식품첨가물, GMO, 항생제 등으로 인해 불안하다. 거기에 더해 생산·유통의 불안정과 가격

폭등 등이 날로 심각해지고 있다. 안전하고 건강한 먹거리가 제대로 공급되고 있지 못하다는 것이다.

먹거리 위기는 어디서 오는가? 세계적 식량위기, 식량자급도 하락, 식량주권 훼손, 농업의 몰락 등이 위기의 징표이자 위기의 본질이다. 먹거리를 둘러싼 이러한 불안과 위기의 원인을 이해하고 새로운 대안을 마련을 위해서는 먹거리의 생산·유통·소비의 사회적 구조인 먹거리 시스템(Food System)에 대한 이해에서 출발하여야 한다.

먹거리 시스템은 한 나라의 국민들에게 공급되는 식재료의 생산·유통·소비에 이르는 모든 과정과 구조를 일컫는 말이다. 여기에는 식재료의 재배, 수확, 가공처리, 포장, 운송, 판매, 소비 그리고 식품 및 관련 물품의 폐기까지 모든 과정이 포함된다. 먹거리 시스템은 한 사회의 사회적, 정치적, 경제적 구조에 의해 조성되고 그 안에서 작동한다. 먹거리는 농업과 불가분의 관계에 있기 때문에 농식품 시스템(Agri-Food System) 또는 농식품체계로 부르기도 한다. 여기서는 먹거리 시스템을 농업체제를 포함한 포괄적 의미로 사용한다.

우리가 지금 느끼는 먹거리에 대한 불안과 위기감은 우리의 먹거리 시스템의 불안과 위기인 것이다. 따라서 불안과 위기에 처한 먹거리 시스템의 근본적인 전환 없이 농민들의 선구적인 노력이나 현명한 소비자의 선택만으로 먹거리의 불안과 위기를 해결하려는 것은, 의미 있는 노력이긴 하지만 문제를 온전히 해결할 수 없다. 또한 먹거리 시스템의 획기적인 전환 없이 농산물의 자유무역 확대나 수입농산물에 의존하면서 식량위기를 넘어서려는 시도는 늪으로 계속 빠져드는 결과를 가져올 뿐이다. 바로 식량위기는 현재의 지배적인 먹거리 시스템인 글로벌 먹거리 시스템의 구조적 문제에 의해 촉발되고 가속화되고 있기 때문이다.

우리 먹거리 시스템의 문제의 핵심이 불안과 위기라면 그 대안 또한 명확하다. 우리 사회의 먹거리 시스템을 다르게 전환하여야 한다는 결론에 이르기 때문이다. 이는 곧 안전하고 건강한 먹거리를 보장하는 새로운 먹거리 시스템으로 바꾸는 것이고, 식량위기를 당당히 넘어서는 충분한 먹거리를 안정적으로 공급하는 시스템을 만들면 되는 것이다. 즉 현재의 지배적인 글로벌 먹거리 시스템을 대체하는 대안적 먹거리 시스템 구축에 나서는 것이다.

안전하고 건강한 먹거리에 대한 열망은 우리의 본능이다. 농약과 화약비료가 들어가지 않는 유기 농산물이 좋다는 것을 우리는 모두 알고 있다. 하지만 공급량이 적어 구하기도 쉽지 않고, 일반 농산물에 비해 비쌀 뿐 아니라, 소비자의 신뢰도 그리 높지 않다.

테드(TED)라는 유명한 강연사이트에 나온 미국의 11살짜리 꼬마는 미국의 먹거리 시스템에 문제가 많다며 유기 농산물을 많이 재배해야 하며, 자신은 커서 유기 농산물을 재배하는 농부가 되고 싶다고 말한다. 그리고 유기 농산물이 비싸다고 하는 사람들에게 이렇게 답한다. "당신의 돈을 농부에게 줄 것인가? 아니면 병원비로 쓸 것인가? 둘 중 하나다." 이 재치 있는 답변에 많은 이들이 박수로 환호하면서 수긍하지만 여전히 문제는 남는다. 유기 농산물은 좋은 것이지만 비싸다는 현실이며, 유기 농산물이 시장에 제대로 공급되지도 못하고, 유기 농산물이 우리의 먹거리 시스템에서 여전히 틈새시장의 하나로 취급되고 있다는 사실이다.

몸에 좋은 식재료를 쉽게 싸게 신뢰를 갖고 구매하는 것이 왜 어려울까? 우리의 농업은 왜 유기 농산물 생산을 전폭적으로 늘리지 못하는 것일까? 이러한 문제에 대한 논의를 위해서는 바로 먹거리 시스템의 현실을 이해하고 그 구조적인 문제점이 무엇인지를 살펴봐야 한다. 이 뿐만이 아니다. 우리가 먹는 식품의 영양, 건강하고 안전한 식재료, 농업의 지속가능성, 식량주권, 지역경제 발전 등을 논의할 때도 반드시 먹거리 시스템에 대한 논의로 이어질 수밖에 없다.

먹거리 시스템은 우리가 '어디서 무엇을 어떻게 먹을 것인가'를 규정하고 먹거리의 종류와 양과 수준을 결정하고, 소비의 방법과 비용과 질 그리고 안전성과 건강을 결정하는 시스템이다.

먹거리 시스템은 크게 관행적(conventional) 먹거리 시스템과 대안적(alternative) 먹거리 시스템으로 구별된다. 여기서 관행적인 먹거리 시스템은 현재 우리의 지배적인 먹거리 시스템으로 낮은 가격에 보다 많은 농산물 공급을 최우선의 원리로 하는 시스템이다. 자본주의 발전과 함께 식재료를 상품으로 시장에서 구매하는 방식으로 해결하는 너무도 익숙한 방식이다. 이러한 시장 의존형 상품으로서의 농산물 공급체계는 당연히 대규모 산업형 농업으로 이어졌고, 국경을 뛰어넘는 농산물 무역을 통한 글로벌 농식품 시스템을 만들었다.

산업형 농업은 대규모화, 단작화, 자본화, 기계화, 석유의존을 통해 작동되고 있다. 즉 대량생산과 대량운송 그리고 대량소비에 최적화된 형식으로 발전하게 된 것이다. 아울러 이러한 산업형 농업의 발전은 자연스럽게 글로벌 먹거리 시스템으로 자리 잡게 되는데, 이는 종자를 포함한 먹거리 생산·유통 전반이 무역에 전적으로 의존하게 만들었다. 선진국과 제3세계의 농업에서의 분업 특히 노동 분업이 자리 잡게 되었고, 세계 식량시장을 지배하는 다국적 기업들의 독과점 구조도 탄생하게 된 것이다.

글로벌 먹거리 시스템의 위기

글로벌 먹거리 시스템이 직면한 위기는 농산물의 수급불균형 같은 일시적인 위기가 아니라 본질적인 차원에서 위기를 맞고 있다. 먹거리의 양과 질 두 가지 모두가 위기다. 양적인 위기는 전체적인 식량 총량이 부족하다는 것이며 생산량과 밀접한 관계가 있는 가격의 폭등의 문제를 말한다. 질적인 위기는 먹거리의 안전과 건강의 문제 그리고 농업의 지속가능성 문제이다.

첫째, 현재 전 지구적으로 10억 명 이상이 절대적인 기아상태에 있다. 2009년 FAO(식량농업기구) 사무총장은 "세계 기아인구가 10억 명을 돌파"했다고 발표했다. 현재 세계의 식량은 지구 인구가 필요로 하는 총량을 제대로 생산하고 있지 못하다. 기아로 인해 매일 1만 명의 사람들이 목숨을 잃고 있으며, 만성적인 영양실조와 질병으로 인해 고통 받고 있다. 대규모 식량 생산이 있음에도 불구하고 기아인구가 줄지 않고 있는 것은 식량의 부족과 배분방식의 문제 때문이다.

둘째, 지구온난화와 기상이변은 농업 생산력을 급격히 떨어뜨리고 매년 식량생산량을 요동치게 한다. 이러한 기후위기로 인한 먹거리 생산의 롤러코스트 현상은 식량가격의 폭락과 폭등을 필연적으로 뒤따르게 한다. 결국 기후 위기는 절대적인 식량 총량의 감소를 가져와 기아 인구의 증가에 영향을 미칠 뿐만 아니라 식량 생산 기반의 붕괴에도 영향을 미친다.

셋째, 식품안전 위기다. 광우병, 조류독감, 축산물 관련 전염병은 식량생산을 급격히 줄일 뿐만 아니라 이를 먹는 소비자들에게 커다란 위험으로 다가온다. 더욱이 대량생산 시스템에 의해 촉발된 유전자조작식품(GMO), 농약의 과도한 사용과 잔류농약, 유통·가공 과정에서의 각종 항생제, 성장 호르몬, 식품첨가물 등은 식품안전의 결정적인 위기를 가져온다.

넷째, 소비자들의 건강 위기다. 비만과 당뇨, 패스트푸드와 정크 푸드 과다 섭취, 채소와 과일의 과소 섭취 문제 등이 매년 증가하고 있다. 특히 아동 비만의 확산과 저소득층의 비만 증가는 커다란 사회적 문제로 부상하고 있다.

이러한 세계의 먹거리 시스템의 위기는 날로 복합적이 되고, 농업 생산의 지속가능성을 위협하고 있다. 더불어 소비자의 건강한 삶의 지속가능성도 위태롭게 하고 있다. 따라서 환경, 건강, 농민의 생계, 지역공동체의 몰락, 식량 접근성의 문제를 종합적으로 생각하면, 글로벌 먹거리 시스템의 획기적인 전환이 절대적으로 필요한 시기에 우리는 와 있다.

2. 불안하고 위험하다

먹거리의 불안과 위험은 우리가 겪는 식품 안전사고와 식품으로 인한 질병으로 쉽게 체감할 수 있다. 우리의 식품 안전성을 위협하는 요인들은 방사능 물질, 유전자조작 식품(GMO), 식품첨가물, 항생제 등에 의해 발생하고 있다. 농산물 생산에서의 위험성이 일차적인 원인이며, 유통·가공·조리 과정에서의 위험요소도 커다란 문제가 되고 있다.

방사능 공포

방사능 피폭으로 인해 발생하는 질병은 무시무시하다. 갑상선암, 유방암, 백혈병 등 각종 암을 유발하며 방사능 피폭으로 인한 사망자의 95%는 암으로 사망한다고 한다. 또한 심근경색과 같은 심혈관계 질환을 유발하며 신장염, 폐렴, 중추신경계 질환, 백내장 등의 원인이 된다. 더 우려스러운 것은 유전질환을 야기한다는 점이다. 선천성 기형, 사산, 유산, 지능 저하, 불임 등의 질환을 유발하고 이를 유전시킨다.

    핵 발전은 기본적으로 화력 발전과 같은 원리이다. 핵반응을 이용하여 열을 발생시키고 이 열로써 물을 끓여 증기가 발생하면 증기 터빈을 돌려서 전기를 생산하는 것이다. 터빈을 돌린 이후 증기는 바닷물로 식혀서 물로 바꾸는데, 이 물은 다시 원자로 내부로 들어가게 된다. 이렇게 간단한 비등형 원자로와는 달리 가압형 원자로는 원자로에서 물을 데우기는 하지만 섭씨 300도가 되어도 끓지 않도록 압력을 가해준 후 이 뜨거운 물이 다른 물을 끓이는 구조이다. 다시 말하면 중탕 방식으로 증기를 생산하는 것이다. 이렇게 비등형 원자로는 물을 직접 끓이는 방식이고 가압형 원자로는 물을 간접적으로 끓이는 방식이다. 세계에 있는 대부분의 핵 발전소는 이 두 가지의 구조로 되어 있다. 핵 발전이 화력 발전과 다른 점은 그 연료뿐이라고 볼 수 있다. 핵연료는 우라늄을 사용하는데, 그 에너지가 엄청나다. 원자로 안에 350개 정도의 핵연료봉이 있고, 이 핵연료봉 안에는 우라늄 펠렛이 존재한다. 이런 상태로 한번 들어간 핵연료는 그 에너지가 화석연료보다 훨씬 커서 원자로 안에서 4년 6개월 동안 물을 끓인다. 그 후에도 약 30년 동안 사용 후 핵연료 저장수조에서 수냉식으로 식혀야 한다. 이후에는 공랭식으로 수십 년을 더 식혀야 하며, 마지막으로 고준위 폐기장에서 십만 년에서 백만 년 동안 안전하게 보관되어야 한다.

방사능의 오염이 먹거리를 통해 우리 인체에 미치는 영향은 실로 대단하다. 방사능 노출은 크게 인체가 방사능을 쐬는 외부피폭과 식품 등을 통해 체내로 들어오는 내부피폭으로 구분된다. 방사능에 노출된 토양, 해양, 빗물, 공기의 오염으로 인해 농수축산물이 피폭되어 인체로 들어와 체내에 축적되면 결국 치명적인 위험이 된다. 실제로 체르노빌 원전 사고를 겪었던 우크라이나의 경우, 음식을 통한 피폭이 80~90%에 이른다고 2006년 공식 발표하기도 하였다.

1986년의 체르노빌 원전 사고, 2011년의 후쿠시마 원전 사고 같은 대재앙을 떠나서도 원자력 발전과 폐기물에 의한 방사능 피폭 또한 우려할 만한 수준이다. 원자력 발전 찬성론자들의 주장인 원전들이 발생시킬 수 있는 저농도 방사능이 X-레이 촬영보다 약한 미량이라 안전하다고 주장하지만, 이러한 주장은 애써 '내부피폭'을 외면하는 주장이다. 호흡을 통해, 음식물을 통해 신체 내로 들어가는 방사능은 아주 작은 미량이라도 잔류하고, 축적·농축되어 지속적인 피해를 끼치기 때문이다. 방사능은 인체에서 축적·농축되기에 무서운 것이다. 먹이 사슬에서 상위에 있는 생물로 올라갈수록 최고 100만 배까지 농축될 수 있다고 한다.

최근 후쿠시마 핵 발전소 폭발로 일본 열도와 해양의 방사능 유출은 이웃한 우리의 먹거리에 대한 심각한 위험을 제기하고 있다. 매년 8만 톤 가까이 수입하던 일본산 수산물의 종류와 규모를 볼 때 그 위험은 더 커진다. 우리 정부의 대처는 더 불안했다. 후쿠시마 방사능 오염수 유출사고 이후 정부는 수산물 수입 제한도 늑장 조치했고, 수산물 방사능 검사도 일부 항목과 최소한의 샘플만 실시하는 등 곳곳에서 구멍을 냈다. 최우선적으로 방사능 오염 및 위험 지역에서의 철저한 수입제한 조치, 방사능 오염도 표시제 전면 도입과 방사능 기준치 하향 조정 등의 실질적인 대책이 필요하다.

하지만 방사능 검사 같은 조치들은 결국 사후 약방문에 불과하다. 먹거리의 방사능 위험은 보다 인류사적 근본적인 대책 없이는 해결할 수 없다. 현재의 모든 원자력 발전과 핵무기를 없앤다 해도 방사능 원소의 반감기 등을 고려할 때, 몇 천 년이 흘러도 안심할 수 없는 인류의 숙명적 재앙 덩어리이다. 핵 발전소 밀집도가 세계 1위인 우리나라의 경우 방사능 노출에 안전지대가 결코 아니다. 인류의 지속가능성과 환경적 측면에서 "이미 망한 산업으로서의 원전"에 대한 전면적인 재검토가 이루어져야 우리의 먹거리도 방사능 공포로부터 조금이나마 벗어날 수 있을 것이다.

유전자조작식품 위험성

유전자조작식품(GMO)에 대한 규정은 국내에서는 몇 가지가 있다. 먼저, "인공적으로 유전자를 분리 또는 재조합 하여 의도한 특성을 갖도록 하는 농산물"로 규정한 농산물품질관리법(농림축산식품부)의 '유전자변형농산물'이 있다. 그리고 "생물의 유전자 중 유용한 유전자만을 취하여 다른 생물체의 유전자와 결합시키는 등의 유전자재조합기술을 활용하여 재배·육성된 농·축·수산물 등을 원료로 하여 제조·가공한 식품 또는 식품첨가물"로 규정한 식품위생법(식품의약품안전처)의 '유전자재조합식품(GM food)'라는 규정이 있다. 또한 "유전자변형기술, 세포융합 등 현대 생명공학기술을 이용하여 얻어진 새롭게 조합된 유전물질을 포함하고 있는 생물체"라는 유전자변형생물체의 국가간 이동 등에 관한 법률(지식경제부)의 '유전자변형생물체'라는 개념이 있다.

각 부처의 업무와 입법 취지에 따라 약간의 강조점이 다르기는 하지만, 유전자조작식품은 농산물의 종자에 유전적 변형을 가하여 생물에 인위적인 조작을 했다는 점에서 그 안전성은 여전히 확증되지 않았다.

전 세계적으로 GMO 재배는 가파르게 증가하고 있다. 유전자조작 종자시장이 132억 달러에 이르고, 유전자조작 옥수수, 콩, 면화 시장은 1천 6백억 달러로 매년 10~15% 성장하고 있다. 비록 GMO 재배는 미국, 브라질, 아르헨티나, 캐나다 등 주요 농산물 수출국에 집중되어 있긴 하지만 국경이 없는 글로벌 먹거리 시스템에서 안전지대는 없다고 보는 것이 맞다.

대표적 GMO 식재료는 콩, 옥수수, 면화, 유채이다. 전 세계 유전자조작 작물 중에서 콩이 차지하는 비율은 47%, 옥수수 32%, 면화 15%, 유채가 5%이다. 전 세계적으로 유통되는 콩 중에서 70%, 옥수수 26%, 면화 49% 그리고 유채 21%가 유전자가 조작된 작물이라 할 수 있다.

유전자조작 작물에 삽입하는 유전형질은 크게 두 가지로 제초제 저항성과 살충제 내성이다. 제초제 저항성이란 특정 제초제 특히 몬산토 사에서 판매하고 있는 글라이포세이트(Glyphosate) 계열 제초제인 라운드업(Roundup)에 견디는 유전형질을 삽입한 것이다. 살충제 내성 GMO란 미생물 농약으로 사용되는 Bt균에서 뽑아낸 유전형질을 작물에 삽입해서 작물 스스로 해충에게 치명적인 독성을 내뿜도록 조작된 작물을 말한다. 현재는 이 두 가지가 혼합하여 작물에 삽입되고 있으며, 그 외의 여러 제초제 저항성 작물이 상품화되고 있다.

GMO 왜 문제인가

유전자조작식품에 대한 확대나 옹호자들은 GMO 재배가 식량 부족과 기후변화, 환경위기를 극복할 수 있는 수단이라고 주장한다. 하지만 유전자조작이 가져오는 생태계 혼란과 파괴는 물론 그 식품의 안전성이 전혀 검증되지 않았기 때문에 애초의 선의와 상관없이 결코 돌이킬 수 없는 피해를 가져올 수 있는 위험한 도박이라 할 수 있다. 몇 가지 심각한 문제점을 살펴 보자.

식품으로서 안전성이 충분하게 확인되지 못했다. 유전자의 삽입으로 인한 원하지 않는 오염물질과 위해물질이 생성될 가능성이 있다. 이는 각종 알레르기 질병을 유발할 수 있다. 또한 유전자조작 과정에서 첨가하는 항생제 내성 유전자가 장내 박테리아와 병원균에 확산되어 인간에게도 항생제 내성이 전염될 가능성이 있다. 유전자 조작과정에서 새로운 병원성 박테리아와 바이러스가 생겨날 수 있다. 우리가 지금껏 경험하지 못한 새로운 질병을 유발할 수 있는 것이다.

유전자조작식품은 생태계와 종 다양성을 파괴하고 환경을 오염시킨다. 제초제 저항성이나 병해충 저항성 유전자를 가지는 슈퍼잡초와 슈퍼해충 같은 전혀 새로운 종이 탄생하게 만든다. 특정 제초제와 농약에만 저항성을 갖는 특정 품종만 재배하여 종 다양성을 파괴하고, 다른 농약과 제초제의 사용을 늘리게 된다. GMO 콩이 우리나라에 들어올 경우 기존의 콩과 식물에 어떤 영향을 줄지 알 수 없다. '유전자 오염'이라는 유전자 전이와 노출을 통해 생태계가 전혀 새로운 식물들로 뒤덮일 수 있는 것이다.

또한 유전자조작식품은 사회적 불평등을 야기하고, 다국적 기업의 농식품에 대한 독점을 가속화한다. 가난한 나라나 저소득층이 저질의 값싼 유전자조작식품을 구매하게 되는 것이다. 또한 식량문제를 해결하겠다는 유전자조작 작물 개발 목적은 대부분 사료용 또는 바이오 연료로 사용되고 있다. 자동차 연료와 사료를 위해 유전자조작 작물이 재배되고, 국제 금융자본은 이러한 농산물 선물시장에서 돈을 벌고, 다국적 생명공학기업은 기술 로열티와 종자, 농약 판매로 이득을 보는 구조이다. 생명공학기술이 돈이 되도록 하는 위험한 머니게임에 GMO 재배가 활용되고 있는 것이다.

우리는 GMO로부터 안전한가?

현재 우리나라의 유전자조작 작물 수입 및 안전성 승인 현황을 살펴보면, 식품용 LMO(Living Modified Organisms, GMO 보다 광의의 유전자변형생물체)에 대한 식품의약품안전처의 심사 현황은 5개

작물, 1개 미생물 등 총 67건에 대해 승인하였다. 콩(8종), 옥수수(38종), 면화(14종), 유채(3종), 사탕무(1종), 미생물(1개 이벤트) 등이다. 또한 사료용 LMO에 대한 농촌진흥청의 심사 현황은 5개 작물, 총 71건에 대해 승인하였으며, 콩(9종), 옥수수(40종), 면화(15종), 카놀라(6종), 알팔파(3종) 등이다.

우리나라에서 개발되어 재배용으로 승인된 경우는 아직 없으나, 교육과학기술부와 농촌진흥청, 농림축산식품부 등에서 수출 확대를 위해 연구를 진행 중이다. 벼, 콩, 과채류, 고추, 잔디, 화훼류, 당근, 감자, 배추 등 18개 품목 54종을 대상으로 병해충 저항성, 신기능 물질 생산, 환경 스트레스 저항성, 고생산성 등의 특성을 가지도록 하는 연구를 진행하고 있다.

종자불임기술과 단계별로 농약을 사용해야만 정상적인 성장이 가능하게 만드는 트레이트 기술을 보급 중인 몬산토사는 금호그룹과 합작해서 연구개발 중이며, 노바티스(Novatis)는 서울종묘를 인수해서 한국지사와 노바티스종묘를 운영 중이다. 국내 종자시장 70% 이상이 이미 다국적 기업에 잠식되어 있는 실정이다.

현재 GMO에 대한 우리나라 소비자의 알 권리와 투명성은 매우 불완전하다. 식품의약품안전처와 농림축산식품부에서 운영하고 있는 유전자조작식품 표시제는 문제투성이다. 유럽연합 등에서는 철저한 식품이력 추적시스템을 바탕으로 표시제를 운영하고 있으나, 우리는 실험을 통한 검출가능성에만 의존하고 있다. 따라서 가축사료용으로 수입된 콩과 옥수수가 식용유로 가공되었을 경우에는 아무런 표시 없이 판매되고, 기름을 짜고 남은

찌꺼기는 사료용으로 판매되고 있다.

　식품의 전 성분 표시제가 시행되고 있는 현 시점에서도 유전자조작 식품은 주요 원재료 상위 5개에만 표시하도록 의무규정을 두고 있다. 서울환경연합이 2011년 조사한 결과 6~7번째 원료로 대두박 등 유전자조작 원료를 사용한 소시지와 햄 등은 아무런 표시 없이 판매되고 있었다. 특히 수입식품의 경우 원재료의 순위가 수입 시 확인할 수 없기 때문에 현행 규정은 유명무실한 실정이다. 2008년 광우병 촛불 이후 이명박 정부는 식품안전을 최우선 정책과제로 정하고 유전자조작식품표시제 개정을 약속했으나, 식품기업과 관련 이익단체들의 로비로 개정안이 상정되지 못하고 있는 실정이다.

　그런데 전에는 주요 원재료를 함량이 많은 순으로 5가지 이상 표시하도록 했지만 현재는 모든 원재료를 표시하도록 식품위생법이 바뀌었음에도 이를 유전자조작식품은 지키지 않고 있다. GMO 완전표시제가 도입되도록 식품위생법을 대폭 개정해야 한다. 원재료 함량 순위와 제조·가공 후 유전자조작 DNA 또는 외래단백질 성분의 잔류 여부에 상관없이 GMO가 첨가됐으면 모두 표시해야 한다. 그래서 국민들로 하여금 자신이 먹는 음식이 무엇인지 알고 먹도록 국민의 알 권리를 보장하고 합리적 선택권과 건강권을 보장해야 한다.

식품첨가물 위험성

먹거리의 안전성을 위협하는 대표적인 것 중의 하나가 수많은 식품첨가물이다. 식품첨가물은 식품의 보존과 유통기한을 늘리고, 색깔이나 맛, 모양을 좋게 하기 위해 넣는 여러 가지 화학합성 물질들이다.

흔히 식품첨가물은 나라에서 허가했기 때문에 안전성이 확인됐다고 생각하는 경향이 있다. 하지만 식품첨가물의 허가 관리 과정이 완벽에 가까운 것이 결코 아니다. 나아가 여러 첨가물을 동시에 먹는 경우의 유해성, 즉 '화학물질의 칵테일효과'를 생각하면 더욱 위험하다. 유해성의 누적 효과도 위험도를 높인다. 식품첨가물의 유해성이 당장 나타나지 않고, 조금씩 누적되어 어느 수준에 도달하여 병리적인 문제로 나타난다. 따라서 시간도 많이 걸리고 인과관계도 밝히기 어렵다.

칼로리는 높지만 영양분은 거의 없는 정크 푸드나 패스트푸드 등에 유독 식품첨가물이 많이 들어간다. 이러한 정크 푸드는 일종의 '잘 먹어서 생기는 병'들인 비만, 당뇨의 원인이 된다.

공장식 축산과 항생제 위험성

우리가 소비하는 육류의 대부분은 공장식 축산과 집단시설에서 사육된다. 그리고 공장식 도축시설에서 가공처리 된다. 이러한 공장식 축산은 밀집사육, 인공시술, 화약약품 첨가, 유전자조작 사료 등으로 사육하는 것을 특징으로 한다. 이러한 실태를 보면 국내 돼지의 60% 이상이 2,000마리 이상 사육하는 대규모 양돈농가에서 생산되고, 3만 마리 이상 사육하는 양계농가가 국내 닭의 80%를 공급하며, 1만 마리 이상 사육하는 오리농가가 90%를 공급하고 있다. 이처럼 대형 축산농가의 공급이 대세인 것이다.

이러한 대규모 축산의 문제점은 동물성 사료와 유전자조작 곡물의 사료를 쓴다는 점이다. 또한 성장호르몬 투입, 각종 항생제를 사용한다. 한국인의 1인당 육류 소비량은 2010년 기준으로 41.1kg에 달한다. 1970년의 5.2kg에 비해 8배 이상 급속히 증가하고 있다. 이처럼 점차 육식으로 변해 가는 현실에서 공장식 축산 고기의 섭취는 항생제 내성균과 병원성 식중독균 등의 오염의 위험이 상존하고 있다. 뿐만 아니라 지나친 육식은 비만과 각종 질병의 원인으로 지목되고 있다.

더욱이 최근의 광우병 파동, 조류인프루엔자(AI), 신종인프루엔자 등에서 보듯 축산물의 안전성은 점점 취약해지고 있다. 수입산의 경우 그 안전성은 국내산보다 몇 배나 위험할지 모른다.

앞서 살펴본 바와 같이 식품의 안전성은 곳곳에서 잠재되어 있다. 이제 국민의 건강과 안전은 식품의 안전성에 달려 있다. 이를 위한 우수농산물관리(GAP), 이력추적제, 친환경농업, 원산지 표시제도, GMO 라벨링 등의 안전 및 인증 기준을 획기적으로 정비하고, 이를 통해 먹거리에 대한 규범적 관리를 최대한으로 강화해야 한다.

3. 식량의 위기다

우리의 먹거리는 충분한가

우리의 식량 위기에 대한 인식은 매우 낮다.
우리에게는 아직도 산업화와 경제성장이 식량문제를 해결 한다는 신화가 널리 퍼져 있다. 물론 경제성장이 배고픔을 극복해 온 것은 부인할 수 없는 사실이다. 하지만 이제는 달라졌다. 우리나라 농업의 몰락이 위험한 단계에 와 있다. 우선 곡물 자급률이 23.6%(2012년 기준)에 머물고 있다. 우리의 먹거리가 글로벌 먹거리 시스템에 전적으로 의존하고 있는 것이다. 또한 지금의 먹거리 문제는 단순히 배고픔을 해결하는 단계가 아니라 안전하고 건강한 먹거리라는 질이 문제가 되는 단계다. 이러한 질적 위기에 있지만 사회적 인식은 현실을 반영하고 있지 못하다.
대다수 국민들은 식량 위기와 기아를 먼 나라 아프리카의 낙후

된 나라나 정치경제적 시스템이 제대로 작동하지 않는 나라의 문제로 보고 체감하지 못하고 있다. 이러한 배경에는 우리의 주식인 쌀의 자급률이 높기 때문이다. 쌀만 있으면 설마 굶기야 하겠느냐는 인식이 있다. 하지만 쌀 자급률도 2012년도에는 86.1%까지 떨어졌다. 두어 해 전만 해도 정부가 나서서 쌀이 남아돈다는 이유로 논에 쌀 대신 다른 작물을 심으면 보조금을 주는 정책을 폈다. 얼마나 정부의 위기 인식이 문제인지 알 수 있다. 이제 우리도 세계적 식량위기를 체감하게 될 날이 머지않았다. 축산물의 경우도 사료 값 폭등으로 축산농가가 붕괴되면서 자급률도 나날이 떨어지고 있는 실정이다.

또한 먹거리 시스템의 구조적 문제에 둔감하다. 글로벌 거대 농식품 다국적 기업의 횡포를 직접적으로 경험하지 못하고 있기 때문이다. 하지만 먹거리 생산과 유통에서 거대 다국적 자본의 횡포와 왜곡은 우리가 모르는 사이 급속하게 진행되고 있다. 대형 할인마트가 골목상권을 죽이는 현실이 먹거리 시스템에도 그대로 적용되고 있다. 수입농산물에 대한 거부감도 안전성이 주된 것이지 우리 식량자급도에 대한 사회경제적 의미를 인식하며 걱정하지는 않는다. 또한 우리가 매년 겪는 배추 파동, 마늘 파동 등 갖가지 작물의 불안정과 가격 폭등 현상은 이러한 구조적인 문제로 인해 발생하는 것이다.

하지만 세계적 식량 위기가 현실화되고 있는 시점에서 우리 농업의 위기와 식량 위기 또한 발등에 떨어진 불이라 할 수 있다. 획기적인 농업정책의 도입과 먹거리 시스템의 근본적인 전환 없이는 이러한 위기를 극복할 방안이 없다. 특히 국내 농업은 뒷전인 채 농산물 수입으로 우리의 식량 위기를 타개하려는 정책 방향은 글로벌 먹거리 시스템에 더욱더 의존하게 하고 우리의 식량주권을 글로벌 농식품 다국적 기업들에 맡기는 결과를 초래할 것이다.

우리에게 지금 절박하게 필요한 것은 먹거리의 충분하고 안정적 생산이다. 가능한 최우선적으로 국내 생산기반을 확충, 자급률을 높이도록 해야 하며, 이를 위해 농사짓는 농민의 생활 보장과 후계 농민의 육성, 농지의 유지 확대와 경자유전 준수, 국가적 차원에서의 식량자급률을 높이는 제고 대책이 시급하다.

우리 농업이 붕괴되고 있다

우리들의 밥상은 농민들이 차려 주는 것이다. 우리가 먹는 문제를 해결하기 위해서는 본질적으로 농업의 문제를 해결하지 않으면 답이 없다. 땅과 햇빛과 물이라는 자연의 힘에 인간의 땀방울을 더해 먹거리를 생산하는 농업 없이 어떤 먹거리도 만들어지지 않는다.

농업의 붕괴는 국가의 붕괴로 이어진다. 농업·농촌의 발전 없이는 결코 선진국이 될 수 없다. 국내총생산(GDP) 개념을 만들어 노벨경제학상을 수상한 사이먼 쿠즈네츠(S. Kuznetz)는 "후진국이 공업화를 통해 중진국은 될 수 있지만, 농업·농촌 발전 없이는 선진국이 될 수 없다."고 갈파한 적이 있다. 오늘날 선진국치고 식량자급률이 높지 않은 나라가 없고, 자국의 소농 보호와 다양한 직접지불금을 통한 농가소득 보장, 지속가능한 농업을 통한 안전한 먹거리의 안정 공급과 쾌적한 농촌 발전, 생태환경 보전과 국토의 균형발전 및 지역사회 활성화를 자랑하지 않는 나라가 없다.

불행하게도 지금 우리 농업·농촌은 붕괴의 과정에 있다. 글로벌 먹거리 시스템의 전면화와 우리 정부의 농업정책 실패가 결합된 결과이고, 농산물 수입개방, FTA 체결 등으로 그 붕괴 속도가 가속화되고 있는 것이다. 현재 우리 농업·농촌의 붕괴는 농가인구의 감소, 농가소득 감소, 식량자급률 저하라는 지표가 현실을 잘 보여주고 있다.

농가인구의 감소

현재 우리 농업에 종사하는 농가인구는 2011년(296만 5,000명)을 기점으로 300만 명 선이 붕괴되었다. 우루과이라운드로 인한 시장개방 시점인 1995년과 비교해 보면 당시 485만 명에서 200만 명가량이 감소한 것이다. 65세 이상 농가인구는 1995년과 비교하면 16.2%에서 36.2%로 배 이상 증가했다. 그런데 문제는 농사지을 후계 세대가 없다는 점이다. 농가인구 중 65세 이상은 36.2%를 차지하지만, 농업경영주에서는 50%에 달한다. 더욱이 후계자가 있는 농가는 4% 밖에 되지 않는다. 농사짓는 이들을 더 이상 좌절시키지 않고 비농민 중에서 농사를 통해 미래를 꿈꾸도록 하는 획기적인 농정 전환이 그래서 핵심과제이다. 정부가 이에 실패하면 그 고통은 농민뿐 아니라 고스란히 국민 전체에 돌아간다.

· 농가소득 감소

농가의 농업소득이 정체 내지 감소하고 있고 도농간 소득격차가 급격히 확대되고 있다. 농가 호당 평균 농업소득은 1995년 이후 1,000~1,200만원 수준에서 정체되었는데, 최근 2011년에는 그 1/3 수준인 875만 3,000원으로 더 떨어졌다. 농업소득에다 기타 도시로부터의 이전소득 등 농외소득을 더한 호당 평균 농가소득은 농업소득의 열악한 수준으로 인해 도시근로자가구 소득 대비 1995년 95.7%에서 2011년 59.1%로 격차가 확대되고 있다.

더 이상 농사를 지어서는 먹고 살 길이 막막해진 것이다.

농가소득 문제는 농업을 지키고 농민을 농사짓게 하여 국민에게 안전하고 건강한 먹거리를 안정적으로 공급하도록 하는 근본 과제이다. 즉 농가소득 보장은 농민의 입장에서는 인간답게 살 수 있는 기본 조건이면서, 국민 전체의 먹거리 보장 측면에서는 앞서 쿠즈네츠 교수의 지적과 같이 국가 발전의 기본 과제인 것이다. 소득 보장은 농가인구를 적정선에서 보호·육성하고, 먹거리 주권을 실현하여 국민 전체의 생명줄을 지키는 데 핵심 정책이다. 도시근로자가구 소득 대비 농가소득의 격차가 59.1%로 절반 가까이 떨어졌다는 것은 기본적으로 농축산물값 하락과 생산비 급등으로 농업소득이 대폭 줄었기 때문이다. 생산비는 늘고 내다파는 가격은 대폭 떨어지니 소득 감소는 당연한 일인데, 문제는 매년 되풀이되는 데 있다. 그동안 정부가 한 일이란 가격 폭락에는 뒷짐만 지다가 조금만 오르면 수입에 혈안이었던 게 고작이다. 농사짓는 이들치고 안정적인 미래 설계가 가능한 이들이 얼마나 있는가.

해체와 붕괴로 인한 농민 파탄과 국민 위기를 막고, 농민에게 희망을, 국민에게 행복을 보장하는 핵심 정책수단이 절실하다. 그 시작은 농가소득 보장에서 강구되어야 한다. 농가소득 보장은 무엇보다 일정 수준 농가의 기본소득을 보장하여 안정적, 지속적 생산·생활을 영위하여 인간으로서 자존감을 지키며 살 수 있도록 하는 것이다. 유럽 선진농업국 수준의 강력하고 다양한 직접지불제의 대폭 확대, 가격안정대에 의한 기초 농축산물의 최저가격 보장, 주요 곡물의 국가수매제 등을 핵심정책수단으로 해서, 현재 도농간 소득격차 59.1%를 최대한 근접시킬 수 있는 소득보장 정책을 농정대개혁의 골간으로 삼아야 한다.

먹거리 자급률 하락

가장 최근에 발표된 우리나라 먹거리 자급률 통계(2013년 10월, 농림축산식품부의 국회 제출 자료)는 2012년 기준으로 식량자급률 45.3%, 곡물자급률 23.6%이다. 사료용을 제외한 식용 곡물 기준의 식량자급률이 1970년 86.2%에서 40년 사이에 반 토막이 났다. 사료용을 포함한 곡물자급률도 1970년 80.5%에서 2012년 23.6%로 1/4 수준으로 떨어졌다. 우리의 먹거리 생산량은 급속도로 줄고 수입은 급격히 증가하고 있는 것이다.

식량자급률 제고가 최우선적 목표다

자급률이란 한 나라의 소비량에서 차지하는 국내 생산량의 비율을 나타내는 기본 지표다. 식량자급률이 45%라 했을 때 나머지는 수입으로 충당한다는 것이다. 먹거리 자급률은 여러 가지로

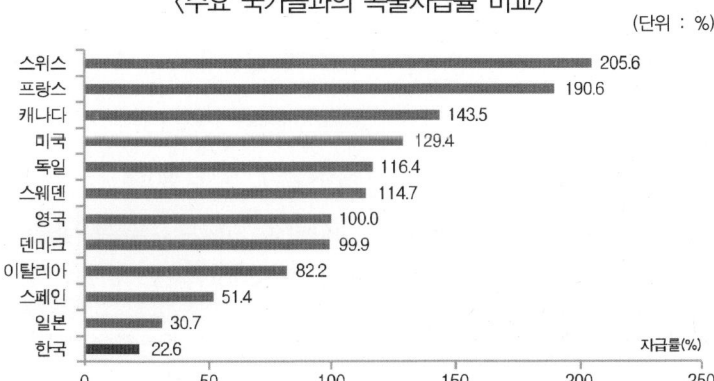

〈주요 국가들과의 곡물자급률 비교〉

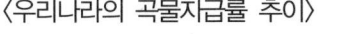

* 한국은 2011년 기준(잠정 수치. 2012년 최종 발표는 24.3%), 그 외 국가들은 2009년 기준

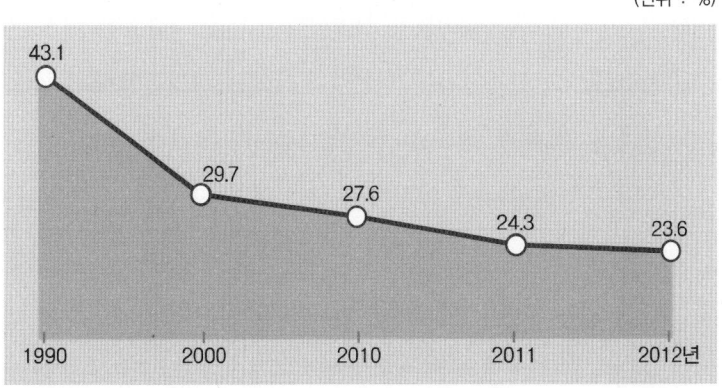

〈우리나라의 곡물자급률 추이〉

나누어 계산되는데 중요한 것이 식량자급률, 곡물자급률, 주식으로 쓰이는 쌀, 콩, 밀 등의 품목별 자급률 등이다. 한 나라의 농업 현실과 식량주권 상황, 먹거리 시스템의 안정성 등을 평가하는 데 활용된다.

앞서 살펴본 바와 같이 2012년 기준 식량자급률 45.3%, 곡물자급률 23.6%이다(농수산위 김춘진 의원). OECD 주요국들의 곡물자급률은 2009년 기준으로 스위스(205.6%), 프랑스(190.6%), 캐나다(143.5%), 미국(129.4%) 순으로 높으며 일본은 30.7%로 우리보다 조금은 나은 편이다.(농업전망 2013, 농촌경제연구원).

식량자급률은 사람이 먹는 식용곡물(쌀, 보리, 밀, 콩, 옥수수, 조, 수수 등)의 국내 소비량 중 국내 생산량을 말한다. 곡물자급률은 사료용 곡물을 포함한 각종 곡물의 국내 소비량 중 국내 생산량이 차지하는 비율이다. 우리나라의 식량자급률과 관련하여 유념해야 하는 것은 식량자급률에는 상대적으로 매우 높은 자급률을 보이는 쌀이 포함되어 있어 그나마 유지되고 있고, 곡물자급률 또한 자급률이 90%에 이르는 감자, 고구마가 포함되어 있기 때문이다. 따라서 이러한 품목들을 고려한다면 실제 자급률은 더 낮은 수준이라 할 수 있다. 전문가들은 우리의 식량자급률에서 쌀을 제외한다면 3%대로 정도로 떨어질 것이라고 추정한다.

자국의 주식을 외국에 의존하는 것이 가지는 위험에 대해 모든 나라들이 절감하고 있다. 따라서 수출보다는 자국 내 식량 자급률을 높이는 데 농정의 핵심 방향을 설정하고 있다. 한편 지난 2007, 2008년의 세계 식량 위기(이른바 곡물가 상승에 의한 물가상승이라는 애그플레이션Agflation 격화)에서 보듯이 식량 위기 상황이 닥치자 주요 곡물 수출국들은 수출금지 조치를 내리거나 곡물 수출세, 수출할당제를 도입하면서 자국의 곡물 보호에 공격적으로 나선다. 국제 곡물가격의 급등과 불안정은 주식인 곡물을 수입에 의존하는 나라들에게는 치명적인 위기를 초래한다. 당시 국제 곡물가격 급등이 이집트, 튀니지 등의 혁명적 정치 변화의 원인으로 작용하였다고 분석되고 있다.

왜 식량자급률이 중요할까

세계 인류의 주식인 쌀, 밀, 옥수수, 콩 등 곡물의 무역은 자유무역 시스템으로 해결될 성질의 것이 아니라는 데 그 핵심이 있다. 우리가 반도체와 자동차를 수출하고 곡물을 싸게 구입하면 좋지 않느냐는 주장은 산업 수출로 인한 이익수혜자가 국민이나 정부가 아니라는 점에서 그 자체로도 허황된 이야기이지만, 곡물 수입이 언제 어느 때나 우리가 원하는 만큼 할 수 있는 문제도 아니거니와 국가의 생존을 외국에 맡기는 위험천만한 발상이기 때문이다.

첫째, 식량자급률은 식량안보, 식량주권의 문제이기 때문이다. 주식으로 먹는 곡물은 국민 개개인은 물론 공동체의 생명 유지의 필수요소라는 점에서 모든 국가들이 국방이나 치안과 같이 국가경영전략의 최우선 과제로 중시하여 식량안보, 식량주권의 문제로 노력하고 있다. 결국 식량의 가능한 자급의 노력 문제는 모든 국가의 절체절명의 과제인 것이다. 현재 국제 농산물시장에서 거래되는 곡물은 약 13%에 불과하며 그것도 쌀의 경우 3%도 채 되지 않는 '얇은 시장(thin market)'이기 때문에 더욱더 그렇다.

둘째, 국제 곡물시장의 과점적 구조와 곡물메이저의 존재이다. 현재 곡물을 수출하는 상위 5대 국가는 미국, 아르헨티나, 캐나다, 호주, EU 등이다. 이들의 수출량이 전체 곡물 수출량의 68.5%인 1억 7천만 톤에 달하고 있다. 품목별로 밀은 미국(26.4%), 캐나다(14.5%), 호주(11.9%), EU-27(11.4%), 아르헨티나(9.2%) 등 상위 5개국이 73%를 차지한다. 옥수수는 미국이 62.6%를 차지하고 있다. 이러한 곡물시장의 과점적 구조는 가격결정, 공급량, 제품의 질, 각종 규제와 인증 과정에서 수입국들이 불리한 절대 '을'이 되어 매달리게 될 수밖에 없는 구조이다.

곡물 메이저의 시장 지배력은 더 엄청나다. 곡물의 생산, 저장, 수송, 가공 등을 취급하는 세계적인 다국적 기업들은 세계 곡물 수출입량의 80% 이상을 장악하고 있다. 이들의 입김에 의해 식량가격이 폭등하거나 폭락하고 세계의 밥상이 출렁일 수 있다. 국제적인 시장개방체제의 다른 이름인 WTO(세계무역기구) 체제에서 농산물 자유무역에 이들은 개입해 왔고 여전히 국제무역질서를 좌우하고 있다.

셋째, 농업의 대체 불가능성 때문이다. 농업은 한 국가에서의 다원적 기능이 있기 때문에 농업을 다른 산업을 위해 희생하거나 주식 곡물의 재배를 포기하면서 수입농산물로 대체할 수 없다. 식량주권을 기본으로 하여 홍수조절, 대기정화, 토양보전, 폐기물처리 등의 환경보호 기능을 농업이 담당한다. 농촌 경관과 전통 문화 등 사회문화를 보전하는 기능도 있다. 국토 지리적으로는 도시 과밀화 등 도시문제의 완화, 국가 공동체의 균형발전과 지속 가능한 발전의 측면에서 농촌이 국가공동체에 기여하는 활력은 매우 크다. 이러한 농업이 가지는 경제 외적인 기능, 즉 비교역적 기능(NTC)이 있기에 자국의 농업이 계속 유지될 필요가 있으며, 이러한 기능을 심각하게 훼손할 우려가 있는 수입농산물 의존은 커다란 사회적 비용을 야기한다는 것이다.

우리의 식량자급률을 높이는 것이 우리 농업의 가장 중요한 목표가 되어야 한다. 우리나라는 현재 2006년부터 식량 자급률 목표 및 추진 계획을 마련해 추진하고 있는데, 정부는 실질적 대책 없이 수치로는 2011년에 2015년 곡물자급률 목표치를 기존 25%에서 30%로 높이고, 2020년에는 32%까지 끌어올리기로 했다고 발표했다. 하지만 구체적 실질적 대책이 마련되지 않고 있다. 일례로 지난 이명박 정부의 농업정책의 근간은 "농식품 산업화와 수출증대"를 내걸고, 대기업 중심의 농정을 펼쳤다. 슬프고 처참한 인식과 대책이었다.

'기초농산물 국가수매제' 등 공공성의 관점을 가지고 식량위기에 대비하여야 할 필요가 있다.

4. 대안적 먹거리 시스템이란

먹거리 운동의 목표는 모든 사람들이 안전하고 건강한 먹거리를 먹을 수 있도록 하는 데 있다. 여기에는 많은 이해관계자들이 참여한다. 대표적으로 소비자, 농민, 식품 관련 종사들이다. 하지만 먹거리의 기본 특성상 전 국민이 운동의 주체라 할 수 있다.

먹거리 운동의 목표는 당연히 현재의 먹거리 시스템의 개혁에 그 초점을 맞추어야 한다. 현재 글로벌 독점 대기업에 좌우되는 관행 먹거리 시스템에 맞서 대안적 먹거리 시스템을 정착시키는 노력이 일차적인 과제이다. 아울러 현행 먹거리 시스템에 의해 희생되는 사회적 약자, 어린이, 노인, 가난한 사람들의 안전하고 안정적인 먹거리를 위해 노력하는 것이다.

먹거리의 생산·가공·유통·소비의 관계망을 새로운 관점과 철학으로 보지 않으면 획기적인 개선책은 불가능하다. 기존의 대량생산·시장소비의 시스템에서는 개인이 아무리 창의적인 노력을 한다고 해도 안전하고 건강한 먹거리와 지속가능한 소비는 불가능에 가깝다. 생태적 가치, 사회적 가치, 문화 역사적 가치, 영양학적 가치들을 조화롭게 고려하여 새로운 관계망을 구축해야 한다.

 기존의 전통적 먹거리 시스템에서 획기적인 패러다임의 전환을 시도하는 다양한 노력들이 전세계적으로 실천되고 있다. 로컬푸드 운동, 유기 농산물 운동, 공정무역 운동 등이 대표적인 대안 운동이라 할 수 있다.

먹거리 시스템 전환, 어디서 시작할까?

 먹거리 시스템의 전환을 위해서 가장 중요한 것은 기존 먹거리 시스템의 악순환의 구조 속에 머물 것인가, 아니면 선순환의 구조를 만들 것인가이다. 크게 두 가지의 과제가 놓여 있다. 바로 농업의 패러다임을 바꾸는 것 그리고 현재의 글로벌 먹거리 시스템을 대체할 수 있는 대안적 먹거리 시스템을 만드는 것이다. 물론 이 두 가지는 본질적으로 하나로 연결되어 있는 것이고 유기농, 생태농업, 중소농 중심 농업, 품목·지역의 협동농업 등의 다양한 대안농업 운동과 로컬푸드, 공공급식 운동, 먹거리 주권 운동 등 대안 먹거리 시스템을 만드는 운동은 하나의 몸의 두 다리처럼 함께 움직이는 것이다.

 무엇보다, 먹거리 시스템 전환의 첫 고리는 농업의 패러다임 전환에서 시작되어야 한다. 하지만 농민들의 일차적 노력에 모든 것을 맡겨 둘 수는 없다. 바로 현재의 먹거리 시스템의 구조에서는 친환경 농산물 생산 등 농민들의 자발적 노력이 거대한 농식품 독과점 기업과 유통자본에 의해 시장에서 어떤 힘도 발휘할 수 없기 때문이다. 더욱이 현재의 농민들의 고통은 이러한 구조적 문제의 희생자이기도 하다. 농업 경쟁력 제고, 수출 증대, 대규모화라는 기존의 농업정책이 소비자·환경·균형발전·지속가능 사회 실현·안전 안심 먹거리 문제까지 포괄하는 광의의 농업정책으로 전환하는 것이 농업을 살리는 최선의 접근이다. 농업에 대한 접근이 산업형 대량생산, 자유무역, 거대 농식품기업 중심에서 안전성, 생태적 지속가능성, 지역과 공동체 중심, 협동과 연대, 순환과 공생으로 가치의 전환을 필요로 한다.

농업 패러다임 전환의 목표와 방향을 정리하면 첫째, 식량생산 자원을 최대한 활용하여 식량자급률을 높이고, 농업의 지속가능성을 위해 농민에 대한 지원과 농가소득 향상을 이끌어내야 한다. 또한 지속가능한 농업을 위해 친환경 생태농업을 지원 발전시켜야 한다. 기존의 비료, 농약에 의한 생산력 증대라는 관행 농업을 친환경 생태농업으로 전환하여 흙도 살리고 국민들의 건강도 살리는 농법이 적극 지원되어야 한다.

대안적 먹거리 시스템과 관련하여 로컬푸드, 유기 농산물 생산·가공·유통·소비의 활성화, 아울러 식문화 의식을 높이는 다양한 식생활 교육 프로그램이 있어야 한다. 이는 안전하고 건강한 먹거리를 주체적으로 찾고 소비하는 의식 있는 소비자를 키우는 것이 될 것이다.

대안적 먹거리 시스템을 만들어 가는 데 있어서 공공급식의 중요성은 매우 크다. 대안적 먹거리 시스템을 정착시키기 위해서는 무엇보다 정부의 공공조달 구매력을 활용한 '보호된 시장'의 창출과 활성화가 중요하기 때문이다. 유기농과 지역산 먹거리를 700만 초중고생들에게 만이라도 급식한다면 생산량을 기준으로 할 때 쌀은 약 8.3%, 콩 36.2%, 감자 8.6%, 고구마 8.7%, 쇠고기 24.8%, 돼지고기 10.4%, 닭고기 11.8%, 우유 12.0%, 계란 8.8%, 채소류 7.2%, 과일류 8.9% 등을 급식으로 충당할 수 있다는 산술적 계산이 나온다.

우리 아이들에게 급식하는 먹거리만이라도 국산 먹거리를 이용한다면 농산물가격 안정 및 농가소득 보장에 크게 기여할 수 있다. 무엇보다 자라나는 우리의 다음세대는 안전한 먹거리를 먹을 수 있어 건강에 좋고, 농민들은 판로의 안정적 구축 및 예측 가능한 생산 설계를 보장받고 좋은 것을 아이들에게 먹인다는 자부심을 가질 수 있다. 추가 예산소요액은 연간 5천억 원 수준이면 가능하며 이는 현재의 약 8,149억 원이 1조 3,149억 원 정도가 된다.

대안적 먹거리 시스템은 무엇인가

여기서는 대안적 먹거리 시스템을 위한 의미 있는 노력들을 간략히 살펴보고자 한다. 대부분 로컬푸드 운동 등 소비자·농민이 중심이 되어 전개한 먹거리 운동으로 펼쳐졌지만, 그 목표가 대안적 먹거리 시스템을 만드는 것에 있기 때문에 운동이라는 개념보다는 대안적 먹거리 시스템으로 정리하여 소개한다.

로컬푸드 시스템

로컬푸드 시스템(local food system)은 우리에게 지역먹거리운동으로 불리기도 한다. 로컬푸드 시스템은 지역에서 생산된 농산물(농산물 및 가공, 조리식품)을 지역주민들이 소비하는 운동으로 농장에서 식탁까지의 과정을 줄이는 것을 목표로 한다. 즉 기업이나 중개상들에 의해 식품 공급망이 복잡해지고 길어지면서 발생하는 식품 위험, 수급 불안정, 반생태성을 극복하기 위한 운동이다. '지역'의 범위에 대한 일정한 기준은 없으나 가급적 가까울수록 좋다.

외국의 경우 로컬푸드 운동은 하나의 대안적 성격을 가지며 발전되었다. 일본의 지산지소(地産地消) 운동, 영국의 공공부문 먹거리 구매 계획(PSFPI, public sector food procurement initiative), 미국의 지역사회 먹거리 보장(CFS, community food security) 등의 사례가 대표적이다.

로컬푸드 운동은 생산자와 소비자 사이의 관계의 확대, 거리의 축소, 신뢰의 확산으로 요약될 수 있다. 지역별 자급률은 당연히 국가 전체의 자급률 향상으로 연결될 것이고, 지역 차원의 자원순환 기능의 회복을 통한 지역순환형 사회를 만드는 요체가 된다.

우리의 식재료가 식탁에 오르기까지 거치는 과정인 유통단계에서의 거리와 과정을 줄이는 것은 복잡한 식품 공급망의 과정에서 일어나는 운송과정과 보존 처리에 들어가는 많은 추가적인 노력과 비용을 줄일 수 있다. 또한 이렇게 함으로써 보다 신선하고 안전한 농산물을 공급·소비할 수 있어 먹거리 안전을 보장하게 된다. 아울러 직거래 같은 다양한 소비시스템을 활성화할 수 있으며, 여러 가지 환경적 피해를 줄일 수 있다.

로컬푸드 시스템이 농장에서 식탁까지의 과정을 줄이는 것을 일차적 목표로 하지만, 이는 결국은 생산자에게 정당한 몫을 그리고 소비자들에게는 믿을만한 안전한 먹거리를 제공하고, 나아가 생산자와 소비자들의 협동과 연대에 의한 도·농 먹거리 공동체를 만드는 것이 진정한 목표가 된다.

로컬푸드 시스템은 생산자와 소비자의 사이의 관계는 높이고 거리는 축소하며 신뢰는 커지게 하는 시스템이다. 얼굴을 맞대고 구매할 수 있으며, 누가 어디서 생산한 것인지 확인하며 믿을 수 있다는 점에서 농산물 소비과정에서의 신뢰는 돈독해진다. 나아가 지역 차원의 자원순환 기능과 사회경제적 활성화를 가져오고 지역사회의 발전에 긍정적인 영향을 미친다.

로컬푸드 시스템이 자리 잡으면 농민들은 경제적으로 안정적인 생활을 도모할 수 있다. 확실한 판로를 마련하고 판매에 들어가는 비용과 노력을 줄이면서 소득 증가로 이어지기 때문이다.

또한 지역사회의 유지 발전과 지역경제의 다양한 기회를 제공한다. 식재료 소비활동에 들어가는 돈이 지역 내에서 돌고, 농산물을 원료로 가공하는 여러 산업이 활성화되면 돈이 지역에서 돌기 때문에 지역경제의 활성화에도 기여하는 것이다. 더 나아가 먹거리를 중심으로 다양한 지역 내 사회적 관계가 만들어지게 된다. 이는 지역공동체의 복원에 기여할 뿐만 아니라 실질적인 신뢰관계를 만들어준다.

아울러 로컬푸드 시스템이 주목받는 또 하나의 이유는 이것이 생태적으로도 크게 기여한다는 점이다. 지역의 농업 생산기반이 붕괴되지 않고 유지 발전됨에 따르는 생태적 이익은 물론 농산물이 먼 거리를 돌고 돌아 식탁에 오르면서 발생하는 탄소배출과 환경적 피해를 줄일 수 있기 때문이다.

로컬푸드 운동의 발전을 위해서는 핵심적으로 지역먹거리의 판매·보급 활동을 중점적으로 수행해야 한다. 여기에는 판매 물류·유통 활동이 중심적인 역할을 할 것이며, 또한 정보와 인식을 제고하는 활동도 이루어져야 한다.

우선적으로 지역농산물 직매소를 설치하여 다양한 지역농산물을 지역주민들의 발이 닿은 곳에 설치해야 한다. 농산물 가공에서 있어서도 지역 내 농산물을 주원료로 하도록 하여야 한다. 학교급식 및 복지시설의 급식에서 지역농산물 구매비율을 최대한으로 높일 수 있는 데까지 높여야 한다. 나아가 각종 식당과 식품판매점에서 지역농산물 비율을 높여가야 한다.

여기서 우리가 주목할 것은 학교급식이 지역먹거리 활성화에 얼마나 큰 영향을 발휘할 수 있는지를 살펴보는 것이다.

로컬푸드 시스템에서는 친환경 농업으로의 전환이 우선적으로 가능하고, 중소농의 협동생산체제, 학교급식을 포함한 공공급식 프로그램(결식아동, 독거노인, 기초생활수급계층, 사회복지시설 등), 도시

소비자공동체와의 연계망 구축 등이 가능하여 시장지배체제에서 벗어난 새로운 사회경제적 시스템 구축이 가능해진다.

유기 농산물 시스템이란

유기 농산물 시스템(Organic food systems)은 화학적 농약과 비료, 항생제, 호르몬 등을 전혀 사용하지 않으며, 윤작·혼작·간작, 종 다양성 등을 고려한 생태적 원칙을 지키는 유기농법에 의해 생산된 농축산물을 인증하고 소비하는 체계를 말한다. 즉 농업생태계의 건강증진과 생물종의 다양성 유지, 생물순환 및 생물활동 증진을 위한 농업과 이에 연계된 건강하고 안전한 먹거리 시스템인 것이다.

유기 농축산물의 생산은 비료, 농약, 항생제 등 합성된 자재를 일체 사용하지 않고, 유기물, 미생물, 광물 등 천연자원을 사용하고 농업생태계를 유지 보존하는 생산규칙을 따른 것이다. 이러한 생산규칙은 종자의 선택, 윤작·혼작·간작, 최적시비, 종 다양성 유지 등으로 구체화된다.

전 세계적으로 유기농 시장은 매년 약 20%씩 성장하고 있다. 세계 유기농 시장규모는 2009년 기준 550억 달러에 이른다. 물론 전 세계적으로 유기농 재배면적은 전체 농경지의 0.9%에 불과하지만 지속적으로 시장 규모가 성장하고 있다. 유럽의 선진국들의 경우는 농경지의 10% 이상이 유기농법을 하면서 유기농 시장 점유율이 50%에 이르고 있다.

우리나라의 경우도 유기 농산물 재배면적이 매년 증가하고 있고, 유기가공식품도 성장하고 있다. 유기농 식품의 시장 규모는 약 5,000억 원으로 이 중에서 농산물과 가공식품이 차지하는 비율이 반반 정도로 구성되어 있다. 하지만 유기가공식품의 경우 국내산 원료를 사용한 제품은 매우 낮은 13.7%에 불과하고 나머지는 수입 원료나 수입 완제품이 차지하고 있다.

유기 농산물에는 토양, 식물, 동물, 인간을 포함한 지구의 건강을 유기적 관계로 보는 건강의 원칙과 농업을 생태적 과정과 순환으로 보는 생태의 원칙, 공동체와 환경적 생존의 공정함을 추구하는 공정의 원칙, 공동체와 미래에 대한 배려 원칙 등이 담겨 있다. 유기농 제품이 비록 비싸긴 하지만, 건강하고 안전할 뿐만 아니라 환경 비용과 사회적 비용이 포함되어 있다고 보는 것이 정당한 평가가 될 것이다.

유기 농산물과 친환경 농산물

우리의 경우 유기 농산물보다 친환경 농산물이라는 개념이 훨씬 광범위하게 사용되고 있다. 이는 정부의 농산물 인증에서 확립된 개념으로 친환경 농산물은 합성농약, 화학비료 및 항생·항균제 등 화학자재를 사용하지 않거나 사용을 최소화하고 농업·축산업·임업 부산물의 재활용 등을 통하여 농업생태계와 환경을 유지 보전하면서 생산된 농산물(축산물을 포함)을 말한다(친환경농업육성법). 즉 친환경 농산물은 앞서의 유기 농산물을 포함하면서,

농약이나 비료 등을 저투입하여 생산한 농산물까지 포괄하는 개념으로 우리나라에서만 사용되는 인증제도이다.

우리나라에서는 친환경 농산물을 생산방법과 사용자재 등에 따라 유기 농산물(유기 축산물), 무농약 농산물(무항생제 축산물), 저농약 농산물로 분류하고 있다. 이 중에서 저농약 농산물은 2010년부터 신규 인증은 중단되었으며, 기존에 인증을 받은 농가는 2015년까지만 이러한 인증을 사용할 수 있다.

농식품 국가인증제도

농림축산식품부	유기가공식품	농약, 비료 등 화학자재를 사용하지 않고 재배한 유기원료(유기농산물, 유기축산물)를 유기적인 방법으로 가공한 식품
	유기농산물	3년 이상 화학비료와 유기합성농약을 일체 사용하지 아니하여야 하며, 토양, 용수, 종자도 법이 정한 규정이 준수되어야 하며, 2년 이상 영농관련 자료가 보관되어야 인증해 주는 제도
	무농약농산물	유기합성농약은 사용하지 않고 화학비료는 권장시비량의 1/3 이하를 사용하여 재배한 농산물
	저농약 농산물	유기합성농약의 살포횟수는 1/2 이하, 최종살포일은 2배수를 적용하고 화학비료는 권장시비량의 1/2 이하로 사용하여 재배한 농산물
	농수산물 우수관리 (GAP, Good Agricultural Practices)	농산물의 안전성을 확보하기 위하여 농산물의 생산, 수확, 포장단계까지 철저한 관리를 통해 소비자가 안전한 농산물을 먹을 수 있게 인증해 주는 제도
	HACCP(위해요소중점관리기준) 인증제도	HACCP은 식품의 생산에서 유통까지 전 과정에서 식품의 위생에 해로운 영향을 미칠 수 있는 위해 요소를 방지·제거하거나 안전성을 확보할 수 있는 단계에 중요 관리점을 설정하여 과학적·체계적으로 중점 관리하는 사전 위해 관리기법

농림축산식품부	지리적 표시 제도	농식품의 품질이 특정 지역의 지리적 특성에 기인하는 경우, 지리적표시를 등록·보호함으로써 지리적특산물의 품질향상, 지역특화 산업으로의 육성을 도모하는 제도
	전통식품 품질 인증제도	국내산 농수산물을 주원(재)료로 하여 제조, 가공, 조리되어 우리 고유의 맛, 향, 색을 내는 우수한 전통식품에 대하여 정부가 품질을 보증하는 제도
	유기 축산물	항생제·합성항균제·호르몬제가 포함되지 않은 유기사료를 급여하여 사육한 축산물
	무항생제축산물	항생제·합성항균제·호르몬제가 포함되지 않은 무항생제 사료를 급여하여 사육한 축산물
해양수산부	친환경 수산물	친환경 수산업은 인체에 유해한 화학적 합성물질 등을 사용하지 아니하거나 동물용의약품 등의 사용을 최소화하여 안전한 수산물을 생산하는 수산업

위의 인증제도에서 유념해야 할 사항은 '우수 농산물'로 많이 표기하고 있는 GAP의 경우 수입농산물도 포함하고 있다는 점이다.

공정무역이란

공정무역(Fair Trade) 또한 먹거리 시스템의 대안운동으로 주목받고 있다. 공정무역은 역사적으로 두 갈래의 기원과 목표를 가진다. 그 중 하나가 두 나라 간의 자유무역에 토대를 둔 국제통상질서에서 불공정한 무역행위를 규제하려는, 규범적 차원의 공정한 무역거래를 만들려는 시장적 접근이다. 이와 달리 그 철학과 목표를 달리하는 운동이 성장하게 되는데, 바로 개발도상국이나 가난한 나라의 농민이나 노동자들이 생산한 제품이 정당한 대가를 받게 하자는 운동이다. 시장에 대한 접근성이나 정보의 부족 그리고 마케팅 능력의 부족으로 생산자들이 지나치게 낮은 가격으로 거래되고 다양한 국제 통상 질서에 의해 일종의 수탈을 겪고 있는 현실을 타개하기 위한 운동이다. 요약하자면, 생산자는 정당한 대가를 받고 소비자는 상호연대의 의미에서 윤리적이고 가치 있는 소비를 하자는 운동이다.

이러한 공정무역이 먹거리 시스템에서 중요한 의미를 갖는 것은 공정무역의 대상이 되고 있는 많은 제품들이 커피, 바나나, 카카오, 설탕 등 개발도상국이나 가난한 나라의 제품들이기 때문이다. 더 중요하게는 먹거리 시스템에서 글로벌 독점 농식품 기업의 횡포에 맞설 수 있는 대안적 성격을 갖기 때문이다. 글로벌 푸드 시스템의 독과점 구조에 의해 제값을 못 받던 농민들이 공정한 가격으로 정당한 노동의 대가를 인정받아 빈곤으로부터 벗어날 수 있다. 소비자는 강력한 연대감으로 사회적 불평등 해소에 기여하며 지속가능한 먹거리 생산기반의 유지에 기여하는 것이다.

슬로푸드 운동

슬로푸드(Slow Food) 운동이란, 기본적으로 패스트푸드(fast food)의 반대를 말한다. 슬로푸드 운동은 맥도날드 햄버거로 대표되는 패스트푸드에 대한 반대에서 시작되었다. 1986년 이탈리아에 맥도날드가 이탈리아에 진출하자 몇몇 사람들이 맛을 표준화하고 전통음식을 사라지게 하는 패스트푸드 진출에 대항하여 식사, 미각의 즐거움, 전통음식의 보존 등의 기치를 내걸고 이 운동을 시작했다. 슬로푸드 운동이 시작된 지 30여년이 지난 현재, 150개 나라의 100,000명의 정회원이 활동하는 국제적인 운동으로 발전하고 있다.

슬로푸드 운동의 철학은 맛을 표준화하고, 맛을 단순화하는 데 반대하면서, 미각의 즐거움에 대한 권리를 주창한다. 이들이 1998년 11월에 채택한 슬로푸드 선언문에는 "우리는 지역 요리의 맛과 향을 다시 발견하고, 품위를 낮추는 패스트푸드를 추방해야 한다. 생산성 향상의 이름으로, 빠른 생활이 우리의 존재방식을 변화시키고 있고, 우리의 환경과 경관을 위협하고 있다. 그러므로 지금 유일하면서도 진정한, 진취적인 해답은 슬로푸드이다." 라고 밝히고 있다.

미각과 먹는 즐거움에 대한 지나친 비중을 두는 운동에 대한 비판적 시각도 만만치 않고 대안적 먹거리 시스템의 제도화 등에 관심이 덜하다고 하지만, 슬로푸드 운동은 전통적인 영농과 생활방식의 보존, 식물과 작물의 보존에 관심을 가지고 있어 의미 있는 먹거리 운동이 되고 있다. 특히 유기 농산물 농업 등과 맥을 같이하고 있다.

5. 로컬푸드 시스템과 친환경 농업

로컬푸드 시스템은 안전한 먹거리의 대안체계, 생산자 농민의 보호와 지원, 시장유통체계의 대안으로서 우리 먹거리 시스템의 획기적 전환에 중요한 전략이 된다. 그리고 유기농을 중심으로 한 친환경 농업은 우리 농업의 대안이다. 이 두 가지를 기본 전략으로 하여 우리의 먹거리 시스템은 재조직되어야 한다.

로컬푸드 시스템의 사회경제적 효과

로컬푸드 시스템이 자리 잡으면 다양한 사회경제적 효과가 있다. 농업의 지속가능성을 높이고, 건강하고 안전한 먹거리를 보장하며, 지역경제의 활성화와 공동체 관계를 복원하게 한다. 생태적으로도 각종 자원의 소비를 줄이고 환경적 피해를 줄여 준다.
첫째, 농민들에게는 환경친화적 농산물의 안정적인 판로를 통해 안정적인 소득을 보장할 수 있으며, 부가적으로 농민 가공 등의 확대를 통해 새로 창출되는 부가가치 가운데 농민에게 돌아가는 몫이 많아진다.

둘째, 소비자에게는 안전한 먹거리를 제공하여 국민의 먹거리 안전과 건강한 소비를 실현할 수 있을 뿐만 아니라 국민이 직접 농업의 이해당사자가 되는 국민농업의 기반을 강화한다.

셋째, 신선하고 건강한 먹거리를 제공함으로써 먹거리 때문에 발생하는 다양한 질병(비만, 당뇨병, 아토피 등)에 소요되는 사회적 비용을 사전에 절감하는 것이 가능하다.

넷째, 먹거리 운송에너지의 절감(푸드 마일)을 통해 이산화탄소 및 대기오염물질 방출을 저감시키고, 소비자와 생산자 관계를 통해 지속가능한 농업으로 이행을 촉진하며, 먹거리의 포장폐기물을 절감할 수 있다.

다섯째, 먹거리 생산·유통·가공·소비활동이 지역 내에서 이루어짐으로써 지역경제 활성화 효과를 가져 오며 또한 지속가

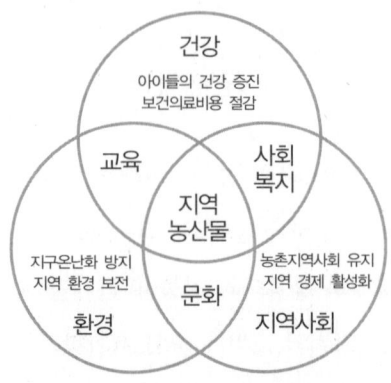

로컬푸드 시스템의 사회경제적 효과

능한 농업의 유지를 통해 농촌사회와 농촌경제를 안정적으로 유지할 수 있다.

여섯째, 지역주민과 어린이들에게 자신들이 소비하는 먹거리의 생산과정을 가까이에서 지켜볼 수 있도록 해줌으로써 농업과 농촌의 가치 교육 및 식생활·생태 교육이 가능하다.

우리의 로컬푸드 현황

우리의 로컬푸드는 어떤가? 사실 지금은 많이 쇠퇴했지만, 우리의 5일장 같은 전통시장은 아주 전형적인 로컬푸드 시스템 중의 하나였다. 전통시장이 몰락해 가며 로컬푸드가 사그라졌지만 근래 들어 지방자치단체의 적극적인 노력의 일환으로 성장하고 있다. 성공적인 모델로는 농민장터, 생산자 직판장, 회원제 밥상꾸러미 등이 있다. 그리고 학교급식에 로컬푸드 시스템을 적극적으로 활용하고 있다. 또 생산자 단체가 지역에서 운영하는 특산물 매장, 부정기적으로 열리는 지역 특산물 장터도 로컬푸드 운동의 하나다.

농민장터는 지역 농산물을 농민이 직접 가지고 나와 판매하는 장터로 외국의 팜머스 마켓(farmers' market)과 같다. 우리나라의 대표적인 농민장터로는 원주 새벽시장이 있다.

생산자 직판장은 농민협동조합, 농민회 등의 생산자단체에서 지역 특산물을 판매하는 상설 매장을 운영하는 경우다.

밥상꾸러미 사업은 소비자 회원에게 지역에서 생산된 다품목 소량 농산물을 구색을 갖추어 가정으로 배달하는 사업이다. 지역

내에서도 가능하고 인근 대도시로도 배송된다. 완주군, 원주시, 청원군, 전국여성농민회 등이 활발하게 하고 있다.

지역의 친환경 농산물을 지역 학교급식 식재료로 공급하는 사업은 로컬푸드 정착에 커다란 기회이다. 로컬푸드를 선도적으로 도입하여 실시하고 있는 원주와 완주의 사례를 소개한다.

정이 넘치는 지역 농민과 소비자의 만남 – 원주의 로컬 푸드

원주는 시내에는 농산물 소비자가 교외에는 농업생산자 더불어 살고 있는 도농복합지역이다. 생산하는 곳에서 소비가 가능한 로컬푸드 실현에 지리적 이점이 있고 또한 오래 전부터 친환경 농업이 잘 운영되고 있는 곳이다. 원주의 친환경 급식은 2008년부터 시작되었는데, 학교급식에 원주산 무농약을 공급하기 시작했고, 지금은 180톤의 친환경쌀을 공급하고 있다. 또한 결식아동들에게 사회적 기업을 통해 단체급식을 지원하기도 한다.

유기농 식단 레스토랑 행복한 달팽이 운영, 행복 나눔 도시락 등을 통해 다양한 로컬푸드 활성화 모델들을 운영하고 있다.

원주 새벽시장은 매년 4월부터 12월 중순까지 매일 원주천 둔치에서 열리는 농민시장이다. 13개 지역에서 500여명의 회원농민들이 참여하고 있고, 원주시에서 농사를 짓는 농민들만이 판매할 수 있다. 새벽시장은 연간 22만 명이 찾는 장터로 연간 판매액은 85억 원에 이른다. 주로 소규모로 농사를 짓는 소농들이 직접 소비자를 만나는 인간미 넘치는 장터인 것이다. 사람들이 모여 만나고 정을 나누며 좋은 농산물을 싸게 구입할 수 있는 농민장터와 로컬푸드가 이상적으로 결합한 활동이다.

체계적인 지역 농산물 공급을 위해 원주푸드종합센터도 준비 중이다. 2014년부터 운영될 이 센터는 우선 87개 학교에 친환경 농산물을 공급할 계획이다. 그 외 군부대나 기업, 관공서 등 단체급식에도 공급할 예정이다. 지역의 친환경 농산물 생산의 가공, 유통 뿐 아니라 소비자교육, 다양한 인증업무까지 맡는다.

> ### 생산자와 소비자가 행복한 밥상 – 완주 로컬푸드
>
> 국내에서 처음으로 로컬푸드가 시작된 곳이 전북 완주군이다. 로컬푸드 직매장과 완주 건강밥상 꾸러미가 대표적이다. 직매장은 2012년 4월에 열어 지역에 배후도시에서 있는 소비자들에게 지역농산물을 판매하는 곳이다. 완주군의 약 200여 농가가 참여하고 있고, 약 100여 개의 품목이 판매되고 있다. 하루 이용자 수가 1,200명이 넘는 성공적인 모델을 만들어가고 있다. 이 직매장에 오는 농산물들은 생산자 이력표시, 안전도 검사를 완벽히 하고 있어 안심하고 지역농산물을 구매할 수 있다.
>
> 완주의 건강밥상 꾸러미는 지역에서 생산한 다양하고 신선한 먹거리를 꾸러미 형태로 만들어서 가정으로 배달하는 것이다. 쌀, 잡곡, 달걀, 콩나물, 김치, 과일, 된장류 등 11품목을 개당 25,000원에 공급하고 있다. 약 2,500개 가정에서 이 꾸러미를 공급받고 있다. 이 꾸러미는 지역생산물의 16%를 직거래로 유통하는 엄청난 경제적 효과를 만들고 있다.

로컬푸드 정착을 위한 우선과제

먹거리 안전성, 먹거리 선택권, 먹거리 복지 등 먹거리 소비와 관련한 사회적 관심이 높아지고 있다. 이러한 상황에서 로컬푸드 시스템은 생산자공동체와 소비자공동체가 먹거리를 매개로 자발적으로 사회경제적 연대관계를 맺는데서 발전하고 있다. 앞으로 정부의 적극적인 제도적 지원체계가 결합되어 생산과 소비 두 영역에서 핵심 시스템으로 자리 잡도록 해야 한다.

지역 내 먹거리 거버넌스의 실현

지역 내 먹거리 분야의 의사결정을 총괄하는 거버넌스(민관협력 협의체)를 구성하여 관련 분야 이해관계 당사자들이 직접 참여하여 민주적으로 의사를 결정하도록 한다. 참여민주주의, 직접민주주의를 고양시키는 데 기여하는 지역 내 먹거리 거버넌스가 로컬푸드 운동을 기획하고 촉발하며 실행하여야 한다.

다양한 판로의 개척

농민장터(farmer's market)와 같이 지역의 농민들이(중소농의 협동 생산체제, 생산자공동체 또는 지역농협) 직접 생산물을 들고 나와 소비자들을 대면하면서 판매하는 직거래 시장을 활성화시켜야 한다. 생산자와 소비자가 대면함으로써 신뢰를 높이고 상호소통이 가능하도록 하는 것이다.

공공조달 및 기관구매

공공기관(학교, 정부 및 산하기관, 군대, 병원 등)과 사업체 등에서 급식이나 기타 용도를 위해 대량으로 구입하는 농산물을 가능한 지역산으로 구매하도록 제도화해야 한다. 지역에서 복지와 관련되어 공적으로 먹거리를 구매하는 데 있어서도 지역산 우선 구매를 제도화할 필요가 있다.

인센티브 정책

로컬푸드 시스템의 생산, 유통, 가공, 판매 등의 전 과정에 걸쳐 지역먹거리를 이용하는 행위자에 대해 국가나 지방자치단체 차원에서 행정적, 경제적 인센티브를 부여하여 적극적으로 장려할 필요가 있다.

그 외에 지역 주민들의 이해와 참여에 성패가 달려 있다. 따라서 로컬푸드 시스템에 대한 홍보와 교육이 중요하며, 특히 어린이와 청소년을 대상으로 학교급식을 텃밭농사 체험과 결합시키면서 실질적인 먹거리 교육과 생태교육이 효과를 발휘할 수 있도록 하는 것이 중요하다.

외국의 로컬푸드 시스템

로컬푸드 시스템을 하나의 먹거리 대안 시스템으로 추진하는 외국의 경험들은 매우 많다. 일본, 영국, 미국의 사례를 차례로 살펴보고자 한다. 결론적으로 외국의 로컬푸드 운동이 우리에게 제공하는 시사점을 정리하면 다음과 같이 정리될 수 있다.

로컬푸드에 대한 직간접적인 정부(지방정부)의 지원이 매우 중요하다는 점이다. 또한 공공조달에서 로컬푸드를 구매하는 것이 로컬푸드 운동의 정착과 발전에 결정적이라는 사실이다.

일본의 지산지소운동

1970년대 후반 "지역에서 생산한 것을 지역에서 소비하자"는 취지로 등장하였다. 지산지소(地産地消)운동에서 판매·물류 활동은 직매소, 농산가공, 학교급식, 복지시설, 양판점, 관광, 외식사업 등을 통해서 이루어지고 있는데, 이 가운데에서 직매소를 통한 판매활동이 차지하는 비중이 가장 높다.

우리가 주목할 부분은 지산지소운동의 제도화이다. 2004년 3월에 일본 정부는 학교급식에 있어서 지역농산물의 사용 비율을 2010년까지 전국 평균 30% 이상으로 끌어올린다는 목표를 세웠다. 이를 위해 다양한 지원금이 제공되고 있는데 그 종류가 20여 가지가 있다.

지산지소운동은 지역 내 자급률을 높이고 있다. 안전한 고품질의 농산물을 싸게 공급하고, 고용창출과 지역자원의 활용을 촉진하며, 식문화 교육 및 지역문화 부활에 크게 기여하고 있다.

영국의 공공부문 먹거리 구매계획

영국의 경우 로컬푸드 시스템의 확산에 정부가 주도적인 역할을 하며, 공공부문의 공공조달 정책을 지렛대로 활용하고 있는 특징이 있다. 이를 대표하는 제도가 공공부문 먹거리 구매계획(PSPFI)이다.

1990년대 중후반 광우병과 구제역 파동으로 영국 농업이 파탄 직전까지 몰리고 대중들의 먹거리 신뢰가 완전히 땅에 떨어지게 되었으며, 먹거리와 건강, 환경에 대한 인식이 확산되면서 먹거리와 건강 및 농업정책을 연계하려는 계획이 수립되었다.

1997년 노동당이 집권과 함께 기존의 농림부를 환경식품농촌부(DEFRA) 체제로 개편하면서, '지속가능성'을 중심으로 먹거리,

농촌 및 국토환경정책의 통합화를 추진한 성과이기도 하다.

2002년 DEFRA에서 〈지속가능한 농업과 먹거리 전략〉 보고서(커리 보고서)를 통해 지역먹거리 개념을 발전시키고, 이를 바탕으로 중앙정부와 지방자치단체, 민간영역까지 아우르는 민관협력 거버넌스를 통해 각 지역에 이르기까지 지속가능한 먹거리 협의체를 구성하여 지역먹거리를 추진하고 있다.

영국의 공공부문 먹거리 구매 규모는 연간 20억 파운드(약 3조 6천억 원)에 달한다. 공공부문을 위한 현명한 조달(Smarter procurement of food in the public sector)을 기치로 내걸고 학교, 병원, 군대, 교도소에 공급하는 먹거리를 구매하고 있는 것이다. 이는 EU의 원산지 차별금지 규정을 영리하게 피하면서 지역먹거리를 확대할 방안으로 적극 활용되고 있다. 이 계획에서 구매하는 먹거리의 조건은 다음과 같다.

- 신선한 제철 먹거리 공급(저장기한, 운송거리 최소화 단서)
- 법률에 명시되어 있는 친환경 먹거리(유기농을 포함한) 공급
- 유전자 조작이 되지 않은 먹거리 공급
- 먹거리뿐만 아니라 연관된 교육 및 농장체험 방문활동
- 회수 가능한 포장재를 사용하여 사용 후 회수

아울러 병원급식에 있어서도 런던 4개 병원 급식에 지역 유기농산물을 10%까지 끌어올리는 사업을 전개하고 있다.

미국의 지역사회 먹거리 보장

미국의 로컬푸드 운동은 1970년대 말부터 시작되었는데, 1996

년 미국 농업법을 통해 지역사회 먹거리 보장(CFS, community food security)이 제도화되면서, 연방정부(미 농무부) 차원에서 지역에서 농민, 소비자, 보건, 환경 단체 등을 행정적, 재정적으로 지원하고 있다.

지역사회 먹거리 보장은 모든 지역 주민들에게 양적으로 적당하고 질적으로 건강한 지역산 먹거리를 공급하는 것을 목표로 하고 있는데, 학교급식(farm to school) 및 대학급식(farm to college) 프로그램, 농민장터, WIC 농민장터 프로그램, 도시농업 증진 등이 대표적이며, 이런 프로그램에 지역산 먹거리 사용을 명시하고 있다.

V.
먹거리 민주주의와 먹거리 기본권

2011년 친환경 무상급식 한마당 출품작(박진희)

1. 먹거리는 민주주의다

친환경 무상급식운동의 성과 중의 하나는 먹거리 민주주의 문제를 본격적으로 제기하고 제도화하였다는 데 있다. 즉 아이들에게 기본적인 먹을 수 있는 권리를 보장하고, 그것이 교육적 차원, 인권적 차원, 복지의 차원에서 당연한 권리임을 확인하고 제도적으로 뒷받침하는 노력이었다.

또한 먹거리 문제에 친환경, 상생, 보편적 복지 등의 가치를 접목하고 생활과 밀접한 민주적인 질서를 만드는 실질적 민주주의의 영역을 확장하였다. 학생과 먹거리와 관련된 국민들의 요구를 주민발의 등의 민주적 절차를 통해 풀뿌리 민주주의를 실현하는 성공적인 과정을 만들면서 먹거리가 민주주의의 주요한 영역과 과제임을 분명히 한 것이다.

특히 학부모의 참여와 민관 거버넌스 등의 제도적 장치들을 학교급식 시스템에 도입하고 활성화한 것도 민주주의 진전에 먹거리 운동이 기여한 성과라고 할 수 있다.

여기서는 민주주의와 먹거리의 문제를 함께 다루면서 먹거리와 관련된 민주주의 실현이 우리 먹거리 시스템과 학교급식 시스템의 변화에 어떻게 작동되는지 그리고 이를 위해 민주적 가치와 제도들 어떻게 마련되어야 하는지를 살펴보도록 한다.

먹거리와 민주주의

먹는 것에 무슨 민주주의인가? 먹는 것에 무슨 이념과 철학이 있다고? 이렇게 반문할 수 있다. 하지만 먹고 사는 데 있어 가장 기본적인 먹거리에 민주주의가 상관없으면 과연 민주주의는 무엇을 위한 것일까? 민주주의는 삶의 문제를 다루고 우리에게 먹거리는 삶의 가장 기본요소이다. 이런 점에서 먹거리와 민주주의는 직접적이고 본질적 연관성을 가지고 있다. 먹거리 문제는 그 자체로 민주주의 문제이자 민주적 가치와 원리가 실현되어야 할 가장 중요한 영역이다. 먹거리 민주주의와 관련된 주요한 사항들을 정리하면 다음과 같다.

첫째, 먹거리 및 농업 시스템에서 민주적 의사결정과 참여의 문제다. 이제는 우리가 무엇을 먹고, 어떻게 먹을 것인가라는 문제가 우리 사회의 핵심 의제로 등장하였다. 아울러 먹거리와 관련되어 제기되는 안전 등의 여러 문제들에 대해 어떻게 국민적 합의를 만들 것인가도 중요한 과제다. 따라서 이 과제들을 민주적으로 해결하고, 다양한 갈등적 요소를 조정하는 문제에서 주권자 국민이 다양하게 참여하는 문제가 먹거리 문제의 제일의 관건이 되었다.

둘째, 먹거리와 관련하여 국민의 기본권적 요구에 대한 보장 문제다. 국민의 기본권인 식량권, 건강권, 먹거리 접근권, 평등권, 먹거리 인권이 확고하게 보장되어야 한다. 새롭게 등장하거나 부각되지 않았던 먹거리와 관련된 여러 권리들도 명확하고 이상적으로 법과 제도로서 보장되어야 한다. 이러한 것들은 모두 실질적 민주주의의 핵심 과제들이다. 먹거리 공공성, 먹거리와 삶의 질, 먹거리 생산자들의 생존권적 요구, 먹거리에 대한 소비자의 자유로운 선택과 보호에 관한 것들도 모두 민주주의 문제다.

셋째, 먹거리 주권의 문제다. "생태적으로 건전하게 그리고 지속가능한 방식으로 생산되어, 건강에 좋고 문화적으로 적합한 먹거리에 대한 민중의 권리이자, 스스로 먹거리와 농업체계를 결정할 수 있는 사람들의 권리"인 먹거리 주권은 한 국가가 가지는 대외적 권리이며, 국내적으로는 농민과 소비자의 권리이다.

넷째, 먹거리 시스템에 대한 민주적 관리와 통제다. 단적으로, 먹거리가 자본과 거대기업에 의해 좌우되지 않도록 하는 것이다. 먹거리 시장과 자본에 대한 적절한 규제를 통해 자본의 힘에 의해 생산자들이 통제되지 않고, 소비자가 구속되지 않는 시스템의 도입은 민주주의의 핵심과제이다.

이러한 이유로 인해 먹거리는 실질적 민주주의를 진전시키기 위한 중요하고 시급한 영역이다.

먹거리 운동이 필요하다

먹거리 운동이 단순히 잘 먹고 잘살자는 운동은 아니다. 바로 나라를 바꾸는 운동이다. 그 변화의 목표와 지향점은 지속가능사회, 생태사회, 평화사회, 평등사회이다. 이제 학교급식 운동 10년의 성과를 바탕으로 먹거리 시스템 전반에 대한 변화를 만들어가야 할 때이다.

특히 민주주의 체제에서 국민의 기본권은 끊임없이 진화한다. 새로운 시대의 과제들과 공동체 구성원들의 이해와 가치를 반영하여 끊임없이 발전한다. 따라서 먹거리 운동은 먹거리와 관련된 국민들의 요구와 기대를 한층 강화하여 먹거리 기본권적 요구들을 새롭게 정립하고 이를 실현하는 데 주도적인 노력을 해야 한다. 그런 점에서 먹거리 주권을 실현하고 먹거리 기본권을 보장하기 위한 법제화 노력은 매우 획기적인 전기를 만들 것이다.

다음은 먹거리 운동의 과제들을 먹거리에 대한 우리 사회의 요구와 연관하여 중점 과제로 제시한 것들이다.

먹거리에 대한 시민의 민주적 참여 확대

먹거리 문제에 대한 시민의 참여는 민주성을 극대화한다. 이는 자본과 시장의 입김이 더욱 거세지는 현실의 먹거리 시스템의 구조적 문제를 제어하는 유력한 무기가 될 것이다. 특히 지역 차원에서 다양한 거버넌스를 조직하고 제도적으로 이를 뒷받침하는 데 많은 노력이 경주되어야 한다.

건강하고 안전한 먹거리 시스템으로의 전환

먹거리 시스템은 안전하고 건강한 먹거리 공급이라는 차원에서도 중요하지만, 우리가 앞서 살펴보았듯이 농업과 환경에 직결된 문제다. 먹거리 주권, 접근성, 안전성, 지속가능성 등을 중심으로 건강하고 안전한 먹거리를 생산·소비할 수 있는 구조를 마련해야 한다. 다양한 대안적 농업과 로컬푸드 등 대안적 시스템의 주류화에 노력해야 한다.

먹거리 관련 국민의 알 권리와 투명성 보장

건강한 먹거리에 대한 폭넓은 접근을 보장하기 위해서는 먹거리에 대한 정보가 충분히 제공되어야 한다. 먹거리가 어디서 왔고, 누가 만들었으며, 어떻게 만들었는지에 대한 국민의 알 권리가 완벽하게 보장되어야 한다.

그리고 이에 대한 투명성 보장과 인증이 필요하다. 국가의 책무는 이것이 충분히 보장되도록 정비하고 그 정보를 신뢰할 수 있도록 책임져야 한다. 먹거리의 모든 성분 표시제와 실질적인 원산지 표시제 그리고 GMO 완전표시제 등의 조속한 시행, 가공식품에 대한 품질기준의 정립, 수산물에 대한 방사능 검사 의무화 등을 요구하고 있다.

먹거리 양극화 해결과 먹거리 정의 실현

먹거리의 양극화도 점점 심해지고 있다. 건강하고 안전한 먹거리에 대한 접근의 불평등이 나오고, 이로 인해 건강 불평등까지

이어진다. 특히 극단적인 박탈감과 소외감을 느끼는 장애인, 노인, 저소득층, 유아 청소년 등 사회적 약자들과 빈곤층에 대한 먹거리 대책을 마련하는 데 먹거리 운동이 대안을 제시해야 한다.

소비자와 농업의 상생과 연대

생태순환형 유기농업으로의 단계적 전환을 만들고 농촌 회생과 농민의 삶의 질을 끌어올리는 차원에서 긴밀한 연대와 공동의 노력이 필요하다. 도농 직거래, 계약재배·책임소비, 도시농업 진흥, 로컬푸드 시스템의 전면 구축 등이 이러한 관점에서 본격 추진되어야 한다.

친환경, 로컬푸드의 공공조달 및 공공급식의 확대

친환경 무상급식이 학교급식을 넘어 공공기관 및 공공조달의 영역으로 확대되어야 한다. 이는 로컬푸드, 친환경 농산물의 생산과 소비를 활짝 열어젖히는 지렛대가 될 것이다. 복지예산 중 먹거리 공급에 사용되는 비중을 늘리고 실질적 지원효과가 극대화 되는 방안들을 제시하며 관철시켜야 한다. 로컬푸드와 계약재배, 현물공급 등등이 공공급식의 공공조달 전반으로 연계되도록 한다.

로컬푸드와 유기 농산물 시스템의 확립

지속가능한 먹거리를 위해 로컬푸드를 확대 정착시켜 소농과 농촌을 살리고 지역경제를 활성화해야 한다. 학교급식과 공공급식, 각종 복지사업과 로컬푸드 사업을 결합시켜 나가야 한다. 도시농업을 활성화하여 친환경적인 도시를 만들고 건강한 먹거리에 대한 도시민의 인식을 개선시키며 파괴된 지역공동체를 복원해 나가야 한다.

먹거리와 지속가능성 등 사회·환경·경제적 가치와의 통합

우선 먹거리가 환경과 지속가능성의 가치와 통합되면 문제해결의 철학과 지원세력이 강력해질 뿐만 아니라, 우리 사회에 더 의미 있는 변화를 만들어낼 수 있다. 먹거리와 환경, 사회적 통합, 사회경제적 약자에 대한 배려 등과 먹거리 운동이 결합할 고리를 만들고 연대해야 한다. 특히 먹거리 생산·유통에서 오염되거나 파괴되는 환경 문제를 해결하기 위해서도 친환경 농산물 생산의 활성화에 적극적이어야 한다.

학교급식법 전면 개정이 중요하다

2002년 학교급식운동이 본격적으로 시작된 지 10년, 이제 친환경 무상급식이 뿌리를 내려가고 있다. 물론 친환경 무상급식에 지원되는 예산의 최소 50% 이상을 지방정부의 예산이 아니라 중앙정부의 예산으로 지원할 수 있도록 학교급식법을 개정하는 것이 일차적인 과제다.

이러한 목표는 현재 지방정부 재정의 부족과 이로 인한 실질적 지원효과의 절대적 한계를 극복하기 위한 중점 목표다. 더욱이 이는 학교급식을 교육과정으로 인식하고 복지 차원으로 접근하여 국가의 당연한 의무로 전환하는 바로미터가 되기 때문이다. 또한 학교급식지원센터 설치를 의무화하는 것도 친환경 무상급식의 안정적 정착에 필수적인 과제이다.

2. 먹거리 주권을 지키자

기본적으로 먹거리는 인간의 기본적 권리라는 인식이 모든 먹거리 논의의 바탕에 있다. 2000년대 이후 먹거리 주권이라는 개념이 국제 사회에 등장한다. 이 먹거리 주권 개념의 가치에 대해 사회적 합의를 바탕으로 먹거리 주권을 먹거리 기본권으로 정리하여 헌법이나 기본법에 명문화하는 국가들도 늘어나고 있다.

결국 먹거리 문제는 개인과 가계가 책임져야 할 문제가 아니라는 것이다. 먹거리 주권, 먹거리 기본권에 관한 사항은 국가의 기본적인 의무가 되어야 한다는 것이다. 먹거리를 생산하는 농민의 기본적 권리, 식량과 먹거리를 소비하는 국민의 기본적 권리에 대한 강력한 주장들이 먹거리 주권론에 담겨 있다. 먹거리 기본권 논의에 토대가 되는 먹거리 주권론의 가치와 시사점을 소개한다.

먹거리 주권이란

먹거리 주권(Food Sovereignty)은 먹거리와 관련하여 제기된 여러 이론과 운동원리 중에서 가장 최근에 제기되어 체계화된 이론이자 운동이념으로, 현재 대안적 먹거리 시스템을 고민하는 사람들에게 가장 폭넓은 지지를 받고 있는 개념이다. 먹거리 주권이라는 개념은 폭넓은 함의와 논의들을 포괄하지만 간단하게 정리한다면, "모든 인민들이, 생태적으로 건전하고 지속가능한 방식을 통해 생산된, 건강하고 문화적으로 적합한 먹거리를 접할 수 있는 권리이자, 스스로 먹거리 및 농업체계를 결정할 수 있는 권리"(IPCFS, 국제먹거리주권계획위원회)라고 정리할 수 있다.

국내에서는 영어 Food Sovereignty를 '식량주권'으로 옮겨 사용하기도 했으나, Food의 번역어가 식량, 농식품, 식료 등 다양하게 사용될 수 있고, 식량이라는 말에 우리가 섭취하는 모든 먹거리가 담기지 못하고 곡물로 국한될 수 있어 이 책에서는 '식량주권'보다 '먹거리 주권'으로 표기한다.

1996년 전 세계의 소농, 무토지 농민, 여성농민, 원주민, 이주민과 농업노동자들의 국제연대조직인 비아 캄페시나(Via Campesina)에 의해 처음으로 제시되었다. 당시, 기존의 인간에 대한 기본적인 먹거리 권리를 보장하던 식량안보(Food Security)라는 개념이 신자유주의 체제를 거치면서 먹거리의 자유무역을 옹호하는 흐름으로 변질되자 이를 대신하여 먹거리 주권을 새로운 대안 농업 시스템 원리로 제시하였다.

이후 여러 진화 과정을 거치면서 2007년 '먹거리 주권 포럼'에서 채택된 닐레니 선언(Declaration of Nyéléni)에서 보다 확장적으로 발전되었다. 이 선언문에서는 먹거리 주권을 다음과 같이 제시한다.

"먹거리 주권은 생태적으로 건강하고 지속가능한 방식으로 생산되어, 건강에 좋고 문화적으로 적절한 먹거리에 대한 민중의 권리다. 또한 이들이 스스로 먹거리 시스템과 농업체계를 결정할 수 있는 권리이다. 먹거리 주권은 시장과 기업의 요구가 아니라 스스로 먹거리를 생산, 유통, 소비하는 이들을 농식품 체계 및 정책의 중심에 놓는다. 먹거리 주권은 다음 세대를 포함한 이들의 이익을 중시한다. 먹거리 주권은 현재의 기업 중심의 무역과 먹거리 시스템에 대항하고 이를 해체할 전략을 제시하며, 지역 생산자들에 의해 결정되는 먹거리, 영농, 목축, 어로 시스템의 체계의 방향을 제시한다. 먹거리 주권은 지역적 민족적 경제·시장을 우선시하고 소농 가족농 주도의 농업, 전통어업, 목축업, 환경적·사회적·경제적 지속가능성에 바탕을 둔 먹거리의 생산유통소비를 강화한다. 먹거리 주권은 모든 이들에게 정당한 소득을 보장하는 투명한 무역을 촉진하며, 소비자가 먹거리와 영양을 통제할 권리를 촉진한다. 먹거리 주권은 토지, 영토, 물, 종자, 가축, 생물다양성을 이용하고 관리할 권리가 먹거리를 생산하는 우리에게 있다는 점을 분명히 한다. 먹거리 주권은 남성, 여성, 민중, 인종집단, 사회계급, 세대 사이에 억압과 불평등이 없는 새로운 사회적 관계를 의미한다."

이후 이러한 먹거리 주권의 개념과 원칙은 2004년 유엔 식량농업기구(UN/FAO)에 의해 '먹거리 권리(food right) 가이드라인'이라는 권고안으로 채택되었고, 2005년 유엔 인권이사회(UNHRC)가 강력한 지지의사를 표명하였다. 최근에는 권고안 수준을 뛰어넘어 기후변화협약과 같이 먹거리 주권을 강제적 구속력을 갖춘 국제협약으로 발전시키려는 논의가 확산되고 있다.

먹거리 주권에 대한 다음의 설명들은 이해에 도움을 준다. "종자의 채종·선택·파종권을 비롯해 식량의 생산에서 판매, 소비에 이르는 여러 단계에서 전략과 정책을 결정하기 위한 국가와 지역사회의 자유이자 역량"을 의미한다(권영근, 2009). 먹거리 주권의 내용을 보다 세부적으로 정리한 설명은 다음과 같다. "첫째, 한 나라의 국민 혹은 국가, 연합체가 그들의 농업과 식량정책을 관장할 수 있는 권리 둘째, 지역의 농업생산을 우선시하면서 농민들이 땅과 물, 종자와 신용에 접근할 수 있는 권리 셋째, 농민들이 식량을 생산할 수 있는 권리와 소비자들이 소비할 것을 결정할 수 있는 권리 넷째, 농민들의 생산방법 결정권 다섯째, 자기 나라의 싸구려 농산물이나 해외의 식품수입으로부터 보호될 수 있는 권리 여섯째, 농산물 가격을 생산비용과 연계해서 결정할 수 있는 권리 및 공정한 무역 권리이다."(윤병선, 2008).

식량안보와 먹거리 주권 어떻게 다른가

농업정책과 먹거리 시스템에 대한 논의에서 우리에게 익숙한 개념은 식량안보(Food Security)라는 개념이다. 식량안보와 먹거리 주권 두 개념은 밀접한 연관이 있는데, 식량안보라는 개념이 대안운동의 동력을 상실하게 되자 새롭게 제기된 것이 먹거리 주권 개념이다. 이 두 개념의 연관성은 단순히 선후적 연관성이 아니라, 글로벌 먹거리 시스템의 주류세력과 대안세력의 싸움의 본질을 엿볼 수 있는 역사적 맥락을 포함하고 있다.

식량안보란 흔히 "인구증가, 천재적 재난, 전쟁 등을 고려하여 항상 얼마간의 식량을 확보하는 것" 정도로 이해되고 있다. 하지만 정확히는 "식량은 국방 같이 국가 존립에 반드시 필요한 것으로 반드시 자급을 통해 확보되어야 한다"는 것이 학문적 역사적 맥락에서 정확한 의미이다. 모든 나라들이 식량안보론에 입각하여 자국 농업의 생산력 증대 정책과 농업 보호정책을 전개해 왔다.

글로벌 먹거리 시스템에 정착되면서 다양한 이해관계자들은 자신들의 이익을 관철시키기 위해 오랜 기간 개념들을 정의하고 재정의하면서 논쟁들을 해왔다. 그러면서 식량안보라는 개념은 변질을 겪게 된다. 그 결정적 이유가 농산물의 최대 수입국이었던 유럽이 식량자급을 달성한 이후 농산물 수출국이 되면서 부터다. 이때부터 미국과 유럽에서는 식량자급에 기초한 식량안보론은 일종의 찬밥 신세가 된다. 1990년대 세계무역기구가 출범하면서 농산물 자유무역 확대 주창자들은 농산물 개방의 반대논리로 버티고 있던 식량안보의 개념을 계속 두고 볼 수 없었다. 즉, 식량자급에 기초한 식량 안보의 개념을 식량 확보를 강조하는 개념으로 변화시킨 것이다. 국내 식량자급보다는 무역(수입)을 통한 안정적인 식량 확보가 훨씬 더 효율적인 식량안보라는 논리였다.

이러한 개념의 변화는 농산물 개방을 압박하는 논리가 되었고, 자연스럽게 각국의 농업정책의 강조점의 변화를 강제하였다. 그러나 세계 식량위기는 현재의 변질된 식량안보론에 대한 대안을 고민하게 하였다. 식량 부족과 가격폭등은 무역을 통해 먹거리를 해결하는 것이 치명적이 될 수 있다는 인식에 이르게 한 것이다. 이러한 배경에서 새로운 패러다임으로서 먹거리 주권론이 대안적 먹거리 시스템의 핵심개념이자 동력으로 자리 잡게 되었다.

먹거리 주권론은 무엇을 바꿀 수 있는가

먹거리 주권론은 1996년 제창 이후 지배적인 글로벌 먹거리 시스템의 대항 축으로 성장하면서 많은 이론적 운동적 진화를 해왔다. '2002년 민중 식량주권 선언', 2003년 '무엇이 식량주권인가', 2007년 '닐레니 선언' 등을 거치면서, 초기에 생산자 농민의 권리를 보장하는 측면에 더하여 소비적 측면이 대폭적으로 포함되어 왔다. 소비자는 '누가 어떻게 생산할 것인가를 결정할 권리가 있다'는 점이 새롭게 명시되고 있다. 이는 먹거리 주권이 단순한 권리의 개념이 아니라 농업과 먹거리 시스템의 새로운 대안을 만드는 운동의 동력이 된 것을 뜻한다.

먹거리 주권 개념이 먹거리 시스템의 대안적 성격을 분명히 하는 데 결정적으로 기여한 것은 첫째, 먹거리를 기본적 인권으로 다시 한 번 강조하고 부각시킨 점이다. "먹거리는 기본적인 인권이다. 이 권리는 먹거리 주권이 보장된 체계에서만 실현이 가능하다. …… 먹거리 주권은 진정한 식량안보의 전제조건이다.(Via Campesina, 1996)"라는 명시가 이를 잘 보여준다.

둘째, 먹거리의 생산, 소비와 분배라는 기본적인 활동에 대한 결정권이 국가와 생산자 그리고 소비자에 있다는 것이다. 이러한 주장은 글로벌 먹거리 시스템의 지배세력인 자본과 초국적 농식품 기업들의 횡포에 당당히 맞서겠다는 의지의 표현이다. 더 나아가 농민, 소비자가 적극적인 새로운 먹거리 시스템을 개발할 권리와 이를 방해하는 것이 부당하다는 적극적인 방향을 제시한다. 새로운 먹거리 패러다임 전환의 튼튼한 기반을 제공하고 있다.

셋째, 먹거리 주권 개념이 그 자체의 지향성에 지역 중심, 중소농 중심, 유기농 중심, 공동체 연대의 성격을 포함하고 있다는 점이다. 이는 로컬푸드 시스템과 유기농 시스템에 타당성의 기반으로 역할하며, 이러한 대안운동의 흐름과 적극적으로 결합할 수 있다는 점이다.

마지막으로 먹거리 민주주의의 새로운 과제와 전략을 제시한다는 점이다. 특히 자본과 초국적 농식품 기업에 대한 통제의 강조이다. 이는 국제무대와 국내적으로 국제기구 및 각국 정부들에게 초국적 기업과 투기자본에 대한 규범적 규제의 필요성을 제기하며 실천적 압박운동의 토대를 제공한다. 또한 먹거리를 하나의 상품으로 취급하고 경제적 효율을 위한 선택지로 놓는 것에 반해, 먹거리 주권은 하나의 기본권적 요소로 보고 안전하고 건강한 먹거리에 대한 권리의 측면에서 접근하고 있다는 점에서 먹거리 민주주의의 다양한 과제들과 본질적으로 결합하고 있다.

3. 먹거리 통합지원시스템을 만들자

친환경 무상급식의 정착이 먹거리 조달 측면에 주목할 점은 시장에 맡겨 두었던 학교급식같은 공적 영역의 식재료 조달을 학교급식지원센터 같은 공공조달로 대체하였다는 점이다. 우리 사회의 먹거리 시스템 전환에 있어서 또 하나의 기회는 학교급식을 친환경 무상급식으로 바꾼 우리 사회의 경험에 비추어 볼 때 공공급식 영역이다. 이 영역은 단지 먹거리 시스템 전환의 기회일 뿐만 아니라 우리 시대의 절박한 과제이기도 하다. 공공급식 영역에 있는 많은 취약계층에게 건강하고 안전한 먹거리를 공급하는 것은 매우 중요한 먹거리 복지이자 먹거리 정의의 숙제이기 때문이다.

학교급식을 포함하여 공공급식의 영역으로 이야기되는 병원, 복지시설, 요양시설, 군대, 교도소 등에 친환경 무상급식을 실현하는 것이 가지는 의미는 먹거리 복지와 농업회생 등 모든 측면에서 획기적인 변화를 가져 올 것이다.

이를 위해서는 농업과 먹거리 소비라는 두 축을 연계하고 동시에 발전시키는 통합적인 계획에 주력해야 한다.

먹거리 통합지원시스템으로 공공급식을

학교급식이 가지는 먹거리 시스템의 변화를 우리는 지금 경험하고 있다. 이를 공공급식 영역으로 확장하면 그 영향력은 배가 될 것이다.

우선 공공급식 영역부터 시작하여 안전하고 건강한 먹거리를 안정적으로 공급할 수 있도록 하기 위해서는 공공급식이 다양한 기관을 아우르는 통합적 시스템을 만들 필요가 있다. 현재의 학교급식지원센터가 보다 확장되어 지역의 공공급식 분야를 아우르는 '공공급식 통합지원센터' 등으로 확대 발전하는 것이 그 방안이 될 수 있다.

현재 학교급식과 관련하여 급식지원센터나 식재료조달센터가 점차 정착해 가는 현실에서 이는 전혀 어려운 일이 아니다. 정책 의지만 있으면 충분히 해결할 수 있는 문제이다. 우선적으로 지방자치단체를 중심으로 친환경 식재료의 공공급식 영역을 포괄하는 지역 내 먹거리 통합운영시스템이 만들어져야 된다.

이러한 방안은 현재 학교급식, 식생활 교육, 어린이 급식지원, 복지시설 급식, 취약계층 먹거리 지원 등이 모두 따로 운영되는 먹거리 지원체계의 문제점을 극복할 수 있는 현실적 대안이기도 하다.

공공급식 통합지원시스템이 식재료 공급을 현재 학교에서와 같이 친환경 무상급식으로 시행한다면, 먹거리가 가지는 공공성의 최대한 실현을 통해 시장에 절대 의존하는 현행 먹거리 시스템을 바꾸는 데 지렛대 역할을 할 수 있다. 식재료 공공조달 문제, 농업·농촌 회생 문제, 지역사회 활성화 문제, 로컬푸드 시스템 구축 문제 등을 효과적으로 결합하여 새로운 먹거리 시스템의 토대를 만들어 나갈 수 있다.

공공조달의 힘을 빌리자

이러한 공공급식 통합지원시스템을 이끌어가는 힘은 먹거리에 대한 공공조달 프로그램이다. 공공조달(Public Procurement)은 중앙정부 및 지방정부의 기관들이 세금을 재원으로 하여 수행하는 상품 및 서비스의 구매 활동을 의미한다. 현재 선진국들의 국민총생산(GDP)에서 공공조달이 차지하는 비중은 15~20%로 경제에서 매우 큰 비중을 차지한다. 우리의 경우는 2010년 기준으로 11.5% 정도이다.

각국 정부는 공공조달에서 단순한 물품과 서비스의 구매를 넘어 공공조달이 가지는 막강한 구매력과 정책의지를 결합하여 그 나라의 사회경제 구조를 변화 발전시키는 정책수단으로 적극 활용하고 있다. 국내산업의 보호, 중소기업 육성, 취약 산업부문의 경쟁력 제고, 지역불균형 해소 등이 대표적인 정책 목표들이다. 물론 공공조달이 자국 산업에 대한 지원하고 수입 장벽이 되지 못하도록 하는 WTO 협정 및 FTA 협정 등이 자유무역론자들에 의해 도입되어 많은 제소 등의 규제가 작동하지만, 선진국들은 온갖 방법을 동원하여 공공조달을 활용, 자국의 산업발전을 위한 노력을 계속하고 있다.

특히 지속가능성(sustainability)이라는 새로운 가치가 등장하면서, 선진국에서는 사회의 지속가능성을 높이기 위해 공공조달 과정에 환경적, 사회적, 경제적 가치를 포함하려는 다양한 노력을 하고 있다. EU의 경우 환경과 인간의 건강에 미치는 피해를 제거하기 위하여 핵심 조달과정에 환경적 요소를 평가하는 '녹색 공공조달(Green public procurement)'을 시행하면서 회원국에 지침으로 제공하고 있다.

따라서 먹거리의 공공조달에 친환경농업 육성, 소비자의 건강한 먹거리 제공, 생태적 가치 보전 등을 고려하여 먹거리 시스템의 획기적 전환을 이끌어내는 노력이 최우선적으로 경주되어야 한다. 이는 학교급식에서의 친환경 농산물 구매비율의 적용과 직거래 계약 재배 등을 통해 이미 효과가 확증되고 있다.

앞서 언급한 것처럼 우리의 경우 700여만 명의 초중고생들에 공급하는 식재료가 생산량 기준으로 볼 때, 쌀 8.3%, 콩 36.2%, 감자 8.6%, 고구마 8.7%, 쇠고기 24.8%, 돼지고기 10.4%, 닭고기 11.8%, 우유 12.0%, 계란 8.8%, 채소류 7.2%, 과일류 8.9%에 이른다.

즉 급식에 사용하는 먹거리를 국산 먹거리로 이용한다면 농업의 발전과 농민들의 소득에 커다란 영역을 차지하는 것이다. 이를 친환경 농산물로 전부 대체한다면 그 부가가치는 엄청날 수 있다. 우선 친환경 농업 기반의 안정적 확충에 결정적인 기여를 할 것이다.

더구나 학교급식에 머물지 않고 어린이집, 군인, 복지시설, 교도소, 병원 등의 공공급식 영역으로 확장한다면 그 효과는 더 커질 것이고 사회적 영향력도 그만큼 확대될 것이다.

공공급식에 먹거리의 환경적, 건강적 측면을 반영하는 방안은 다양하게 가능하다. 여러 관련 법체계에 친환경 농산물의 구매비율을 정하고, 국내 농산물 필수 규정을 반영하며, 지역 농산물 사용의 범위를 정하는 등의 방안이 있을 수 있다. 아울러 먹거리 공공조달 입찰과정에서 기술적 명세사항, 보상기준, 계약수행 조항, 공급자 선정기준 등을 통해 국내산, 지역산, 친환경 농산물 등의 원칙을 세부적으로 관철하여 먹거리 시스템의 실질적 변화를 만들어 갈 수 있다. 먹거리의 공공조달 시스템은 먹거리의 공공성을 극대화하는 창의적인 제도들을 최대한 만드는 데 유력한 계기가 된다.

먹거리 공공조달은 혁신의 지렛대

먹거리에 대한 공공조달이 갖는 의미는 매우 크다. 먹거리는 어떤 조달 물품이나 서비스보다도 공공성이 높은 특성이 있다. 따라서 세금으로 구매하는 공공조달은 국가 재정의 공익성을 최대한 발휘할 수 있는 재정지출 분야가 된다. 아울러 복지의 차원에서 기여하는 기능도 매우 크다. 여기에 먹거리 인권의 차원에서 국가의 의무이행이라는 정책의 목적까지 더하면 이것이 가지는 사회경제적 가치는 매우 크다고 할 수 있다.

이러한 먹거리 공공조달의 공익성과 함께 주목할 것이 먹거리 공공조달이 갖는 먹거리 시스템 전환에서의 지렛대 역할이다. 4장에서 간단히 살펴본 바처럼, 먹거리 시스템의 구조를 바꾸는 데 유력한 수단이 될 수 있다. 여기서는 먹거리 시스템 개혁에 기여하는 먹거리 공공조달의 가능성과 기회를 중심으로 살펴보고자 한다.

먹거리 공공조달 논의에서 중요하게 다루고 있는 것이 자유무역을 신봉하는 WTO 농업협정 위반 여부이다. 이 논란은 학교 무상급식 논란에서도 불거졌던 것이다. 결론적으로 공공비축 및 국내 식품지원(domestic food aid)은 WTO 상 허용되는 보조라는 점이다. 또한 학교급식 및 공공급식(human feeding program) 영역은 아무런 제약 없이 WTO 정부조달협정에서 예외로 인정하는 것이다. 아울러 농산물 가격 폭락 시 시행하는 시장격리조치 등 비상 시 사용가능한 시장조치들은 협정 위반이 아니다.

먹거리의 공공조달 개념은 국가가 먹거리를 수매해서 취약계층에게 공급한다는 개념이다. 국가가 책임지고 수매해서 농가소득을 보장하고 농산물 시장을 안정화시키며, 관련 산업을 활성화하는 효과가 일차적인 역할이다. 그리고 저소득층, 노인 등 취약계층에게 공급하여 건강 불평등을 완화하고, 집단급식의 수준을 높이며, 필요한 영양을 안정적으로 공급하는 효과를 보는 것이다. 즉 이 두 가지 효과를 잘 조합하면 농업도 살리고 복지도 높이는 일석이조의 정책이 된다.

　우리의 먹거리 공공조달의 현실은 매우 빈약하다. 공공기관에서 이러한 프로그램을 전혀 시행하지 않고 있다. 하지만 답은 있다. 먹거리 공공조달과 관련된 우리의 방향은 첫째, 학교급식은 물론 소외계층, 공공기관 등 공공급식의 영역과 대상을 확대하는 것이다. 둘째, 공공 부문이 선도적으로 로컬푸드, 친환경 농산물, 중소농 생산품, 지속가능한 농산품 등에 대한 소비를 늘리고 셋째, 이러한 먹거리 소비의 변화를 선도하면서 농업과 소비를 연계하여 농업에 대한 지원을 늘리며 넷째, 사회경제적 약자들에 대한 보편적 복지와 강화하는 방향이어야 한다. 이를 위해서 필요한 공공급식을 통합적으로 추진할 지원센터의 설치, 공동구매·계약재배 등도 제도적으로 뒷받침해야 한다.

통합적 먹거리 계획도 필요하다

　먹거리 시스템에 대한 패러다임 차원의 일대 전환이 필요한 상황에서 국가는 과연 어떤 노력을 해야 하는가라는 문제도 중요하다. 중앙정부와 지방정부 모두 농업과 먹거리 소비를 통합한, 먹거리 시스템 전반에 대한 종합계획을 마련해야 한다.

　이러한 계획은 농업의 몰락과 식량위기 및 먹거리 불안시대에 국민의 먹거리 기본권을 보장하는 최선의 대안으로 먹거리 민주주의의 실질적 실현정책으로 그리고 대안적 먹거리 시스템을 구체화하는 기본계획으로 마련되어야 한다. 무엇보다도 중요한 것은 농업과 먹거리 소비라는 두 축을 연계하고 동시에 발전시키는 통합적인 계획이 되어야 한다.

현재 우리나라 먹거리와 관련된 정책들과 관할 부처들은 흩어져 하나의 통합적 구조로 연결되어 있지 못하다. 통합적인 먹거리 정책(food policy)이 아니라 식량정책(농림축산식품부), 식품산업정책(농림축산식품부), 식품안전정책(보건복지부)들이 별개로 존재하고 있다. 따라서 국가 및 지역의 농업 활동과 국민들의 안정적 먹거리 소비·섭취 지원 정책 간에 연결되고 있지 못하며, 식량자급률 제고 정책과 국민의 건강한 먹거리 섭취 증진 정책 간에 연결되고 있지 못하다(허남혁, 2013).

국가적 차원의 지속가능하고 건강한 먹거리 공급계획 수립 및 지방자치단체 관련 활동 지원의 필요성이 점점 커지고 있다. 첫째, 식량위기 시대에 국내 생산의 계획을 통한 안정화를 유도함으로써 국가 및 지역 차원의 식량자급률을 제고하고, 둘째, 양질의 국내산·지역산 농식품 공급을 통하여 국민의 영양불균등을 해소하고 건강을 증진하는 측면을 강화하기 위하여 농업, 지역, 건강, 환경 목표를 통합하는 통합적 계획을 수립하며, 셋째, 생산, 유통, 판매, 소비, 폐기의 모든 단계를 고려하는 '지속가능하고 건강한' 먹거리 체계(food system)라는 관점을 유지하는 것이다.

다른 한편으로는, 이는 농업과 식품부문에 걸쳐 기존의 산업적 관점을 뛰어넘는 새로운 관점을 제시한다는 의의가 있다. 첫째, 농업을 통한 농촌공간의 유지(다원적 기능)와 국민의 건강 유지라는 측면을 동시에 강조함으로써 기존의 농산업·식품산업에만 국한되었던 농정과 식품정책의 틀을 재고한다. 둘째, 다양한 주체들의 포괄 및 참여를 유도한다. 즉, 기존의 농민·농산업계 중심의 농업정책 틀에서 벗어나, 소비자로서의 국민 전체 그리고 식품산업계와 관련되는 타 분야 주체들까지 포괄하여 네트워킹하고 협력을 유도하는 프레임이자 계획이라는 점이다. 셋째, 이를 위한 범부처 차원의 위원회를 구성하고 계획을 수립하며, 지방자치단체 하위계획 수립을 권고하는 것이다(허남혁, 2013).

국가식품계획

이러한 통합적인 먹거리 계획의 하나로 제시된 것이 '국가식품계획' 제안이다. 허남혁은 이 통합적 먹거리 계획을 '국가식품계획'으로 명명하고 그 목표를 다음과 같이 제시한다.

"글로벌 식량위기와 건강위기 상황에서 중앙정부 차원에서 국가식품계획의 수립과 집행을 통해 종합적인 식품정책을 집행한다. 이를 통해 다음과 같은 목표를 통합적으로 달성한다. 국민농업의 안정적인 발전, 국민들의 건강한 먹거리 섭취 증진, 지구온난화 시대에 지속가능한 농업과 먹거리 증진, 농어민 주도 식품산업의 안정적인 성장을 통한 농어민 소득 증진."

아울러 국가식품계획 수립과 집행을 위한 과제로 생산, 소비, 교육, 환경, 건강 등 먹거리 시스템을 구성하는 5개의 축에 대한 각각의 과제를 제시하고 있다.

또한 국가식품계획은 종합적인 중장기 전략계획으로, 상당한 기간의 준비과정에서 사전 연구조사 및 이해당사자 의견 수렴의 필요성을 제기한다. 아울러 이러한 준비와 계획수립, 조율, 실행 및 이에 대한 관련 부처 참여를 통한 부처간 협력체계를 구축하기 위하여 거버넌스 기구인 국가식품위원회의 설치를 제안하고 있다.

국민기초식량보장체계

아울러 국가의 책임 하에 먹거리의 근간이 되는 기초농산물의 안정적 공급체계를 마련하자는 주장도 이러한 통합적 먹거리 계획의 하나로 제기되고 있다. 장경호는 (가칭)국민기초식량보장체계를 제안하는데, "기초 농산물의 안정적인 생산과 공급, 가격안정, 저소득층 및 공공급식에 대한 지원 등을 위한 제도적 장치를 포괄하는 시스템"이 필요하다는 것이다.

국민의 먹거리 기본권을 보장하기 위해서는 국민이 필요로 하는 먹거리를 안정적으로 제공하고, 안전한 먹거리의 생산·공급을 확대시켜 나가기 위해서는 기초농산물의 안정적인 국내 생산·공급기반을 구축할 수 있도록 식량자급률 목표를 분명히 설정하고, 농산물 가격과 농가소득을 보장하며, 저소득층 및 공공급식에 대한 기초농산물 지원 등과 같은 제도장치를 확립해야 한다. 국민의 먹거리 기본권을 보장하는 것은 국가의 책임이자 의무이며, 이는 결과적으로 생산자 농민이 안심하고 농사지을 수 있도록 해 준다는 측면에서 농민의 기본권을 보장하는 것과 직접 연계되어 있다.

국민기초식량보장체계란 결국 국가의 책임 하에 기초농산물의 안정적인 공급체계를 구축하는 국가책임제도라 할 수 있다. 국민기초식량보장체계를 구성하는 핵심 정책과제는 ① 식량자급률 50% 목표 실현과 ② 기초농산물 국가수매제 ③ 먹거리 복지를 위한 기초농산물 지원 프로그램 등이다. 또한 위와 연계된 주요 정책과제로는 ① 중소 가족농 중심의 협동체 육성 ② 농지자원의 보전 ③ 지속가능한 생태농업 발전 ④ 먹거리 안전관리 체계 강화 ⑤ 한반도 공동 식량자급 확대 등이 있다(장경호, 2013).

위에서 소개한 두 제안은 통합적 먹거리 계획의 필요성과 그것이 담아야 할 내용에 대해 잘 정리하고 있다. 이러한 제안들을 토대로 우리의 먹거리 시스템의 혁신적 전환을 이끌어갈 통합적 먹거리 계획에 대한 논의가 진전되어야 한다. 이 두 가지 제안은 앞으로 논의할 '먹거리 기본권' 보장과 연계될 때 실질적 효과를 볼 수 있다.

외국의 먹거리 정책은 어떠한가

통합적 먹거리 계획의 마련을 위해서는 국가 차원에서 먹거리 종합계획을 추진한 외국의 경험을 살펴볼 필요가 있다. 식량자급률 등 농업 관련 지표가 다르고, 먹거리 시스템의 구조에 있어 많은 차이가 있지만, 글로벌 먹거리 시스템의 위기 상황을 대처하는 국가의 주도적인 방향과 과제에 있어서는 우리와 크게 다를 바 없다.

　외국의 사례 중에서도 가장 대표적인 사례는, 국민들의 식품소비의 균형, 지속가능하고 건강한 식품 생산과 공급, 소비자에 대한 정보제공과 식교육, 식문화유산의 보전과 증진이라는 과제를 통합적인 틀로 제시한 프랑스의 국가식품프로그램(PNA)이다. 농식품부가 중심이 되어 2010년 제정된 국가식품프로그램은 4개의 축을 통해 목표와 과제를 제시하고 있다.

　일본은 농림수산성 주도로 다양한 이해당사자들과 회의를 거쳐 2010년 먹거리 미래비전을 수립한 바 있다. 농업이 인구감소·고령화 등으로 농산어촌의 활력 저하 등 많은 과제가 산적한 가운데에서 먹거리를 활용하여 국민의 미래상을 명확히 하기 위해 모든 부처가 하나가 되는 먹거리 비전을 수립하였다. 각 부처에서 각자 추진해온 먹거리, 농업, 지역에 대한 정책을 정부가 하나로 조화시킨 것이다. 이 비전의 목적은 "식(食)이 가진 힘을 최대한 발휘하는 데 주력하고, 식에 대한 국민의 요구사항과 기대에 부응"하며, "국가 전체에 활력과 의욕을 불러일으켜 식과 함께 성장하고 늘 새로운 아이디어로 계속 도전하는 일본을 부활"시키는 것이라고 천명하고 있다(허남혁, 2013).

가장 적극적인 공공조달 – 기초농산물 국가수매제

　먹거리 공공조달이 가지는 의미를 최대한 우리 농업과 먹거리 시스템의 전환에 활용하기 위한 하나의 방안으로 농민들이 요구하는 것이 바로 기초농산물 국가수매제다. 국가수매제는 이미 2012년 대선에서 농민들의 핵심 요구사항으로 정치권에 요구된 바 있다.

국내 기초농산물의 취약한 생산·공급 기반을 강화하고 식량자급률 50%를 실현하기 위해서는 농산물의 생산비를 보장하는 가격정책과 농업의 다원적 기능을 유지하기 위한 소득정책이 필수적이다. 그리고 농산물대란 및 가격폭등을 방지하고 가격안정을 유지하기 위해서도 적극적인 가격정책이 필요하다.

기초농산물 국가수매제는 이러한 적극적인 가격정책과 소득정책을 포괄하는 제도를 의미한다. 먹거리의 기초가 되는 주요 농산물을 대상으로 정부의 직접수매, 농협 등 생산자단체를 통한 계약재배 등과 같은 방식을 통해 안정적인 생산기반을 유지하고, 생산비를 보장하는 품목별 최저가격(하한선)과 국민이 수용 가능한 최고가격(상한선)을 설정하여 기초농산물의 가격이 안정적으로 유지되도록 하는 것이다. 물론 이러한 방식들은 모두 공적 재원을 활용함으로써 궁극적으로는 국가가 책임지는 제도가 되는 것이다.

일각에서는 이에 대해 마치 WTO가 적극적인 가격정책을 금지하는 것처럼 혹은 보조금 총액규모의 제한 때문에 가격정책의 실효성이 별로 없는 것처럼 주장하기도 한다. 그러나 현행 WTO 체제하에서도 적극적인 가격정책을 시행하는 것은 얼마든지 가능하다. 그에 필요한 보조금의 총액규모 역시 적극적인 가격정책을 시행하기에 전혀 부족하지 않은 수준이다.

　농림수산식품부 자료에 의하면 현재 우리나라가 활용할 수 있는 감축대상보조금(AMS) 규모는 약 1조 4천9백억 원에 이른다. 지금 당장이라도 2004년과 같은 추곡수매(가격지지정책)를 시행할 수 있는 수준이다. 그리고 현행 고정 직접지불금은 허용보조금이기 때문에 수매제도(가격지지정책)와 병행실시가 가능하다. 뿐만 아니라 WTO가 허용하고 있는 최소허용보조금(de-minimis)도 있다. 이는 우리나라 농업 총생산액 약 40조원의 10%에 해당하는 약 4조원 규모로서 품목 특정 혹은 품목 불특정 방식으로 적극적인 가격정책에 사용할 수 있다.

　이렇게 본다면 적어도 약 5조 4천9백억 원 정도가 적극적인 가격정책에 활용될 수 있기 때문에 보조금의 한도는 전혀 부족함이 없다. 여기에 고정 직접지불금과 같은 다양한 허용보조금 제도를 결합하여 가격정책과 소득정책을 병행할 수도 있다.

　게다가 현재 우리 정부가 가격정책과 관련하여 실질적으로 운용하고 있는 예산 및 기금의 규모는 양곡관리특별회계, 농산물가격안정기금, 변동직불금 등 약 3조 4천억 원이 있다. WTO에서 인정하는 보조금 총액수준과 우리 정부가 실제 운용하는 재원규모를 볼 때 적극적인 가격정책을 시행할 수 있는 조건은 충분하다고 할 수 있다.

　결국 남은 문제는 WTO의 허용규정과 보조금의 허용한도 내에서 정부가 운용하고 있는 각종 재원을 효과적으로 운영하는 방법이다. 이 부분은 현행 정부의 가격 관련 정책을 전체적으로 재검

토하여 적극적인 가격정책과 제도장치로 새롭게 개편·설계하는 것이다(장경호, 2013).

외국의 먹거리 공공조달 사례

외국의 사례들을 간단하게 살펴보면, 브라질의 식품 공공조달 프로그램은 개인들이 필요로 하는 먹거리를 제공하고 가족농 소득창출과 판로 장려를 위해 시행하며, 대규모 기업이 아니라 가족농들이 생산한 농산물을 주 대상으로 수매하는 것이다.

세부적으로는 동시구매공급(CDLAF) 방식으로 지역의 다양한 공공기관, 사회복지시설 등에 먹거리를 공급하는 역할을 한다. 농민협동조합이나 연합체가 CONAB을 통해 정부에 산물을 판매하고, 직접 필요처들에 배달하는 것이다. 구매 식품의 비축 과정 없이 구매와 동시에 가까이에서 공급이 이루어지도록 함으로써, 로컬푸드 네트워크를 강화하고 영양섭취를 증진하도록 하는 데 있다. 2009년 980만 명의 일반 국민들이 소비자로서 수혜를 받았다. 144만 톤의 농축산물이 구매되어 사용되었으며, 6만 5천 가족농의 생산물이 구매되었다.

학교급식 예산의 최소 30%는 인근 지역의 가족농들에게 사용되어야 한다는 정책도 시행하고 있다. 이 브라질 공공구매는 가족농을 지원하면서 식량안보와 영양섭취를 동시에 증진한 전 세계적인 모범사례로 평가되고 있다.

프랑스의 국가 식품지원 프로그램(PNAA, Programme National

d'Aide Alimentaire)은 농림부 산하 국가기관이 직접 먹거리를 구매하여 식품지원사업(MDP & PNAA)을 시행하고 있는 4개 단체에 구매식품을 배분: 프랑스 푸드뱅크연맹, 마음의 식당, 프랑스 민중구호협회, 프랑스 적십자사 등에 직접 공급하여 개인들에게 배분되도록 하고 있다.

유럽연합의 식품지원 프로그램(MDP)도 극빈층을 위해 연간 5억 유로(약 7,250억 원)를 식품 수급에 어려움을 겪는 취약계층과 학교, 어린이집, 무료급식소, 보호소 등에 곡물류와 채소, 육류 등을 공급하고 있다.

유럽연합이 시행하는 학교 과일 프로그램(SFS, The EU School Fruit Scheme)도 있다. 이는 2,600만 명에 달하는 6~10세 학생 전체에 매주 1회분의 과일을 0.2유로의 단가로 연간 30주 동안 공급하는 것으로 유럽연합 회원국들에서 점차 아동비만 문제가 심각해지고 있는 상황에서, 신선과일과 채소 섭취량의 증진 및 식습관 개선을 통한 영양문제 해결, 건강불평등 완화 목적으로 학교에 신선과일과 채소를 무상으로 공급하는 것이다. 연간 총예산액 9,130만 유로를 재원으로 쓰고 있다.

미국의 농무부(USDA)도 학교급식과 연계하여 공공조달 방식으로 학교급식 중식, 아침식사, 여름방학 급식 등을 위해 다양한 농산물 구매 프로그램을 운영, 구매한 농산물과 식품을 현물로 지원하는 다양한 프로그램을 갖고 있다.

4. 먹거리 권리가 최대한 보장되는 사회

먹거리 접근성, 먹거리 평등이 모든 사람들에게 보장되는 사회가 우리가 꿈꾸는 미래다. 특히 식량위기가 전면화되고 먹거리 양극화가 극대화되는 현실에서 이 문제는 우리 모두의 절박한 과제이다.

먹거리에 대한 국민적 기대와 요구를 최대한으로 보장하기 위해서는 먹거리를 인간의 기본적인 권리의 차원에서 가장 최대한으로 보장하는 법적, 규범적 기반을 마련하는 것이 필요하다. 이는 많은 먹거리 관련 정책들의 미비점을 보완하는 기능을 하며, 먹거리 정책과 제도의 철학적, 법적 토대를 제공한다. 인간의 존엄성이 이상적으로 보장받는 우리 사회의 비전에 대한 중요한 기준점이 필요하기 때문이다.

이러한 문제의식들은 다음의 질문들에 의해 출발하고 이에 대한 명확한 답을 제시하면서 구체화되어야 한다.

그 간절한 배고픔들이 꼭 개인과 가족의 책임만으로 해결되어야 하는가? 공동체 구성원 모두에게 먹거리를 보장하는 것은 모두가 나서야 하는 일이 아닌가? 먹거리 불안과 안전을 근본적으로 방지할 수 있는 최고의 규범적 기준이 필요하지 않을까? 먹거리에 대한 우리들의 기대와 바람을 담아내는 헌법적 가치와 같은 준거점은 없을까? 건강하고 안전한 먹거리를 국가와 공동체가 책임져야 하지 않을까? 농업도 살리고 먹거리도 제대로 잘 먹는 근본적인 우리 사회 원리를 만들면 어떨까? 먹거리 인권과 정의에 대한 정부의 책임을 강제하는 규범이 필요하지 않을까? 안전하고 건강한 먹거리에 대한 접근의 불평등을 해소할 수는 없을까? 자본과 시장에 의해 침해받지 않도록 최상위의 먹거리 권리 장전이 필요하지 않는가?

바로 이러한 문제의식에서 국민들의 먹거리 권리에 대한 가장 강력한 사회적 합의의 일환으로 제기되는 것이 '먹거리 기본권' 보장의 필요성이다. 여기서는 먹거리 인권 등 기존의 먹거리 권리에 대한 논의들을 점검하고 보다 최대한으로 먹거리 권리를 확장하는 문제에 대한 논의들을 소개하고자 한다.

먹거리 인권

먹거리를 인간의 기본적인 권리로 보는 것이 먹거리 인권(right to food)이다. 먹거리 인권에 대한 규정은 국제법과 조약에 의해 이미 확고하게 정립되어 왔고, 먹거리 인권을 실현하기 위해 각종 국제 규범과 제도가 설립되어 운용되고 있다. 이러한 먹거리 인권 관련 국제적 규범과 조약들은 다른 국제조약들처럼 국내법과 동일하게 우리에게 적용된다.

인권에 대한 가장 든든한 토대는 1948년 유엔에서 제정된 세계인권선언이다. 인권선언 25조 1항에는 "모든 사람은 자신과 가족의 건강과 안녕에 적절한 생활수준을 누릴 권리가 있다. 이러한 권리에는 음식, 입을 옷, 주거, 의료 그리고 생활에 필요한 사회서비스 등을 누릴 권리가 포함된다."고 규정하고 있다. '적절한 먹거리'에 대한 기본적인 권리를 명시한 것이다.

국제법으로서 구속력이 없는 이 세계인권선언은 1966년 유엔의 '경제적·사회적·문화적 권리에 관한 국제규약(ICESCR)'을 통해 구속력 있는 인권 규범으로 발전하게 된다. 이 규약에 가입한 국가는 이행할 의무가 있는 조약이며, 이는 국내법과 동일한 효력을 가진다. 이 규약은 "모든 사람이 적절한 음식, 의복 및 주택을 포함하여 자신과 가족을 위한 적절한 생활수준을 누릴 권리와 생활조건을 지속적으로 개선할 권리를 가지는 것을 인정한다."고 규정하고 있다. '적절한 음식'이 인간의 권리임을 다시 확인한 것이다. 우리나라는 이 조약에 1990년에 이 국제규약을 비준하였다.

1996년 유엔 경제적·사회적·문화적 권리위원회는 앞서의 국제규약의 유권적 지침인 '일반논평 12(General Comment 12)'를 발표하였다. 이 지침은 먹거리 인권과 관련하여 가장 널리 인용되는 근거이다. 여기서는 먹거리 권리를 '적절한 먹거리 인권(the human right to adequate food)'으로 확정하였다. "적절한 먹거리 인권은 남녀노소 모든 사람이 혼자서 또는 자신이 속한 공동체의 구성원들과 함께 적절한 먹거리 및 그것의 확보수단에 대한 물리적·경제적 접근성을 언제든지 가질 수 있을 때에만 실현될 수 있다(6조). 그러므로 적절한 먹거리 인권을 협소하게 해석하여 최소한의 칼로리, 단백질, 기타 영양소라는 측면으로만 다루어서는 안 된다(6조). 또한 먹거리는 주도적인 사회·경제·문화·기후·생태·기타 조건들에 부합되는 적절성(adequacy)을 갖추어야 하며, 먹거리의 지속가능성(sustainability)에는 먹거리의 장기적 가용성(availability)과 접근성(accessibility) 개념이 모두 포함되어야 한다(7조)."

8조에서는 적절한 먹거리 인권의 핵심내용은 "첫째, 사람들의 영양적 욕구를 충족시키기에 흡족한 수준의 양과 질을 갖춘 먹거리 그리고 해로운 성분이 없고 특정한 문화권에서 받아들여질 수 있는 먹거리를 섭취할 수 있어야 한다. 둘째, 지속가능한 방식으로 그리고 여타 다양한 인권의 향유를 방해하지 않는 방식으로 적절한 먹거리에 접근할 수 있어야 한다."고 설명한다. 또한 국가는 적절한 먹거리 인권을 위해 존중, 보호, 촉진(충족), 제공(충족) 등 4대 의무를 가진다고 명시한다(조효제, 2013).

이처럼 "적절한 먹거리"는 인간이 누릴 수 있는 기본적 권리로 이미 국제적으로 확정되었고, 이를 비준한 우리 또한 국내법과 이 규정은 동일한 구속력을 가지는 권리인 것이다. 하지만 우리 사회에 먹거리 인권을 실질적으로 실현하고 보장하는 국가적 노력은 여전히 부족하다.

우선적으로 우리 사회에 여전히 남아 있는 사회경제적 약자들의 배고픔에 대해 연민과 구호로서의 지원이 아니라 그들이 당연한 권리로 접근하여 실질적 권리 보장의 차원에서 이 문제를 해결해야 한다. 학교 무상급식 및 무상 공공급식도 인권적 차원의 국가적 책임으로 접근하는 사회적 합의가 필요하다.

아울러 '적절한 먹거리(adequate food)'라는 개념에 대한 보다 적극적인 논의가 있어야 하고, 이 논의가 먹거리의 수준과 질, 선택권 등의 현실적 문제들과 연관되어 실천적으로 확장되어야 한다. 현재 우리의 먹거리 운동의 수준에서는 '적절한'은 '안전하고 건강한' 정도로 인식되고 있는데, 이를 발전시켜 가는 노력도 필요하다.

먹거리 정의

먹거리 정의(food justice)는 먹거리 인권과 긴밀히 연관되어 있는 담론으로 먹거리의 공정한 분배의 문제를 제기한다. 먹거리가 필요한 모든 사람에게 먹거리 평등을 추구하는 운동이다. 여기서 평등은 접근성, 적절성이 차별없이 평등해야 한다는 것이다.

접근성과 적절성에 대한 설명을 보자.

"첫째, '먹거리 접근성(food accessibility)'은 보장되어야 한다. 접근성의 의미는 사회적 경제적 격차에 상관없이 모든 사람들이 공평하게 먹거리를 얻을 수 있어야 한다는 보편성 문제, 어떤 상황에서도 지속가능하게 먹거리를 제공받을 수 있어야 한다는 안정성 문제, 먹거리 제공이 개인적이나 사회적으로 수용 가능한 방식으로 이루어져야 한다는 존엄성 문제를 포괄하고 있다.

둘째, '먹거리 적절성(food adequacy)'이 보장되어야 한다. 적절성의 의미는 먹거리의 절대량 충족에서 나아가 안전하고 영양 많은 먹거리를 충분하게 제공받을 수 있어야 한다는 것이다. 특히 먹거리에 대한 개인적 선택이 가능하다는 측면, 교육과 문화 차원에서 사회적 수용이 가능하다는 측면, 사회정의 차원에서 먹거리가 공평하게 배분된다는 측면을 포괄하고 있다."(김흥주, 이해진, 2012)

먹거리운동 네트워크인 캐나다 곡물뱅크(Canadian Foodgrains Bank)는 먹거리 정의를 "모든 사람이, 언제나, 적절한 먹거리에 접근할 수 있는 상태"라고 규정한다. 이는 먹거리 인권의 '적절성' 원칙과 동일한 것이다. 또한 먹거리 정의가 보장되려면 모든 사람이 일정한 교육과 일정한 수입을 누려야 한다는 대전제 하에, 사람들이 접할 수 있는 먹거리 자체가 늘 존재해야 하며 그것을 획득할 수 있는 수단 및 통로가 공평하게 보장되어야 한다. 이는 먹거리 인권의 '가용성' 및 '접근성' 원칙과 유사한 것이다.(조효제, 2013).

먹거리 정의의 주요한 관심사는 결식아동 해결, 노인먹거리 보장, 영양플러스 등의 먹거리 보장의 취약계층을 재편하는 프로그램들이다. 먹거리 보장에서 실질적 공평을 만드는 문제이다.

최근에는 먹거리 양극화와 이에 따른 영양, 건강 불평등 문제를

'먹거리 정의(Food Justice)'의 문제로 접근하는 추세다.

이른바 먹거리 대안운동 진영에서는 "현재의 먹거리 체계가 지불능력이 있는 소수의 계층만이 선택 가능하고 접근할 수 있는 '부정의(Injustice)'한 상태로, 국가의 적극적인 개입과 전략적 접근을 통해서만 근본적인 문제를 해소할 수 있다"고 주장한다.

먹거리의 문제는 사회적 구조와 먹거리 시스템의 문제라는 것이다. '부익부 빈익빈' 같이 먹거리 양극화 현상이 나타나고 있다.

특히 우리 사회 빈곤층 등 취약계층의 생존권문제는 심각하다. 소득수준이 최저생계비 이하인 빈곤층 가구의 규모가 시장소득 기준으로 2003년 9.3%에서 2010년에 12.2%로 증가했다.

65세 이상 노인인구 비중도 2000년 7.2%에서 2010년 10.9%로 50% 이상 늘어났다.

먹거리 보장은 이 같은 먹거리 정의의 문제를 제도적이고 정책적 접근을 통해 해결하려는 노력에 다름 아니다. 시장경제가 아닌 사회복지 차원에서 접근해야 하는 것이다.

먹거리 복지

사회적 통념과는 다르게 먹거리 양극화와 건강 불평등 문제가 갈수록 악화되고 있다. 보건복지부로부터 급식지원을 받는 결식아동이 2009년 기준 45만 명에 달하고 교과부로부터 무료급식을 받았던 초중고생이 50만 명이 넘었다. 그리고 주로 빈곤층을 대상으로 하는 무료급식에 제공되는 먹거리는 주로 수입 농산물과 냉동식품을 식재료로 사용하고 있으며, 빈곤층 맞벌이 부부의 자녀들의 경우 인스턴트식품이나 패스트푸드에 쉽게 노출되어 있다. 특히 2007년 보건복지가족부 국민건강영양조사에 따르면 만 65세 이상 독거노인의 평균 섭취량은 권장섭취량의 50%에도 못 미치고 있으며, 저소득층 노인들의 수치는 더욱 낮았다.

결식률과 영양섭취의 차이는 건강 불평등의 문제로 이어지고 있는데, 서울 강남구에 비해 강북구에서 매년 378명이 더 많이 사망하며 소득수준 하위 20%의 사망률은 상위 20%의 2.3배에 달한다. 게다가 소득수준이 낮을수록 식원성 질병의 유병률이 상대적으로 높게 나타나고 있다.

따라서 먹거리 양극화를 해소하고 건강 불평등을 완화하기 위해서는 먹거리와 관련된 적극적인 복지정책을 연계하는 것이 매우 중요하다. 학교급식 지원, 복지시설 급식 지원, 수급자 및 차상위계층 정부양곡 50% 할인, 여성, 유아 및 어린이를 위한 모자영양공급(WIC) 프로그램, 푸드뱅크 지원 등 국내외 다양한 사례를 분석하여 기초농산물 지원 프로그램을 제도화하는 것이 필요하다.

먹거리는 기본권 차원의 문제다

앞서 살펴본 먹거리 인권에서 확인되었듯이 먹거리는 인간이 가지는 기본권의 핵심적인 영역이다. 이에 대해서는 이념과 경제적 지위에 상관없이 모두가 동의할 수 있는 문제다. 그럼에도 불구하고 먹거리와 관련된 많은 정책과 제도가 먹거리 인권이 규정한 적절한 먹거리에 대한 가용성과 접근성 그리고 건강하고 안전한 먹거리에 대한 요구를 제대로 반영하고 있지 못하고 있다.

여러 이유가 있겠지만, 국제규약으로 존재하는 먹거리 인권이라는 개념이 현실에서 발휘되고 보장되어야 할 권리로서의 성격보다 가치로서의 의미로 인식되고 있기 때문이다. 먹거리 정의나 먹거리 평등론도 마찬가지다. 또 하나는 먹거리 인권론이 현실의 먹거리 제도와 정책에 대한 규범적 구속력이 매우 약하다는 데 있다. 먹거리 관련법과 정책을 입안하고 시행하는 데 있어 상위법 또는 모법의 구속력으로 먹거리 인권이 직접적인 구속력을 행사하지 못하고 있다. 우리 헌법에 보장된 기본권들이 관련 하위 법체계에서 구속력을 발휘하며 준거점이 되는 것과 비교해 보면 이는 명확히 드러난다.

물론 우리 헌법에도 먹거리를 기본권으로 판단할 충분한 근거가 있다. 우리 헌법은 제10조에서부터 기본권을 보장하고 있다. 먼저 기본권에 대한 규정으로 "모든 국민은 인간으로서의 존엄과 가치를 가지며, 행복을 추구할 권리를 가진다. 국가는 개인이 가지는 불가침의 기본적 인권을 확인하고 이를 보장할 의무를 진다"고 규정하고 있다. 이어서 평등권, 자유권, 사회권, 청구권, 참정권을 규정하고 있다.

헌법 제10조에 규정하는 "인간으로서의 존엄, 행복 추구 권리"와 제34조 제1항 "모든 국민은 인간다운 생활을 할 권리를 가진다.", 제37조 제1항 "국민의 자유와 권리는 헌법에 열거되지 아니한 이유로 경시되지 아니한다."는 규정을 토대로 볼 때 먹거리를 기본권으로 볼 수 있는 헌법적 근거는 충분하다. 즉 헌법에서 구체적으로 명시하고 있지는 않지만 위와 같은 법적 내용들은 국가가 안전하고 적절한 먹거리를 국민에게 제공할 책무가 있음을 나타내고 있는 것이다.

우리 헌법과 국제적으로 규정된 먹거리 인권에서의 먹거리에 대한 국민의 기본권적 권리를 보다 명시적이고 현실 규정력을 강화하는 차원에서 구체적이고 명시적으로 마련할 필요가 있다. 이는 먹거리 관련법과 제도의 안정성을 높이고 아울러 먹거리와 관련된 국민적 요구와 기대를 충족시키기 위한 실천적 차원에서 동시에 요구되어지고 있다. 이는 먹거리 인권의 규범적 성격을 한층 강화하는 노력과도 일치하는 것이다.

먹거리 기본권을 구체화하는 규범의 마련에 있어 바람직한 방향성을 정리해 보면 다음과 같다.

첫째, 먹거리의 기본권적 성격을 보다 명확히 하는 방안은 예컨대 "인간은 안전하고 충분한 먹거리를 적정한 가격으로 구입할 수 있고, 먹고 생명을 유지할 권리, 먹고 건강할 권리, 먹는 즐거움을 가짐으로써 행복할 권리, 고유한 먹거리 문화 등을 누릴 권리를 갖는다."라고 정의할 수 있는 먹거리 기본권(right to eat)에서 출발하여야 한다.

둘째 앞서 살펴본 먹거리 주권과 관련하여 국가 및 국민의 먹거리 주권의 권리적 요소를 충분히 반영하면서 구체화 되어야 한다. 먹거리 주권이 제기한 다양한 권리적 요소들을 총괄적으로 반영하고 그 수준을 최대한 끌어올려서 반영하여야 한다.

셋째, 생태계가 보전되고 지속가능한 농업이 존재해야만 건강하고 안전한 먹거리의 권리가 비로소 실현될 수 있다는 점에서 지속가능한 농업에 대한 육성과 지원을 반영하여 한다. 그리고 농업 관련법들의 미비점을 보완하고 수준을 끌어올리는 차원에서 강구되어야 한다. 즉 건전한 국민농업의 발전을 통한 농어민 소득보장 목적과 소비자들의 건강한 먹거리 섭취를 통한 건강증진 목적을 서로 연계시키는 것을 주된 내용으로 하여 현행 '농어업·농어촌 및 식품산업 기본법' 등과 연계될 필요가 있다.

넷째, 현행 식품안전 등과 관련된 법률을 통합하여 안전성, 식량 보장, 식량 불평등(먹거리 복지), 식문화, 환경 등을 포괄할 수 있는 종합적이고 체계적인 틀에서 기본법적 성격을 가진 상위법으로 구체화되어야 한다. 이는 또한 현행 식품 관련법령을 보완하고 강화하는 방향에서 마련되어야 하고, 보건의료 관련법과의 연관성도 고려하여야 한다. 특히 소비자 주권에 대한 관련법과도 소통되어야 한다.

먹거리의 기본권적 성격을 분명히 하고 먹거리 주권의 확장된 논의를 적극적으로 국내법에 수용하며, 농업을 살리고 건강하고 안전한 먹거리 시스템을 관장하는 법제화의 하나의 방안으로 '(가칭)먹거리보장기본법'의 제정 논의가 있다. 앞으로 이 법에 필요에 대한 전 국민적 이해를 토대로 법의 내용과 성격을 장기적으로 마련해 가는 데 있어 토론의 자료가 될 수 있기를 기대하며 몇 가지의 의견을 정리해 본다.

가칭 먹거리보장기본법에서는 그 목적을 "먹거리 보장에 관한 국민의 권리와 국가 및 지방자치단체 등의 책무를 명확히 정하고, 먹거리 보장 정책의 기본적인 사항을 규정함으로서 국민의 먹거리 보장에 필요한 제도적 기반을 마련하여 국민의 건강과 삶의 질을 높일 수 있도록 함을 목적"으로 명시하는 방향이 적절할 것이다. 법의 이념은 "먹거리 보장은 모든 국민이 안전하고 안정적인 먹거리를 적정한 가격으로 구입할 수 있도록 먹거리 환경을 보장하고, 친환경농업을 조성하여 국민의 생명과 건강을 유지하며, 고유한 먹거리 문화 등의 인간다운 생활을 향유할 수 있도록 하는 것을 기본 이념"으로 정리할 필요가 있다.

법에서는 국가의 책무 예컨대, 먹거리 보장, 모든 부문에 기본원칙의 확장, 농업 및 환경에 대한 고려, 위기대응의 책무 등을 명시하고, 관련된 지방자치단체의 책무도 규정할 필요가 있다. 또한 생산자의 책무도 담아야 한다.

먹거리 보장 정책의 기본원칙을 명시할 필요가 있다. 이는 접근성, 안정성, 가용성, 적절성, 형평성, 친환경 및 생태성 관련 원칙들이 구체화되어야 한다.

국가의 먹거리 보장 정책에 대한 기본적 방향과 과제들을 안정적인 먹거리공급체계 구축, 식량자급률, 지역자급력, 생산보장(기초수급제 등), 농지제도관리, 먹거리공공조달체계, 직거래 공동구매, 농민적 유통체계, 위험관리, 통합관리체계, 먹거리 신뢰, 관계성, 전달체계개선(저소득층 및 공공급식에 대한 기초농산물 지원, 공공급식 확장) 등 먹거리 보장 정책에 관한 사항과 안전성 과제들을 명확하게 명시할 필요가 있다.

아울러 먹거리 보장 등과 관련된 국가기관의 설치 및 운영, 사업, 예산 등에 관한 내용을 포함하여야 한다.

앞서 논의한 먹거리보장기본법이 국가 차원의 법제화를 통한 먹거리 기본권 강화와 먹거리 시스템 전환에 있다면, 이러한 노력은 지역 차원에서도 보다 구체적이고 실질적으로 실현 가능하다. 지역사회에서 먹거리와 관련하여 다양한 조례를 제정함으로써 우리 시대의 과제인 농업의 회생과 지속가능성 강화, 안전하고 건강한 먹거리 충족, 지역사회 활성화를 이끌어낼 수 있는 것이다. 특히 로컬푸드 운동, 지역 내 생산자 협동조합 운동, 유기농산물 생산·공급 활성화 등과 긴밀하게 결합할 수 있는 공간이기도 하다.

아울러 친환경 무상급식을 만들면서 제정한 학교급식지원조례, 친환경 농산물 급식 조례제정 등의 경험을 살려 지방자치 영역에서 먹거리 기본권 보장에 실질적으로 기여하는 조례제정도 가능할 것이다.

우리 다시 먹거리 희망이야기를 시작하자.

〈참고자료〉 각종 통계자료

우리나라 학교급식 현황

(통계청, 2013년 3월)

구 분	학교수(교)			학생수(천명)			운영형태(교)	
	전체	급식	%	전체	급식	%	직영(%)	위탁(%)
초등학교	5,897	5,897	100	2,958	2,955	99.9	5,896(99.9)	1(0.1)
중학교	3,162	3,162	100	1,848	1,844	99.8	3,120(98.7)	42(1.3)
고등학교	2,305	2,305	100	1,912	1,887	98.7	2,079(90.2)	226(9.8)
특수학교	156	156	100	24	24	99.9	151(96.8)	5(3.2)
합 계	11,520	11,520	100	6,742	6,710	99.5	11,246(97.6)	274(2.4)

시도별 학교급식 현황

(통계청, 2013년 3월)

시도	학교수(교)						%	학생수(명)						%
	전체	급식						전체	급식					
		초	중	고	특수	계			초	중	고	특수	계	
서울	1,321	596	379	317	29	1,321	100	1,160,821	499,840	311,713	324,877	4,532	1,140,962	98.3
부산	623	298	168	144	13	623	100	417,359	172,987	114,813	127,968	1,591	417,359	100
대구	439	216	123	92	8	439	100	351,860	143,849	97,136	102,988	1,355	345,328	98.1
인천	497	238	133	119	7	497	100	379,845	166,253	102,936	104,040	1,311	374,540	98.6
광주	305	147	87	67	4	305	100	238,878	103,257	67,247	67,367	1,007	238,878	100
대전	297	143	88	61	5	297	100	224,517	99,053	62,000	62,599	865	224,517	100
울산	235	119	61	52	3	235	100	170,891	71,513	47,736	49,866	509	169,624	99.3
세종	35	21	9	5	0	35	100	8,589	3,608	2,098	2,883	0	8,589	100
경기	2,232	1,176	594	433	29	2,232	100	1,706,512	776,398	464,494	461,669	3,951	1,706,512	100
강원	639	352	163	117	7	639	100	202,502	88,823	56,174	56,510	995	202,502	100
충북	479	258	129	83	9	479	100	212,276	94,536	59,220	57,248	1,272	212,276	100
충남	714	408	186	114	6	714	100	272,130	122,794	73,084	75,233	1,019	272,130	100
전북	764	413	208	132	11	764	100	262,366	113,549	72,211	75,300	1,306	262,366	100
전남	837	427	246	157	7	837	100	248,970	107,519	69,702	70,905	844	248,970	100
경북	962	484	279	192	7	962	100	333,938	145,370	92,462	94,665	1,441	333,938	100
경남	955	491	266	190	8	955	100	464,005	205,324	127,723	129,534	1,424	464,005	100
제주	186	110	43	30	3	186	100	87,882	40,192	23,695	23,554	441	87,882	100
계	11,520	5,897	3,162	2,305	156	11,520	100	6,743,341	2,954,865	1,844,444	1,887,206	23,863	6,710,378	100

섭취장소별 집단식중독신고현황

(단위 : 건, 명)

연도		합계	가정집	음식점	집단급식소	학교	회사공장	급식소 기타	기타	불명
1996	건수	81	16	19	28	14	11	3	9	9
	환자	2,797	189	450	1,258	543	637	78	715	185
1997	건수	94	23	30	32	8	11	13	9	–
	환자	2,942	368	900	1,534	653	265	616	140	–
1998	건수	119	19	39	27	16	7	4	34	–
	환자	4,577	436	891	2,069	1,385	360	324	1,181	–
1999	건수	174	26	71	53	27	9	17	22	2
	환자	7,764	396	2,056	4,600	3,444	377	779	658	54
2000	건수	104	12	25	43	30	3	10	24	–
	환자	7,269	206	803	5,670	4,792	56	822	590	–
2001	건수	93	5	34	41	35	5	1	11	2
	환자	6,406	90	1,075	4,792	4,487	209	96	401	48
2002	건수	78	7	29	16	9	7	–	26	–
	환자	2,980	117	586	1,392	806	586	–	885	–
2003	건수	135	7	46	67	49	18	–	15	–
	환자	7,909	81	1,441	6,130	4,621	1,509	–	257	–
2004	건수	165	7	35	72	56	15	1	39	12
	환자	10,388	44	1,052	7,738	6,673	1,026	39	1,206	348
2005	건수	109	9	53	30	19	11	–	13	4
	환자	5,711	111	1,021	3,751	2,304	1,447	–	729	99
2006	건수	259	15	108	93	70	23	–	33	100
	환자	10,833	119	1,971	8,073	6,992	1,081	–	515	155
2007	건수	510	30	289	98	57	41	–	82	11
	환자	9,686	151	3,476	4,533	3,101	793	–	1,320	206
2008	건수	354	24	208	61	39	22	–	48	13
	환자	7,487	176	2,392	3,616	2,983	633	–	1,108	195
2009	건수	228	11	98	59	39	20	–	24	36
	환자	5,999	89	1,132	3,435	2,755	719	–	664	679
2010	건수	271	3	133	53	38	15	–	25	57
	환자	7,218	11	1,704	4,189	3,390	799	–	774	540
2011	건수	249	8	117	40	30	10	–	33	51
	환자	7,105	51	1,753	2,521	2,061	460	–	2,217	563
2012	건수	266	14	95	63	54	9	–	22	72
	환자	6,058	54	1,139	3,431	3,185	246	–	758	676

※ 출처 : 식약청 연도별 섭취장소별 집단식중독 신고현황

전국 초중고 무상급식 학교 현황(김춘진 의원)

(2013년 3월)

전체 학교수				무상급식 학교수										비율
				초			중			고			합계(B)			(B/A*
초	중	고	계 (A)	전면	부분	계	전면	부분	계	전면	부분	계	전면	부분	계	100)
5,942	3,180	2,326	11,448	5,161	461	5,622	1,862	531	2,393	300	0	300	7,323	992	8,315	72.6

※ 부분 무상급식이란, 학부모의 자산과 소득에 상관없이 식품비 등 일부를 지원하거나, 또는 일부 학년 혹은 일부 지역에서 무상급식이 이루어지는 경우를 말한다. 단, 학급 혹은 학생 수를 기준으로 한 소규모 학교 무상급식은 기존의 저소득층 농어촌 급식지원으로 포함시켜 부분 무상급식에서 제외함.

전국 시도별 초중고 무상급식 학교 현황(김춘진 의원)

(2013년 3월)

시도	전체학교수				무상급식학교수												비율
					초			중			고			합계(B)			(B/A*
	초	중	고	계(A)	전면	부분	계	전면	부분	계	전면	부분	계	전면	부분	계	100)
서울	597	382	318	1,297	555	0	555	0	379	379	0	0	0	555	379	934	72
부산	302	170	144	616	17	278	295	0	5	5	0	0	0	17	283	300	48.7
대구	218	123	92	433	55	0	55	16	0	16	1	0	1	72	0	72	16.6
인천	240	133	122	495	240	0	240	5	0	5	5	0	5	250	0	250	50.5
광주	149	88	67	304	149	0	149	88	0	88	0	0	0	237	0	237	78
대전	143	88	62	293	0	143	143	0	0	0	0	0	0	0	143	143	48.8
울산	118	61	53	232	52	27	79	6	0	6	0	0	0	58	27	85	36.6
세종	22	10	7	39	22	0	22	10	0	10	0	0	0	32	0	32	82.1
경기	1,188	601	447	2,236	1,188	0	1,188	454	147	601	6	0	6	1,648	147	1,795	80.3
강원	351	163	117	631	351	0	351	163	0	163	28	0	28	542	0	542	85.9
충북	259	127	83	469	259	0	259	127	0	127	0	0	0	386	0	386	82.3
충남	422	189	117	728	422	0	422	135	0	135	0	0	0	557	0	557	76.5
전북	420	208	132	760	420	0	420	208	0	208	54	0	54	682	0	682	89.7
전남	426	247	153	826	426	0	426	247	0	247	112	0	112	785	0	785	95
경북	484	279	192	955	402	13	415	206	0	206	3	0	3	611	13	624	65.3
경남	493	267	190	950	493	0	493	153	0	153	91	0	91	737	0	737	77.6
제주	110	44	30	184	110	0	110	44	0	44	0	0	0	154	0	154	83.7
합계	5,942	3,180	2,326	11,448	5,161	461	5,622	1,862	531	2,393	300	0	300	7,323	992	8,315	72.6

※ 부분 무상급식이란, 학부모의 자산과 소득에 상관없이 식품비 등 일부를 지원하거나, 또는 일부 학년 혹은 일부 지역에서 무상급식이 이루어지는 경우를 말한다. 단, 학급 혹은 학생 수를 기준으로 한 소규모 학교 무상급식은 기존의 저소득층 농어촌 급식지원으로 포함시켜 부분 무상급식에서 제외함.

식품첨가물의 종류와 문제점

	사용식품	식품첨가물	유해성
방부제	수산가공품, 잼, 케첩, 채소절임, 각종 스낵류 등	소르비산(소르빈산칼륨, 소르빈산칼슘), 안식향산 (안식향산나트륨, 파라옥시안식향산)	신경계영향, 간에 악영향 (간경화, 간염에 위험), 발암성 등
화학조미료	다시다, 맛나, 감치미, 맛소금, 라면, 소스류 등	L-글루타민산나트륨, 이노신산나트륨, 구아닐산나트륨	가슴압박, 구토, 두통, 천식 등 알레르기 환자에게 질환 촉진 등
착색제 (타르색소)	아이스크림, 과자류, 사탕류 등	적색2호, 황색4호, 황색5호, 적색40호, 적색102호, 녹색3호, 청색1,2호 등	간, 위, 콩팥 등의 장기장해, 발암성, 알레르기 유발(황색4호)
발색제	햄, 소시지, 어묵, 명란젓 등	아질산나트륨	헤로글로빈 빈혈증, 발암성
표백제	과자류, 껍질을 벗긴 채소류 등	메타중아황산칼륨, 무수아황산, 산성아황산나트륨, 아황산나트륨 등	기관지염, 천식, 알레르기 유발

농림축수산물 수입동향

(단위 : 백만 달러)

	2006	2007	2008	2009	2010	2011
전체	16,100	19,242	23,199	21,241	25,787	33,184(28.7)
농산물	8,117	10,089	13,905	11,754	13,988	18,362(31.3)
과실류	713	852	826	717	945	1,213(28.4)
채소류(김치 포함)	500	577	582	491	720	856(18.9)
식물성유지	494	647	946	716	864	1,230(42.3)
축산물	2,749	3,235	3,352	2,485	3,123	5,071(62.4)
임산물	2,462	2,858	2,864	4,108	5,219	5,560(6.6)
수산물	2,774	3,060	3,078	2,894	3,457	4,190(21.2)

※ ( )는 전년대비 증가율
※ 2010년 대비 수입액이 28.7% 증가(곡류와 서류는 40% 가까이 증가)
※ 농림축수산물 수출액은 77억 원
※ 한국의 전체 역흑자액은 308억 달러, 농림축수산물 무역적자액은 255억 달러

한국의 곡물자급률 추이 (%)

	쌀	보리	밀	옥수수	두류	서류	곡물자급률 (사료용 제외)	곡물자급률
1970년	93.1	106.3	15.4	18.9	86.1	100.0	86.2	80.5
1980년	95.1	57.6	4.8	5.9	35.1	100.0	69.6	56.0
1990년	108.3	97.4	0.05	1.9	20.1	95.6	70.3	43.1
2000년	102.9	46.9	0.1	0.9	6.4	99.3	55.6	29.7
2005년	99.4	60.0	0.2	0.9	9.7	98.6	55.3	29.4
2010년	104.6	24.3	0.9	0.9	10.1	98.7	54.0	27.6
2011년	83.0	22.5	1.1	0.8	6.4	97.0	44.5	22.6

관행/유기농업 비교

(허남혁, 2013)

	관행농업	유기농업
영농목표	• 과학 영농기술에 의한 생산성 증대 • 고품질 안전농산물의 다수확	• 환경과 조화를 이룬 지속가능한 생산 • 생물순환에 의한 생태계 건강 증진
종자선택	• 고품질 다수확 품종 선호 – 고반응종자(HRV) : 비료, 농약에 의한 생산성 • GMO 재배 가능	• 유기종자 : 내병충성 및 고양분 효율성 • GMO 재배 불가
작부체계	• 단작 및 판매 위주의 대량 생산체계	• 윤·간·혼작 등 작부체계, 종 다양성 유지
토양 양분관리	• 과학적 토양 분석에 의한 화학비료 시비 처방 • 경운 : 기계적 심경 • 과도한 경운으로 경반층 생성 및 유기물 감소	• 천적 및 유용미생물 활용한 생물적 방제 • 저항성 품종 선택 및 완충지대, 농경 삼림 윤작 • 유기물 멀칭, 예취, 화염제초, 기계적 제초
인증관련	• 인증제도가 없음 • GAP 혹은 HACCP 인증	• 반드시 유기 농산물 인증을 받아야 한다.

■ 참고문헌

〈단행본〉
밥상이 바뀌면 미래가 보인다, 김기선, 울산광역시 북구 친환경급식지원센터, 2012.
작은 민주주의 친환경 무상급식, 김영배 외, 너울북, 2011.
학교급식혁명, 케빈 모건 외 지음, 엄은희 외 옮김, 이후, 2010.

〈자료집〉
생명과 환경을 살리는 먹거리 배움터, (사)학교급식전국네트워크 외, 2011.
서울시 식생활교육 학부모강사 양성과정(2차), 서울광역친환경급식통합지원센터, 2013.
우리들의 행복한 점심시간 이야기, 안전한 학교급식을 위한 국민운동본부, 2010.
전국 급식지원센터 유형별 사례발표 대회, 친환경무상급식풀뿌리국민연대 외, 2012.
친환경급식을 부탁해요, (사)학교급식전국네트워크, 2010.
학교급식운동백서, 학교급식법개정과조례제정을위한국민운동본부, 2007.

〈논문 및 발표자료〉
공장식 축산의 현주소와 광우병·항생제 문제, 박상표, 2013.
국가식품계획 수립: 생산과 소비를 아우르는 종합정책화, 허남혁, 2013.
글로벌푸드 시스템과 GMO 문제, 최준호, 2013.
글로벌푸드 시스템의 변혁과 식생활교육, 허남혁, 2013.
먹거리가 어린이 성장발달에 미치는 영향, 임종한, 2013.
방사능과 식품안전, 김익중, 2013.
친환경급식과 학부모의 역할, 배옥병, 2013.
식량위기시대, 학교급식에서 찾는 희망, 윤병선, 2012.
식량주권을 위한 패러다임의 전환, 장경호, 2013.
유기농업과 생태과학, 박광래, 2013.
인권으로 풀어보는 먹거리 문제, 민주주의와 인권 13권 2호, 조효제, 2013.
한국의 먹거리 보장 실태와 정책 과제, 김흥주·이해진, 2012.
해외의 국내식품공공조달 정책사례 정리, 허남혁, 2012.
희망과 대안을 만드는 먹거리 기본권, 장경호, 2013.